新指導要録の解説と実務

中学校

の解説と実務

編著

無藤　隆・石田恒好・吉冨芳正・石塚　等
服部　環・宮本友弘・鈴木秀幸

図書文化

ま え が き

無藤　隆（白梅学園大学）

　小・中学校の学習指導要領の改訂とその本格実施に伴い，それぞれの指導要録が改訂され，実施の運びとなります。それは単に指導要録の形式が変わるということではなく，中央教育審議会の答申，学習指導要領の改訂，中央教育審議会における学習評価の検討とその報告，などを経て，指導と評価の一体性を実質的なものとし，さらに今回の改訂の趣旨を生かすために学習評価の在り方が改めて検討されたということなのです。

　今改訂では，資質・能力の三つの柱「知識及び技能」「思考力，判断力，表現力等」「学びに向かう力，人間性等」を中核として議論が為され，それを受けて，学習評価について観点別評価を基本とし，その観点が「知識・技能」「思考・判断・表現」「主体的に学習に取り組む態度」とされました。資質・能力の中の「学びに向かう力」は観点別に評価すべきところを取り出して，粘り強く取り組むことと，自分の学習を調整することについて評価することとなりました。いずれも従来の考え方を発展させたもので，よりきめ細かく評価すると同時に，いたずらに詳しくではなく，授業の中に評価活動を一定程度設定して指導に役立つ範囲で行い，ペーパーテストやパフォーマンス課題や日頃の様子などから判断することを基本とします。

　さらにこの評価活動はカリキュラム・マネジメントの一環として，日頃の授業等における指導の改善と共に，長期的な教育課程の改善にも資するものとして位置づけることが求められます。いわゆる PDCA のサイクルが大小様々に動くようにしていくのです。また，評価から得た情報は，教師の指導に役立てるだけでなく，児童生徒自身が学習の改善に役立てられるように伝えていくことを重視します。

　こうして見ると，今回の改訂は，評価の働きが指導過程の一環であること，

出典：中央教育審議会初等中等教育分科会教育課程部会「児童生徒の学習評価の在り方について（報告）」2019年1月21日，p6

　また評価が児童生徒の学力やさらに学ぶ力の向上に生きるようにすることを目指していることが分かります。そのために指導要録は具体的にはどうしたらよいのか。その指針を示すのが本書のねらいです。
　まず今回の指導要領の改訂のねらいとそこでの評価の在り方の基本を中央教育審議会の議論を踏まえて整理しました。次に各教科等の評価を行うためには，教科等における「見方・考え方」を捉え，それぞれの教科の目標に沿いながら，目標準拠評価の内実を明確にしていく必要があります。各教科等の専門家の協力を得て，詳細に踏み込んで評価の要点を示しました。さらに要録の書き方そのものも要を得た簡潔な書き方が求められており，そのポイントを示してあります。新しい教育課程における学習評価と指導要録作成の参考になれば幸いです。

『新指導要録の解説と実務 中学校』

目　次

本書の用語表記について（凡例）…… 64

■□■ 第1章　指導要録の基本的性格と取扱い上の注意 ■□■

1 指導要録の基本的性格 ………………………………………………… 10
学習評価の基本的な考え方 10／指導要録の基本的性格 13／指導要録についての考察の視点 14／指導要録の機能 17

2 指導要録改訂の概要 …………………………………………………… 19
改訂の経緯 19／改訂の方針 20／評価の観点に関する考え方の整理 25／評価の実施における留意点 33／指導要録の各項目の在り方 34

3 指導要録の取扱い上の留意事項 …………………………………… 38
進学の場合 38／転学の場合 40／転入学の場合 41／学校統合，学校新設等の場合 42／退学等の場合 43／編入学等の場合 43／保存期間 44／対外的な証明書作成の場合 46／通知表等を作成する場合 47／特別支援学級の生徒の指導要録 48／保存管理等 48／経過措置 49

4 記入上の全般的な留意事項 ………………………………………… 50
記入上の留意事項 50／情報通信技術の活用による指導要録の作成 50／各欄の記入の時期 51

5 指導要録の本人への開示 …………………………………………… 52
個人情報保護法制の考え方 52／指導要録の性格からの考え方 53／最高裁判決の考え方 54／本人への開示の問題についての基本的な対応と配慮事項 56

6 情報通信技術の活用による指導要録等の事務の改善 …………… 58
情報通信技術の活用の基本的な方向 58／情報通信技術の活用に関する法令上の取扱い 59／情報通信技術の活用に際しての配慮事項 59／通知表との連動 60／情報通信技術の活用に向けた取組 61

■□■ 第2章　学籍に関する記録 ■□■

1 学籍の記録··66

欄外の整理番号の欄 66／「学籍に関する記録」について 66／生徒の欄 67／保護者の欄 68／入学前の経歴の欄 69／入学・編入学等の欄 70／転入学の欄 72／転学・退学等の欄 73／卒業の欄 76／進学先・就職先等の欄 76

2 学校名及び所在地，校長氏名印・学級担任者氏名印················80

学校名及び所在地の欄 80／校長氏名印・学級担任者氏名印の欄 81

■□■ 第3章　指導に関する記録 ■□■

1 各教科の学習の記録 ··86

概説 87／「観点別学習状況」について 89／「評定」について 95
【各教科の評価の観点及びその趣旨】
国語 106／社会 108／数学 110／理科 112／音楽 114／美術 116／保健体育（保健分野）118／保健体育（体育分野）120／技術・家庭（技術分野）122／技術・家庭（家庭分野）124／外国語 126

2 特別の教科　道徳 ···128

概説 128／評価の方法 131

3 総合的な学習の時間の記録 ···136

概説 136／記入欄について 141／評価の方法 143

4 特別活動の記録··146

概説 146／記入欄について 148／評価の方法 149

5 行動の記録··152

概説 152／記入欄について 154／評価の方法 156

6 総合所見及び指導上参考となる諸事項 ···159

概説 160／記入内容について 161／標準検査の記録について 165／用語例 172／標準検査一覧表 176

7 出欠の記録··178

授業日数 178／出席停止・忌引等の日数 179／出席しなければならない日数 181／欠席日数 181／出席日数 181／備考欄 183／日数の書き方 184

□□■ 第4章 障害のある生徒に係る学習評価の在り方 ■□□

1 障害のある生徒に係る学習評価の基本的な考え方 ……………194

2 障害のある生徒の指導要録の取扱い ………………………………196

学籍に関する記録 196／指導に関する記録 196

3 指導要録記入上の留意事項 ……………………………………198

特別支援学級に在籍する生徒 198／通級による指導を受けている生徒 201
／通級による指導の対象となっていないが，教育上特別な配慮を必要と
する生徒 202

4 評価方法・資料収集の工夫 ……………………………………203

□□■ 第5章　補助簿・通知表・調査書 ■□□

1 補助簿──指導記録── …………………………………………206

指導要録，補助簿，通知表及び調査書の関係 206／補助簿の意義と機能
207／補助簿の内容と様式 209／取扱い上の注意 212

2 通知表と指導要録 ………………………………………………213

機能上の相違 213／評価の内容・方法上の異同 213

3 調査書と指導要録 ………………………………………………215

目的上の相違 215／高等学校入学者選抜での利用をめぐって 215

付録

小学校，中学校，高等学校及び特別支援学校等における児童生徒の学習
　評価及び指導要録の改善等について（通知）　218
中学校及び特別支援学校中学部の指導要録に記載する事項等【別紙2】
　225
各教科等・各学年等の評価の観点等及びその趣旨（中学校）　232
◆中学校生徒指導要録（参考様式）　242
◆小学校児童指導要録（参考様式）　245
◆高等学校（全日制の課程・定時制の課程）
　生徒指導要録（参考様式）　248

INDEX

■質疑応答

学籍に関する記録

学齢簿に記載する入学及び卒業年月日について（行政実例）　71

保護者の欄について——保護者が遠隔地にいる場合——　76

入学年月日及び卒業年月日の記入について　77

外国の学校からの編入学等について　77

夏季休業中（例7月22日）に転学の申し出があった場合について　77

児童自立支援施設へ入所した場合などについて　78

原級留置の取扱いについて　79

外国人の生徒の氏名の表記について　82

学級担任者が2名いる場合の学級担任者氏名印について　82

指導に関する記録

出欠の記録

インフルエンザ等での学級閉鎖と出欠の記録について　185

転学または転入学に伴う旅行日数と授業日数の関係について　186

感染症で欠席した場合の，医師の診断期日までの期間の扱いについて　186

感染症の疑似の段階の処理について　186

忌引日数の基準について　187

非常変災等の基準について　187

対外運動競技，コンクール，国民文化祭等への参加の扱いについて　188

入学試験で出校しなかった場合の扱いについて　188

適応指導教室に通っている場合の扱いについて　188

■関係法令

指導要録の取扱い

行政手続等における情報通信の技術の利用に関する法律　62

文部科学省関係の行政手続等における情報通信の技術の利用に関する省令

62

民間事業者等が行う書面の保存等における情報通信の技術の利用に関する法
　　律　62

文部科学省の所管する法令の規定により民間事業者等が行う書面の保存等に
　　おける情報通信の技術の利用に関する省令　63

電子署名及び認証業務に関する法律　63

出席停止

学校教育法第 35 条第 1 項（児童の出席停止）　190

学校保健安全法第 19 条（出席停止）　190

学校保健安全法施行規則第 18 条（感染症の種類）　190

学校保健安全法施行規則第 19 条（出席停止の期間の基準）　191

感染症の予防及び感染症の患者に対する医療に関する法律（関係部分抄）（入
　　院）　191

休業日

学校教育法施行規則第 61 条（公立小学校における休業日）　190

学校教育法施行規則第 62 条（私立小学校における学期・休業日）　190

学校保健安全法第 20 条（臨時休業）　190

■コラム

コラム①「主体的・対話的で深い学び」　101

コラム② パフォーマンス評価　102

コラム③ 目標準拠評価とスタンダード準拠評価，ルーブリック　104

第1章
指導要録の基本的性格と取扱い上の注意

1 指導要録の基本的性格 … 10

2 指導要録改訂の概要 … 19

3 指導要録の取扱い上の留意事項

　進学の場合 … 38

　転学の場合 … 40

　転入学の場合 … 41

　学校統合，学校新設等の場合 … 42

　退学等の場合 … 43

　編入学等の場合 … 43

　保存期間 … 44

　対外的な証明書作成の場合 … 46

　通知表等を作成する場合 … 47

　特別支援学級の生徒の指導要録 … 48

　保存管理等 … 48

　経過措置 … 49

4 記入上の全般的な留意事項 … 50

5 指導要録の本人への開示 … 52

6 情報通信技術の活用による指導要録等の事務の改善 … 58

1

指導要録の基本的性格

学習評価の基本的な考え方

　教育基本法に定める教育の目的や目標，学校教育法に定める各学校段階の目的や目標の実現を図るため，各学校が編成する教育課程の基準である学習指導要領が定められている。学習評価は，学習指導要領に基づく学校における教育活動に関し，児童生徒の学習状況を評価するものである。各教科については，学習状況を分析的に捉える観点別学習状況の評価と総括的に捉える評定とを，学習指導要領に定める目標に準拠した評価として実施することが明確にされている。学習評価を行うに当たっては，児童生徒一人一人に学習指導要領の内容が確実に定着するよう，学習指導の改善につなげていく。

　各学校は，学習指導要領等に従い，地域や学校の実態等を考慮して適切な教育課程を編成し，学習指導と学習評価を実施する役割を担っている。一方，学校を設置する教育委員会等は，学校の管理運営に関する基本的事項を定める役割を担っており，指導要録の様式等学習評価に係る基本的事項について定めることとされている。国においては，各学校や設置者の参考となるよう，おおむね 10 年に一度行ってきた学習指導要領の改訂ごとに，その趣旨を反映した学習評価の基本的な考え方を示すとともに，指導要録に記載する事項等を提示してきている。

　昭和 52 年，基礎的・基本的な事項を確実に身に付けられるよう教育内容を精選し，知・徳・体の調和のとれた発達を目指して，小・中学校の学習指導要領が改訂された。この改訂に伴う指導要録の見直しにおいて，各教科の学習の記録について集団に準拠して評価する評定を引き続き実施しつつ，併せて目標に準拠して観点別学習状況の評価を実施することが明確にされた。

　その後，社会の変化に対応し主体的に生きていくことができる資質や能力の育成を重視した平成元年の学習指導要領の改訂に伴う指導要録の見直しに

おいて，各教科の学習の記録について，目標に準拠して実施する観点別学習状況の評価を基本としつつ，集団に準拠して評価する評定を併用することとされた。

さらに平成元年の学習指導要領の改訂の趣旨を発展させ，変化の激しい時代を担う子どもたちに必要な「生きる力」を育むことを目指して，平成10年に学習指導要領が改訂された。この改訂に伴う指導要録の見直しでは，評定についても目標に準拠した評価として実施することが適当であるとされた。

なお，児童生徒の学習状況を評価するに当たっては，観点別学習状況の評価や評定には十分示しきれない，児童生徒一人一人のよい点や可能性，進歩の状況等についても評価し，このような個人内評価を積極的に児童生徒に伝えることが重要であるともしている。個人内評価は，現在の指導要録においては，「総合所見及び指導上参考となる諸事項」において記入することとされている。

評価の観点については，昭和52年の学習指導要領の改訂に伴う指導要録の見直しの際，各教科の評価の観点として「関心・態度」が共通に示された。平成元年の学習指導要領の改訂に伴う指導要録の見直しの際，評価の観点については，「自ら学ぶ意欲の育成や思考力，判断力などの能力の育成に重点を置くことが明確になるよう」，基本的には「関心・意欲・態度」「思考・判断」「技能・表現（又は技能）」及び「知識・理解」で構成すること，文部省が通知において示す観点の順序もこのとおりとすることとされた。この考え方は，平成10年の学習指導要領の改訂に伴う指導要録の見直しに当たっても基本的に踏襲され，平成13年4月27日初等中等教育局長通知においては，評価の観点を，各教科を通じ基本的には「関心・意欲・態度」「思考・判断」「技能・表現」「知識・理解」（以下「評価の4観点」という）で構成することとされた。その後，国立教育政策研究所から，自ら学ぶ意欲や思考力，判断力，表現力などを含めて児童生徒の学習状況を適切に評価できるよう，平成14年2月に小・中学校の全ての教科について「評価規準の作成，評価方法の工夫改善のための参考資料」が示された。これには，学習指導要領の内容のまとまりごとの評価規準及びその具体例と，単元・題材の評価に関する事例が示されている。

その流れを受けて，今回の改訂が行われた。詳細は第2節で述べるが，中央教育審議会答申「幼稚園，小学校，中学校，高等学校及び特別支援学校の学習指導要領等の改善及び必要な方策について（答申）」（平成28年12月21日）において学習評価と指導要録の改訂の基本方針が示された。それを受けて，「児童生徒の学習評価の在り方について（報告）」（平成31年1月21日，中央教育審議会初等中等教育分科会教育課程部会）がまとめられた。その趣旨を踏まえ，「小学校，中学校，高等学校及び特別支援学校等における児童生徒の学習評価及び指導要録の改善等について（通知）」（平成31年3月29日，文部科学省初等中等教育局長）が発出された。

　そこでは，特に従来の観点別評価を重視して，3観点と改めた。すなわち，中央教育審議会答申・学習指導要領において，各教科等の目標及び内容を「知識及び技能」「思考力，判断力，表現力等」「学びに向かう力，人間性等」の資質・能力の三つの柱で再整理した。そこで，指導と評価の一体化を推進する観点から，観点別学習状況の評価の観点についても，これらの資質・能力に関わる「知識・技能」「思考・判断・表現」「主体的に学習に取り組む態度」の3観点に整理して示した。その際，「学びに向かう力，人間性等」については，「主体的に学習に取り組む態度」として観点別学習状況の評価を通じて見取ることができる部分と観点別学習状況の評価にはなじまず，個人内評価等を通じて見取る部分があることに留意する必要があることを明確にした。特に，「主体的に学習に取り組む態度」については，各教科等の観点の趣旨に照らし，「知識及び技能」を獲得したり，「思考力，判断力，表現力等」を身に付けたりすることに向けた粘り強い取組の中で，自らの学習を調整しようとしているかどうかを含めて評価することとした。

　さらに，学習評価の結果の活用に際しては，各教科等の児童生徒の学習状況を観点別に捉え，各教科等における学習状況を分析的に把握することが可能な観点別学習状況の評価と，各教科等の児童生徒の学習状況を総括的に捉え，教育課程全体における各教科等の学習状況を把握することが可能な評定の双方の特長を踏まえつつ，その後の指導の改善等を図ることが重要であることを明確にした。

指導要録の基本的性格

　指導要録は，児童生徒の学籍並びに指導の過程及び結果の要約を記録し，その後の指導及び外部に対する証明等に役立たせるための原簿となるものである。文部科学省が平成13年4月27日初等中等教育局長通知により示している記載事項としては，小・中学校は次のようになっており，基本的に今回の改訂においてもこれを踏襲している（平成31年3月29日通知）。

① 「学籍に関する記録」（児童生徒の氏名，性別，生年月日及び現住所，保護者の氏名及び現住所，入学前の経歴，入学・編入学等，転入学，転学・退学等及び卒業に係る年月日，進学先・就職先等，学校名及び所在地，校長氏名印，学級担任者氏名印）

② 「指導に関する記録」として，「各教科の学習の記録」（観点別学習状況及び評定），「特別の教科　道徳」，「外国語活動の記録」（小学校のみ），「総合的な学習の時間の記録」，「特別活動の記録」，「行動の記録」，「総合所見及び指導上参考となる諸事項」，「出欠の記録」，を学年ごとに記入することとされている。

　指導要録は，学習指導要領の改訂を受けて，その都度，改訂されてきた。学習指導要領が学習指導の指針であるように，指導要録は教育評価活動の指針となるものである。

　指導要録は，小・中・高等学校における公簿であって，その作成は学校教育法施行規則に規定されている。

> 第24条　校長は，その学校に在学する児童等の指導要録（学校教育法施行令第31条に規定する児童等の学習及び健康の状況を記録した書類の原本をいう。以下同じ。）を作成しなければならない。
>
> ○2　校長は，児童等が進学した場合においては，その作成に係る当該児童等の指導要録の抄本又は写しを作成し，これを進学先の校長に送付しなければならない。
>
> ○3　校長は，児童等が転学した場合においては，その作成に係る当該児童等の指導要録の写しを作成し，その写し（転学してきた児童等については転学により送付を受けた指導要録の写しを含む。）及び前項の抄本又は写しを転学先の校長に送付しなければならない。

学校教育法施行令の該当箇所はこうである。

> 第31条　公立又は私立の学校（私立の大学及び高等専門学校を除く。）が
> 廃止されたときは，市町村又は都道府県の設置する学校（大学を除く。）に
> ついては当該学校を設置していた市町村又は都道府県の教育委員会が，市町
> 村又は都道府県の設置する大学については当該大学を設置していた市町村
> 又は都道府県の長が，公立大学法人の設置する学校については当該学校を設
> 置していた公立大学法人の設立団体（地方独立行政法人法第6条第3項に規
> 定する設立団体をいう。）の長が，私立の学校については当該学校の所在し
> ていた都道府県の知事が，文部科学省令で定めるところにより，それぞれ当
> 該学校に在学し，又はこれを卒業した者の学習及び健康の状況を記録した書
> 類を保存しなければならない。

　指導要録の歴史はきわめて古く，「学籍簿」という名称ではじめて制定さ
れたのは，実に明治33（1900）年のことであるが，戦後，昭和24年に
至ってその名称は「指導要録」と改められた。その後も，学習指導要領の改
訂に伴って，たびたび改訂されて今日に及んでいる。

　指導要録は，ひとりわが国の学校においてだけではなく，諸外国の学校に
おいても用いられているものであって，学校記録（school record）とか累
加記録（cumulative record）とか呼ばれている。これらの記録はどこの国
においても児童生徒の教育指導や進路指導など，一人一人の児童生徒に最も
適した決定と処遇をするための資料となるものである。指導要録は，単なる
形式的な事務的帳簿ではなく，指導と評価，及び管理のための重要記録であ
る。

指導要録についての考察の視点

　今日の高度知識基盤社会では，いかなる施設・組織・機関もそれぞれその
任務を全うすることに関連と必要のある範囲で，その対象とする個人に関す
る資料を収集し，記録し，保存しており，それはその組織の目的において明
示されることにより個人情報保護と両立するのである。このことは，基本的
には，一人一人の個人についての合理的な決定を下し，最適の処遇をするた
めでもある。

指導要録の目的として，一般に二つが考えられている。一つは，一人一人の児童生徒の特質に応じて適切に指導するための資料とするという「指導目的」である。もう一つは，後日において，その児童生徒が，いつ，どこの学校に入学し，どこの学校を卒業したかということを証明し，さらに進学や就職の場合の選抜や採用のための情報となるという，いわゆる「証明目的」である。

　すなわち学校の指導要録の公開が，当該児童生徒やその保護者のプライバシーの侵害や差別など，不当な不利益を及ぼさないという限りであるが，外部証明などの社会的・公益的目的に利用されることは許されている。指導要録は，個人の能力，適性，学習の状況，行動の状況等について，次々に担任した複数の教師が，多年にわたって継続的に観察し評価した記録の結果である。この信頼のおける資料を，一定の規定に基づき，限界内において公共社会に提供することによってこそ，人事や選抜における社会的公正を期することができる。

　もう一つの視点が教育的配慮によるものである。これはむしろ学習指導要領の視点といったほうがよいかもしれない。学習指導要領は，そのときのわが国の教育の目標，内容及び方法を具体化しているものであるから，指導要録もこの学習指導要領の趣旨に準拠することによって教育的に一貫したものとなる。

　例えば，学習指導要領が，各教科，道徳，特別活動の領域及び総合的な学習の時間（及び外国語活動の時間・小学校のみ）から成り立っているのであるから，指導要録もこれに対応する評価・記録の欄を設ける。学習指導要領の各教科は，指導要録では「各教科の学習の記録」の欄で取り扱われ，道徳は，指導要録では「特別の教科　道徳」及び「行動の記録」欄の中で関連的に評価・記録され，特別活動は，指導要録では「特別活動の記録」の欄で取り扱われ，総合的な学習の時間や外国語活動の時間（小学校のみ）は，各々対応する「記録」の欄で取り扱われるのである。

　また，各教科の学習の記録の中の「観点別学習状況」の欄に示してある各教科についての観点は，もとをたどれば学校教育法を基本に置いた上で学習指導要領の各教科の目標から出たものである。

第三の視点として，教育評価の視点を挙げることができる。ここで述べる教育評価や測定の視点は，主としてその要録に記載される情報の収集法（評価法）や在り方（妥当性・信頼性等）についての視点であり，理論である。

　指導要録の記載資料は，おおかたは，学籍の記録や出欠の記録など２，３の記録欄の資料を除けば，テストや観察など教育測定や評価の手立てを用いて，データを収集し，記録し，評価を行うこととなる。教育測定・評価には，例えば妥当性・信頼性・客観性あるいは継続性，総合性など，評価として満たすべき条件があり，それに対する努力が求められる。評価の目的を達成するためにもそういった条件を十分満たすことが必要なのである。証明資料などに利用するためにも，また指導資料としても大事なこととなる。

　なお，過去における学籍簿と同様に，今日の指導要録も，一面においては，あたかも戸籍のような法規的性格を有している。４月に学校に入学したというだけでは法的には不完全である。児童生徒本人の氏名，生年月日，入学の日付，保護者の氏名その他必要事項を記入した指導要録の作成により，はじめて法的に学籍を取得したことになる。この意味から指導要録は少なくともその「学籍の記録」欄に関しては，児童生徒が学校に入学した４月当初において編成されるべきものである。それは指導要録の重要な証明機能でもある。

　この学籍の証明を直接に分担している指導要録の記録欄は，「学籍の記録」である。ここに，前述したように本人の氏名，入学・編入学・転入学・転学・退学等の日付，卒業の日付，入学前の経歴と進学先・就職先等が記入される。次に関係の深いのが出欠の記録であろう。

　指導要録は，すでに冒頭に記したように，小・中・高等学校における公簿であって，学校教育法施行規則の規定によって，校長はその学校に在学する児童生徒の指導要録を作成しなければならないこと，並びにこれを一定期間保存すべきことが定められている。また，この規則の定めによって，児童生徒が転学あるいは進学した場合は，指導要録の原本はもとの学校に保存し，転学先にはその写しを，進学先にはその抄本または写しを送付することになっている。

　さらに，こういった指導要録の公的な位置付けは，学校教育の説明責任とそこでの評価の役割と結び付いている。学習の評価に当たっては，その根拠

となる資料やそこで評価したところの観点の規準が明確でなければならない。教師の主観を全く排除はできないし、望ましくもないが、同時に、その根拠が保護者や児童生徒や上級学校の関係者等に共有されねばならない。さらに、学校現場での裁量があるにせよ、個別の教師や学校が恣意的に決定してよいのではなく、指導要録の通知や学習評価の中央教育審議会の報告の趣旨を踏まえ、教育委員会等での十分な検討を経て、決定されるべきものである。同時に、それは世の中に対して公表され、学校教育の説明責任を果たすべきものでもある。

指導要録の機能

　指導要録の「指導機能」を指導要録のような簡単な記録だけに期待することは無理であって、同時にその補助簿（個人指導票）と併せて考えておく必要がある。担任の教師にとっては、児童生徒の指導のための資料としては、その教師自身が平常評価し記録している補助簿のような資料が、指導資料として最も有用であることは言うまでもない。しかしこの場合でも同時に、一人一人の児童生徒の学業、能力、性格、行動に関する過去における評価情報もまた必要である。こうして、自分の観察・評価に基づいて作成された補助簿という資料を有している教師にとっても、指導要録の持つ指導機能は軽視することはできない。

　教師が、指導要録の各欄に記載するための資料を集め、それをりっぱに整理・記載しておくということは、今後それらの児童生徒を担任する教師たちのよりよい指導計画の立案のための資料を提供することでもある。指導は、学年を越えて継続一貫した営みである。教師は、一人一人の児童生徒について、その児童生徒の過去における担任教師と協力して、その評価情報を指導要録に累加記録し、その記録を将来のその児童生徒の担任教師に引き継いで、その児童生徒のよりよい指導に役立てるのである。

　第二は「証明機能」であり、この機能は公共的性格の濃厚な指導要録の機能である。その証明機能で最も重要なものは、すでに述べたところの法規的な学籍の証明である。ある個人が、いつ、どこの学校を卒業したというよう

なことの証明機能である。次に重要な証明機能は，進学や就職等の場合における人物や学業の証明原簿となるという意味での機能である。いわゆる内申書や調査書等の原簿として利用されている。

さらに，指導要録は，直接・間接に，教師の教育評価に関する態度や考え方を左右する。もし，学校における学習その他の指導のよりどころが学習指導要領であるとすれば，教育評価のよりどころは指導要録となるからである。

例えば，評価の観点の検討は言うまでもなく，指導要録が一年間の総括的評価の記録であるということから，教師は平常における形成的評価や診断的評価のみでなく，長期的な総括的評価も念頭において評価を進めねばならない。こうして，指導要録がどんな内容・形式からなり，どんな評価法を採用しているかによって，教師の評価の目標や方法に関する考え方が影響を受けざるをえなくなり，さらに，その評価観や教育観なども規定することになる。

指導要録の改訂に当たって，学校教育における評価の考え方を見直し，学習指導や評価の工夫・改善がなされる必要があろう。そのため，指導要録における各教科等の評価については，補助簿を大いに活用して，児童生徒の個人として優れている点や，長所などを積極的に見いだし，それを生かすようにする観点から，記入内容や記入の仕方を改めるよう留意することが大切である。

また，学校が通知表を作成して，家庭に配布することは法的に拘束されていないが，学校は，学習指導の過程や成果などについて不断に保護者との共通理解を深めることに努め，児童生徒の学習を適切に支援しなければならない。児童生徒自身にも評価の結果をしかるべく伝え，学習を励ましていくのである。

2

指導要録改訂の概要

改訂の経緯

　指導要録の改訂は学習指導要領の改訂を受けて行われる。今回の改訂の基本は，中央教育審議会から平成28年12月21日に「幼稚園，小学校，中学校，高等学校及び特別支援学校の学習指導要領等の改善及び必要な方策等について」として出された答申に示されている。この答申を受けて，平成29年3月に幼稚園，小学校，中学校の学習指導要領等が改訂され，平成30年3月に高等学校の学習指導要領等が改訂された。

　新しい学習指導要領等は，幼稚園については平成30年度から実施されており，小学校については令和2年度，中学校については令和3年度から全面実施，高等学校については令和4年度から年次進行により実施されることとなっている。また，特別支援学校については，幼稚園，小学校，中学校，高等学校それぞれに準じて実施されることとなっている。

　学習評価については，同答申において次のように言及されている。

○　学習評価については，教育課程や学習・指導方法の改善と一貫性を持った形で改善を進めることが求められる。また，「カリキュラム・マネジメント」の中で，学習評価の改善を，授業改善及び組織運営の改善に向けた学校教育全体のサイクルに位置付けていくことが必要である。

○　今後，観点別評価については，目標に準拠した評価の実質化や，教科・校種を超えた共通理解に基づく組織的な取組を促す観点から，小・中・高等学校の各教科を通じて，「知識・技能」「思考・判断・表現」「主体的に学習に取り組む態度」の3観点に整理することとし，指導要録の様式を改善することが必要である。

○　なお，観点別学習状況の評価には十分示しきれない，児童生徒一人一人のよい点や可能性，進歩の状況等については，日々の教育活動や総合所見等を通じて積極的に子供に伝えることが重要である。

（同答申 p60-62 より適宜抜粋・要約）

評価を学習指導に生かし，指導と評価の一体化をさらに進めるため，カリキュラム・マネジメントに位置付け，授業改善と組織運営の改善に資するという評価の機能をとりわけ強調している。特に，学習指導要領で目指す資質・能力の育成のため，その三つの柱（知識及び技能，思考力・判断力・表現力等，学びに向かう力・人間性等）を受けている。学びに向かう力は主体的に学習に取り組む態度に絞っている。同時に，簡素で効率的な学習評価ということで，学校現場の負担を重くしない，できれば軽減することが目指された。

これを受けて，平成 29 年 7 月 18 日に，初等中等教育分科会教育課程部会の下に，「児童生徒の学習評価の在り方に関するワーキンググループ」を設置することとした。ワーキンググループは，同年 10 月 16 日の第 1 回以降 12 回開催された。その後，平成 31 年 1 月 21 日に中央教育審議会初等中等教育分科会教育課程部会より，「児童生徒の学習評価の在り方について（報告）」が示された。小・中・高等学校及び特別支援学校における学習評価のあり方の改善のために必要な事項についてまとめたものである。

その上で，平成 31 年 3 月 29 日に文部科学省初等中等教育局長の通知として，「小学校，中学校，高等学校及び特別支援学校等における児童生徒の学習評価及び指導要録の改善等について（通知）」が出された。

なお，今回の改訂の前提をなす基本的な考え方は中央教育審議会教育課程部会における以前の報告にまとめられており（「児童生徒の学習評価の在り方について（報告）」平成 22 年 3 月 24 日），今回の改訂の議論はそれを受け継いでなされた。

以下は上記の諸資料に即しつつ，解説を行う。なお，国立教育政策研究所から「学習評価の在り方ハンドブック」という小冊子が刊行されており，それも参考にできよう（https://www.nier.go.jp/kaihatsu/pdf/gakushuhyouka_R010613-01.pdf）。

改訂の方針

学習評価は，学習指導要領の示す目標に照らして児童生徒の学習の実現状

況を見ることが求められるものである。「児童生徒にどういった力が身に付いたか」という学習の成果を的確に捉え，教師が指導の改善を図るとともに，児童生徒自身が自らの学びを振り返って次の学びに向かえるようにする。

そもそも学習指導要領は，各学校において編成される教育課程の基準として，全ての児童生徒に対して指導すべき内容を示したものであり，指導の面から全国的な教育水準の維持向上を保障するものである。それに対し，学習評価は，児童生徒の学習状況を検証し，結果の面から教育水準の維持向上を保障する機能を有するものといえる。

また，従前より指導と評価の一体化が推進されてきたところであり，今後とも各学校における学習評価は，学習指導の改善や各学校における教育課程全体の改善に向けた取組と効果的に結び付け，カリキュラム・マネジメントにおける学習指導に係るPDCAサイクルの中で適切に実施されるべきものである。

すなわち，教師や学校にとっては，

① 学校における教育課程の編成や，それに基づいた各教科等の学習指導の目標や内容のほか，評価規準や評価方法等，評価の計画も含めた指導計画や指導案の組織的な作成

② 指導計画を踏まえた教育活動の実施

③ 児童生徒の学習状況の評価，それを踏まえた授業や指導計画等の評価

④ 評価を踏まえた授業改善や個に応じた指導の充実，指導計画等の改善

といった，Plan（①），Do（②），Check（③），Action（④）のPDCAサイクルを確立することが重要である。

このようなPDCAサイクルは，毎日の授業，単元等の指導，学校における教育活動全体等の様々な段階で繰り返されながら展開されるものである。学習評価を通じて，教師が授業の中で児童生徒の反応を見ながら学習指導の在り方を見直したり，一連の授業の中で個に応じた指導を図る時間を設けたりすることや，学校における教育活動を組織として改善したりしていくこと等が求められる。

このような学習指導に係るPDCAサイクルは，学校評価全体の枠組の中で適切に位置付けられ，実施されることが必要である。各教科等の学習評価

を通じて，例えば，「思考力，判断力，表現力等」に課題があることが明らかになれば，それらを育む学習活動を学校の教育課程全体の中で推進する等，学習評価を個々の授業の改善に加え，学校における教育活動全体の改善に結び付けることが重要であり，そういった取組を学校評価の枠組を通じて行うことが考えられる。このように個別の授業の改善にとどまらず，学校全体の評価の中に学習評価を組み込み，教育課程や指導計画・指導法の改善に生かすのである。従来以上に，学習評価の役割が広がり，大きなものとなってきているのである。

　なお，児童生徒にとっては，学習評価は自らの学習状況に気付き，その後の学習や発達・成長が促されるきっかけとなるべきものである。また，学習評価の結果を保護者に適切に伝えることは，学習評価に関する信頼を高めるものであるとともに，家庭における学習を児童生徒に促すきっかけともなる。児童生徒が行う自己評価や相互評価は，児童生徒の学習活動であり，教師が行う評価活動ではないが，児童生徒が自身のよい点や可能性について気付くことを通じ，主体的に学ぶ意欲を高めること等，学習の在り方を改善していくことに役立つことから，積極的に取り組んでいくことも重要である。また，児童生徒の自己評価を学校評価においても反映し，学校運営の改善につなげていくことも考えられる。

　以上述べた学習評価の意義や，また現在の学習評価の在り方が小・中学校を中心に定着してきていると見られること，また，新しい学習指導要領は次代を担う児童生徒に「生きる力」を育むという理念を引き継いでいることを踏まえれば，現在行われている学習評価の在り方を基本的に維持しつつ，その深化を図っていくべきである。このため，今後とも，きめの細かい学習指導の充実と児童生徒一人一人の学習内容の確実な定着を図るため，各教科における児童生徒の学習状況を分析的に捉える観点別学習状況の評価と，総括的に捉える評定とについては，目標に準拠した評価として実施していくのである。すなわち，目標準拠評価の理念を引き継ぎ，学習指導と学習評価の一体化をいっそう進めていくこととなる。

　中央教育審議会答申に述べられているように，今回の学習指導要領は資質・能力の育成を根幹に据えており，それを受けて学習評価の在り方を考え

ていく必要がある。答申は，「よりよい学校教育がよりよい社会をつくる」という理念を共有し，学校と社会との連携・協働を求める「社会に開かれた教育課程」の実現に向けて，変化の激しいこれからの社会を生きる児童生徒に必要な資質・能力（何ができるようになるか）を整理した上で，その育成に向けた教育内容（何を学ぶか），学習・指導の改善（どのように学ぶか），児童生徒の発達を踏まえた指導（児童生徒一人一人の発達をどのように支援するか），学習評価（何が身に付いたか）の在り方など，学習指導要領等の改善に向けた基本的な考え方を示している。また，新しい学習指導要領等の下での各学校における教育課程の編成，実施，評価，改善の一連の取組が，授業改善を含めた学校の教育活動の質の向上につながるものとして組織的，計画的に展開されるよう，各学校におけるカリキュラム・マネジメントの確立を求めている。

　答申では，子供たちの「学習の成果を的確に捉え，教員が指導の改善を図るとともに，子供たち自身が自らの学びを振り返って次の学びに向かうことができるようにするためには，学習評価の在り方が極めて重要」として，その意義に言及している。また，「学習評価については，子供の学びの評価にとどまらず，『カリキュラム・マネジメント』の中で，教育課程や学習・指導方法の評価と結び付け，子供たちの学びに関わる学習評価の改善を，更に教育課程や学習・指導の改善に発展・展開させ，授業改善及び組織運営の改善に向けた学校教育全体のサイクルに位置付けていくことが必要」とし，学習評価に関わる取組をカリキュラム・マネジメントに位置付けることの必要性に言及している。

　特に指導と評価の一体化を図るためには，児童生徒一人一人の学習の成立を促すための評価という視点をいっそう重視することによって，教師が自らの指導のねらいに応じて授業の中での児童生徒の学びを振り返り学習や指導の改善に生かしていくというサイクルが大切である。すなわち，新学習指導要領で重視されている「主体的・対話的で深い学び」の視点からの授業改善を通して各教科等における資質・能力を確実に育成する上で，学習評価は重要な役割を担っている。その視点から見ると，従来の学習評価の実態について次のような課題が一部の学校などに見られると指摘されていた。

・学期末や学年末などの事後での評価に終始してしまうことが多く，評価の結果が児童生徒の具体的な学習改善につながっていない。

・現行の「関心・意欲・態度」の観点について，挙手の回数や毎時間ノートを取っているかなど，性格や行動面の傾向が一時的に表出された場面を捉える評価であるような誤解が払拭し切れていない。

・教師によって評価の方針が異なり，学習改善につなげにくい。

・教師が評価のための「記録」に労力を割かれて，指導に注力できない。

・相当な労力をかけて記述した指導要録が，次学年や次学校段階において十分に活用されていない。

　学習指導要領の改訂の趣旨を徹底し，このような課題に応えるとともに，教員の働き方改革を進めることとも両立を図る必要がある。そこで，学習評価の在り方について次の方向が目指されている。

①　児童生徒の学習改善につながるものにしていくこと

②　教師の指導改善につながるものにしていくこと

③　これまで慣行として行われてきたことでも，必要性・妥当性が認められないものは見直していくこと

　なお，同時に，学力の捉え方とその育成について，従来進めてきた在り方を継承し，発展させていく必要がある。学校教育法の一部改正を受けて改訂された前回の学習指導要領の総則においては，「生きる力」を支える「確かな学力」「豊かな心」「健やかな体」の調和が重視されるとともに，学校教育を行うに当たり「基礎的・基本的な知識及び技能を確実に習得させ，これらを活用して課題を解決するために必要な思考力，判断力，表現力その他の能力をはぐくむとともに，主体的に学習に取り組む態度を養」うことに努めなければならないことが示されているが，今回の改訂はそれを継続し発展させているのである。そして，ここに明らかなように，平成10年・11年改訂の学習指導要領においても，改正教育基本法や学校教育法の一部改正を受けて改訂された前回の学習指導要領においても，教育の基本理念や育成すべき学力について大きな変化はない。ただ，そういった学校教育の基本を示す法規に学力の規定が盛り込まれたことの意義は大きかった。その規定を十分に受けて，学習評価の在り方を考え改訂が重ねられてきたのである。

このようなことを踏まえつつ，各学校においては，組織的・計画的な取組を推進し，学習評価の妥当性（評価がねらいどおりの事柄を捉えているか），信頼性（評価がどのように行っても同様の結果を示しうるか）等を高めるよう努めることが重要である。従前からいわゆる客観性のある評価ということを言い換え，学問的に意味のある妥当性・信頼性という用語を採用しているので，その点も注意してほしい。

なお，児童生徒の学習状況が記録される指導要録の様式は学校の設置者が定めるものであるが，指導要録は児童生徒の学習状況について異なる学校段階における円滑な情報の伝達を行うという機能を有することから，評価の結果が進学等において活用される都道府県等の地域ごとに，一定の統一性が保たれることも求められる。学校における裁量を広げつつも，評価の説明責任を確保し，保護者・住民からの信頼を維持するために恣意的な変更を防ぎ，同時に，上級学校の入試等で統一的な扱いが可能になるようにするのである。

評価の観点に関する考え方の整理

観点別学習状況の評価は，指導要録に記録するためだけでなく，きめの細かい学習指導と児童生徒一人一人の学習内容の確実な定着を図るため，日常の授業においても適切に実施されるべきものである。指導要録の学習評価とは単に学期末・年度末に評価を行い，書類に記録して，保存するためのものではない。日常の授業やカリキュラムの改善に役立てるためのものでもある。評価を書類の作成のこととして捉えれば，いたずらに煩瑣で多忙感を増すだけのことであるが，授業改善に役立てる営みと考えるなら，それは授業と表裏一体の活動となるのである。その意味で，日常の授業活動において実施して有益なものとする必要がある。

そのような視点から，新しい学習指導要領の趣旨に沿って学校における学習評価を進めていく際の評価の観点に関する考え方を整理する。

新しい学習指導要領においても「生きる力」の理念を引き継いでいること等を鑑みれば，現在の評価の観点を変えていく必要は全くない。一方で，基礎的・基本的な知識・技能の習得とこれらを活用する思考力・判断力・表現

力等をいわば車の両輪として相互に関連させながら伸ばしていくとともに，学習意欲の向上をはかるという考え方を資質・能力という根幹の力の育成と，指導における主体的・対話的で深い学びを進めるという今回の改訂の趣旨を反映させた観点にしていく必要がある。改訂の趣旨を反映し，学習指導と学習評価の一体化をさらに進めていくために，資質・能力の三つの柱，さらに連動する学力の三つの要素を踏まえて評価の観点に関する考え方を整理することとする。

　中央教育審議会答申でその大枠を整理している。評価の観点については，従来の4観点の枠組を踏まえつつ，学校教育法第30条第2項が定める学校教育において重視すべき三要素（「知識及び技能」「思考力，判断力，表現力等」「主体的に学習に取り組む態度」）を踏まえて再整理された。すなわち，これまでは「知識・理解」「技能」「思考・判断・表現」「関心・意欲・態度」の四つの観点が設定されていたところ，今回の改訂においては，全ての教科等において，教育目標や内容を，資質・能力の三つの柱に基づき再整理することとした。観点別学習状況の評価については，目標に準拠した評価の実質化や，教科・校種を超えた共通理解に基づく組織的な取組を促す観点から，小・中・高等学校の各教科を通じて「知識・技能」「思考・判断・表現」「主体的に学習に取り組む態度」の3観点に整理することとした。

　その際，「学びに向かう力，人間性等」に示された資質・能力には，感性や思いやりなど幅広いものが含まれるが，これらは観点別学習状況の評価になじむものではないことから，評価の観点としては学校教育法に示された「主体的に学習に取り組む態度」として設定し，感性や思いやり等については観点別学習状況の評価の対象外とすることとした。「主体的に学習に取り組む態度」と，資質・能力の柱である「学びに向かう力，人間性等」の関係については，「学びに向かう力，人間性等」には，①「主体的に学習に取り組む態度」として観点別評価（学習状況を分析的に捉える）を通じて見取ることができる部分と，②観点別評価や評定にはなじまず，こうした評価では示しきれないことから個人内評価（個人のよい点や可能性，進歩の状況について評価する）を通じて見取る部分があることに留意する必要がある。なお，これらの観点については，毎回の授業で全てを見取るのではなく，単元や題

材を通じたまとまりの中で，学習・指導内容と評価の場面を適切に組み立てていくこととして留意を促している。

新しい学習指導要領においては，「知識及び技能」について，単なる断片的なものの繰り返しによる暗記を目指すものではなく，中核的な概念を中心に構造的で相互につながりのある統合されたものであることを強調し，その中核的な知識などによる概念的な理解を主として「知識」としている。技能もまたその中で相互に関連して，単なる型通りの動きではなく，場に応じた柔軟な体の動かし方を指している。そういった知識・技能であるからこそ，思考活動に活用でき，また実際的な問題解決でも活かしていけるのである。

「思考力，判断力，表現力等」の育成においては，基礎的・基本的で構造的な知識・技能を活用する学習活動を重視するとともに，論理や思考等の基盤である言語の果たす役割を踏まえ，言語を中心とする表現活動を充実することとしている。これらの能力を適切に評価し，いっそう育成していくため，各教科の内容等に即して思考・判断したことを，その内容を表現する活動と一体的に評価する観点（以下「思考・判断・表現」という）を設定することが適当である。多様な表現の仕方を用い，それぞれの思考を表し，児童生徒同士また教師などとの間で交流し，対話することを通して，各自の思考が深い学びへとつながり，また物事の多面的な様相を理解していけるのである。だからこそ，思考力と判断力と表現力をセットにして常に言い表している。言語能力の捉え方においても，それと類似の PISA の読解力にしても，考えること，表すこと，コミュニケーションすること，協同することなどを一連の主体的で対話する活動として捉え，相互に伸ばし合っていく力であるとしているのである。

「主体的に学習に取り組む態度」は「学びに向かう力」として資質・能力の重要な一つの柱としたもののうち，授業の流れの中で捉えられるところを評価の観点として取り上げている。学びに向かう力は意欲や意志といった情意的な傾向ないし力と，心理学でメタ認知と称する自らの思考を自覚する力や人と協働して学ぶ力などを総称するものである。粘り強く取り組む力と自己の様子とりわけ情意面を見直し調整する力からなるとして整理している。それはある程度，授業などにおける児童生徒の言動から把握でき，そして何

より重要なのは指導することが可能ということである。それが以前の評価の視点と大きく異なり，これまでの長年の実践と理論の進展を反映している。

　以上を踏まえ，新しい学習指導要領における評価について，基本的には，知識及び技能については「知識・技能」という観点において，それらを活用して課題を解決するために必要な思考力・判断力・表現力等については「思考・判断・表現」という観点において，学びに向かう力については「主体的に学習に取り組む態度」という観点において，それぞれ評価を行うこととして整理されている。

　なお，これらの三つの観点において重要性に違いがあるわけではない。どれが大事であり，ほかはそれに次ぐものであるといったことはなく，どれも同等に重要である。その意味で，観点を表記する際にもその順番に重要性の意味はない。むしろ，三角錐の三つの角に各観点があり，その観点が総合されて全体として授業活動を見直すための評価活動が成り立ち，授業改善に役立たせると捉えることができよう。

個々の観点について

　次に，個々の観点の捉え方について整理していく。中央教育審議会の報告において詳細に述べている。

　今回の学習指導要領では，各教科等の目標や内容を「知識及び技能」「思考力，判断力，表現力等」「学びに向かう力，人間性等」の資質・能力の三つの柱で再整理しており，これらの資質・能力に関わる「知識・技能」「思考・判断・表現」「主体的に学習に取り組む態度」の観点別学習状況の評価の実施に際しては，このような学習指導要領の規定に沿って評価規準を作成し，各教科等の特質を踏まえて適切に評価方法等を工夫することにより，学習評価の結果が児童生徒の学習や教師による指導の改善に生きるものとなる。また，これまで各学校において取り組まれてきた観点別学習状況の評価や，それに基づく学習や指導の改善の更なる定着につなげる観点からも，評価の段階及び表示の方法については，現行と同様に３段階（ＡＢＣ）となる。

(1) 「知識・技能」の評価

　「知識・技能」の評価は，各教科等における学習の過程を通した知識及び技能の習得状況について評価を行うとともに，それらを既有の知識及び技能

28

と関連付けたり活用したりする中で，他の学習や生活の場面でも活用できる程度に概念等を理解したり，技能を習得したりしているかについて評価するものである。

まず，新観点における「知識」は，各教科において習得すべき知識や重要な概念等を児童生徒が理解しているかどうかを評価するものである。新しい学習指導要領の下においても，旧観点「知識・理解」の趣旨を踏まえた評価を引き続き行うこととする。

次に，新観点における「技能」は，各教科において習得すべき技能を児童生徒が身に付けているかどうかを評価するものである。旧観点「技能」の趣旨を踏まえた評価を引き続き行うこととする。すなわち，算数・数学において式やグラフに表すことや理科において観察・実験の過程や結果を的確に記録し整理すること等については，従来「技能」において評価を行ってきたが，同様の評価は今後新観点「知識・技能」において行っていくこととなる。思考し工夫することと密接につながり，その現れがその都度にいろいろになり得るものは「思考・判断・表現」の表現と見なされるだろうが，それに対して，一定の形に常に表す類の表現は「技能」として従来扱われていたものであり，今回，新観点「知識・技能」に含められることになる。

(2) 「思考・判断・表現」の評価

「思考・判断・表現」は，それぞれの教科の「知識及び技能」を活用して課題を解決すること等のために必要な「思考力，判断力，表現力等」を児童生徒が身に付けているかどうかを評価するものである。学習指導要領等に示された「思考力，判断力，表現力等」は，学校教育においてはぐくむ能力を一般的に示したものであり，そのような能力を育成するという目標の下，各教科の内容等に基づき，具体的な学習評価を行うための評価の観点が「思考・判断・表現」である。この観点を評価するに当たっては，単に文章，表や図に整理して記録するという表面的な現象を評価するものではなく，例えば，自ら取り組む課題を多面的に考察しているか，観察・実験の分析や解釈を通じ規則性を見いだしているかなど，基礎的・基本的な知識及び技能を活用しつつ，各教科の内容等に即して「思考・判断」したことを，記録，要約，説明，論述，討論といった言語活動等を通じて評価するものである。このよ

うに，「思考・判断・表現」の評価に当たっては，それぞれの教科の知識及び技能を活用する，論述，発表や討論，観察・実験とレポートの作成といった新しい学習指導要領において充実が求められている学習活動を積極的に取り入れ，学習指導の目標に照らして実現状況を評価する。

「思考・判断・表現」の評価については，全国学力・学習状況調査の「主として『活用』に関する問題」を参考にして作成した適切な問題を用いて評価を行うこともできる。ただし，「思考・判断・表現」の評価は，そのような問題を一定の制限時間内に解決し，記述できるかどうかのみを評価するものではないことに留意し，様々な評価方法を採り入れるようにしていく。また，この観点については，指導後の児童生徒の状況を記録するための評価を行うに当たっては，「思考・判断」の結果だけではなく，その過程を含め評価することが特に重要である。

なお，評価の観点である「思考・判断・表現」の「表現」は，「知識及び技能」を活用する学習活動等において「思考・判断」したことと，その内容を表現する活動とを一体的に評価することを示すものである。これは，例えば，学習指導要領の音楽，図画工作，美術の各教科において示す領域の一つであり，歌唱，器楽，絵，デザイン等の指導の内容を示す「表現」とは異なるものである。

⑶ 「主体的に学習に取り組む態度」の評価

「関心・意欲・態度」の発展した観点である「主体的に学習に取り組む態度」は，それを育むことが「知識及び技能」の習得や「思考力，判断力，表現力等」の育成につながるとともに，「知識及び技能」の習得や「思考力，判断力，表現力等」の育成が当該教科の学習に対する積極的な態度につながっていくなど，他の観点に係る資質・能力の定着に密接に関係する重要な要素でもある。

「主体的に学習に取り組む態度」は，各教科が対象としている学習内容に関心を持ち，自ら課題に取り組もうとする意欲や態度を児童生徒が身に付けているかどうかを評価するものである。この評価に際しては，単に継続的な行動や積極的な発言等を行うなど，性格や行動面の傾向を評価するということではなく，各教科等の「主体的に学習に取り組む態度」に係る評価の観点

の趣旨に照らして，「知識及び技能」を獲得したり，「思考力，判断力，表現力等」を身に付けたりするために，自らの学習状況を把握し，学習の進め方について試行錯誤するなど自らの学習を調整しながら，学ぼうとしているかどうかという意思的な側面を評価することが重要である。これまでの「関心・意欲・態度」の観点も，各教科等の学習内容に関心を持つことのみならず，よりよく学ぼうとする意欲を持って学習に取り組む態度を評価するのが，その本来の趣旨である。したがって，こうした考え方は従前から重視されてきたものであり，この点を「主体的に学習に取り組む態度」として改めて強調するものである。

　そこで，本観点に基づく評価としては，「主体的に学習に取り組む態度」に係る各教科等の評価の観点の趣旨に照らし，①知識及び技能を獲得したり，思考力，判断力，表現力等を身に付けたりすることに向けた粘り強い取組を行おうとする側面と，②①の粘り強い取組を行う中で，自らの学習を調整しようとする側面，という二つの側面を評価することが求められる。

　ここで評価の対象とする学習の調整に関する態度は必ずしも，その学習の調整が「適切に行われているか」を判断するものではなく，それが各教科等における「知識及び技能」の習得や，「思考力，判断力，表現力等」の育成に結び付いていない場合には，それらの資質・能力の育成に向けて児童生徒が適切に学習を調整することができるよう，その実態に応じて教師が学習の進め方を適切に指導するなどの対応が求められる。なお，学習の調整に向けた取組のプロセスには児童生徒一人一人の特性があることから，特定の型に沿った学習の進め方を一律に指導することのないよう配慮することが必要であり，学習目標の達成に向けて適切な評価と指導が行われるよう授業改善に努めることが求められる。

　これら①②の姿は実際の各教科等の学びの中では別々ではなく相互に関わり合いながら立ち現れるものと考えられることから，実際の評価の場面においては，双方の側面を一体的に見取ることも想定される。例えば，自らの学習を全く調整しようとせず粘り強く取り組み続ける姿や，粘り強さが全くない中で自らの学習を調整する姿は一般的ではない。「知識・技能」や「思考・判断・表現」の観点との関係を十分に考慮した上で，学習の調整が適切

に行われているか検討する必要がある。また，例えば，「知識・技能」や「思考・判断・表現」の観点が十分満足できるものであれば，基本的には，学習の調整も適切に行われていると考えられることから，指導や評価に際して，かえって個々人の学習の進め方（学習方略）を損なうことがないよう留意する。

このような考え方に基づき評価を行った場合には，例えば，①の「粘り強い取組を行おうとする側面」が十分に認められたとしても，②の「自らの学習を調整しようとしている側面」が認められない場合には，「主体的に学習に取り組む態度」の評価としては，基本的に「十分満足できる」（Ａ）とは評価されないことになる。これは，「主体的に学習に取り組む態度」の観点については，ただ単に学習に対する粘り強さや積極性といった児童生徒の取組のみを承認・肯定するだけではなく，学習改善に向かって自らの学習を調整しようとしているかどうかを含めて評価することが必要だからである。

仮に，①や②の側面について特筆すべき事項がある場合には，「総合所見及び指導上参考となる諸事項」において評価を記述することも考えられる。

この考え方に基づけば，単元の導入の段階では観点別の学習状況にばらつきが生じるとしても，指導と評価の取組を重ねながら授業を展開することにより，単元末や学期末，学年末の結果として算出される３段階の観点別学習状況の評価については，観点ごとに大きな差は生じないものと考えられる。

具体的な評価方法としては，授業や面談における発言や行動等を観察するほか，ワークシートやレポートの作成，発表といった学習活動を通して評価することが考えられる。その際，授業中の挙手や発言の回数といった表面的な状況のみに着目することにならないよう留意する必要がある。一部の現場では，客観性にこだわるあまり，そういった末梢的な行動の指標を取る向きもあるということであるが，授業の子どもの様子やレポートその他を総合的に見て捉える必要がある。

各教科等が対象としている学習内容に関心を持ち，自ら課題に取り組もうとする意欲や態度を育むことは，他の観点に係る資質・能力の定着に密接に関係するものである。教師の指導により，学習意欲の向上は見られたものの，その他の観点について目標の実現に至っていない場合は，学習指導のいっそ

うの充実を図ることが重要である。その際，個人内評価を積極的に活用し児童生徒の学習を励ますことも有効である。

評価の観点の整理

　以上のことに加え，各教科等の特性やこれまでの実践の蓄積を踏まえ，次のような基本的な考え方に基づいた評価の観点の整理を行う。すでに述べたとおり，各教科等の観点を，知識及び技能（「知識・技能」），思考力，判断力，表現力等（「思考・判断・表現」）及び学びに向かう力（「主体的に学習に取り組む態度」）に対応させ整理する。その際，知識及び技能に関する観点（「知識・技能」）について，各教科等の特性に応じ，知識と技能に関する観点を分けて示すことができる。「思考・判断・表現」については，各教科等の目標や内容を踏まえ当該教科等において育成すべき能力にふさわしい名称とし，明確に位置付ける。

評価の実施における留意点

　観点別学習状況の評価を円滑に実施するに当たっては，適切な評価時期を設定し，学習指導の目標に沿った学習評価を行う。授業改善のための評価は日常的に行われることが重要である。

　一方で，指導後の児童生徒の状況を記録するための評価を行う際には，単元等ある程度長い区切りの中で適切に設定した時期において「おおむね満足できる」状況等にあるかどうかを評価することが求められる。教師は指導に際し常に三つの観点を念頭に置いておくであろうが，評価のための活動として，1時間ごとに詳細な評価を行うとか，必ず3観点による評価が必要だということはない。単元などを単位としてそこでの学力の形成の様子を把握すればよいのである。単元での評価により不十分だとなれば，補充的指導を行うようにするのである。

　「主体的に学習に取り組む態度」については，表面的な状況のみに着目することにならないよう留意するとともに，各教科等の特性や学習指導の内容等も踏まえつつ，ある程度長い区切りの中で適切な頻度で「おおむね満足できる」状況等にあるかどうかを評価するなどの工夫を行うことが重要である。

各教科等において，「知識及び技能」の習得を図る学習活動と「思考力，判断力，表現力等」の育成を図る学習活動は相互に関連し合って截然とは分類されるものではない。このため，同様の学習活動であっても，教師の指導のねらいに応じ，「知識・技能」の評価に用いられることも，「思考・判断・表現」の評価に用いられることもあると考えられる。このことを踏まえつつ，学習指導の目標に照らして実現状況を評価するという目標に準拠した評価の趣旨に沿って，学習活動を通じて子どもたちに身に付けさせようとしている資質・能力を明確にした上で，それに照らして学習評価を行うようにしたい。

指導要録の各項目の在り方

　観点別の評価の基本はすでに述べてきた。

　「観点別学習状況の評価」と「評定」については指導と評価の一体化の観点から見た場合には，それぞれ次のような役割が期待されている。

　○　各教科の学習状況を分析的に捉える「観点別学習状況の評価」は，児童生徒がそれぞれの教科での学習において，どの観点で望ましい学習状況が認められ，どの観点に課題が認められるかを明らかにすることにより，具体的な学習や指導の改善に生かすことを可能とするものである。

　○　各教科の観点別学習状況の評価を総括的に捉える「評定」は，児童生徒がどの教科の学習に望ましい学習状況が認められ，どの教科の学習に課題が認められるのかを明らかにすることにより，教育課程全体を見渡した学習状況の把握と指導や学習の改善に生かすことを可能とするものである。

　このように「評定」は，簡潔で分かりやすい情報を提供するものとして，児童生徒の教科の学習状況を総括的に評価するものであり，教師同士の情報共有や保護者等への説明のためにも有効である。このため，低学年を除く小学校，中学校及び高等学校において，評定を行うことは引き続き必要である。その際，新しい学習指導要領で明確にされた学力の三つの要素を全て含んだ教科の総括的な学習状況を示す情報としてこれまでと同様に示す。

各学校においては，設置者等の方針に沿って，自校における指導の重点や評価方法等を踏まえ，各教科の総括的な学習状況を捉える評定の決定の方法を検討し，適切な方法を定める必要がある。その際，異なる学校段階の間での児童生徒の学習状況を円滑に伝達するため，評価の結果が進学等において活用される都道府県等の地域ごとに一定の統一性を保つことが必要である。また，そのような評定の決定の方法を対外的に明示することも求められる。

　そのように，評定を引き続き指導要録上に位置付けることとし，指摘されている課題に留意しながら，観点別学習状況の評価と評定の双方の本来の役割が発揮されるようにする。具体的には，様式等の工夫を含めた改善を行い，その趣旨を関係者にしっかりと周知して，評価における説明責任を果たすことが必要である。

　特別の教科・道徳の評価については，文科初第604号「学習指導要領の一部改正に伴う小学校，中学校及び特別支援学校小学部・中学部における児童生徒の学習評価及び指導要録の改善等について（通知）」に基づき，学習活動における児童生徒の学習状況や道徳性に係る成長の様子を個人内評価として文章で端的に記述する。

　小学校などの外国語活動の記録については，評価の観点を記入した上で，それらの観点に照らして，児童の学習状況に顕著な事項がある場合にその特徴を記入する等，児童にどのような力が身に付いたかを文章で端的に記述する。評価の観点については，設置者は，小学校学習指導要領等に示す外国語活動の目標を踏まえ，設定する。

　総合的な学習の時間の記録については，この時間に行った学習活動及び各学校が自ら定めた評価の観点を記入した上で，それらの観点のうち，児童生徒の学習状況に顕著な事項がある場合などにその特徴を記入する等，児童生徒にどのような力が身に付いたかを文章で端的に記述する。評価の観点については，学習指導要領等に示す総合的な学習の時間の目標を踏まえ，各学校において具体的に定めた目標，内容に基づいて定める。

　特別活動の記録については，各学校が自ら定めた特別活動全体に係る評価の観点を記入した上で，各活動・学校行事ごとに，評価の観点に照らして十分満足できる活動の状況にあると判断される場合に，○印を記入する。評価

の観点については，学習指導要領等に示す特別活動の目標を踏まえ定める。その際，特別活動の特質や学校として重点化した内容を踏まえ，例えば「主体的に生活や人間関係をよりよくしようとする態度」などのように，より具体的に定めることも考えられる。記入に当たっては，特別活動の学習が学校や学級における集団活動や生活を対象に行われるという特質に留意する。

　特別活動は，望ましい集団活動や体験的な活動を通して，豊かな学校生活を築くとともに，公共の精神を養い，社会性の育成を図るものであり，「生きる力」を育むために重要な役割を果たすものである。現在，特別活動の評価については，各活動・学校行事ごとにその趣旨に照らして十分満足できる状況にあると判断される場合には○印を記入しているが，基本的には，この枠組を維持することが適当である。その上で，特別活動の目標に照らして育成しようとしている資質・能力と評価の関係を明確にするため，新しい学習指導要領で特別活動の各活動・学校行事に新たに目標が規定されたことを踏まえながら，各学校において評価の観点を設定し，指導要録においても明示することが適当である。

　行動の記録については，各教科，道徳科，外国語活動，総合的な学習の時間，特別活動やその他学校生活全体にわたって認められる児童生徒の行動について，設置者は，学習指導要領等の総則及び道徳科の目標や内容，内容の取扱いで重点化を図ることとしている事項等を踏まえて示していることを参考にして，項目を適切に設定する。また，各学校において，自らの教育目標に沿って項目を追加できるようにする。各学校における評価に当たっては，各項目の趣旨に照らして十分満足できる状況にあると判断される場合に，○印を記入する。

　総合所見及び指導上参考となる諸事項について，児童生徒の成長の状況を総合的に捉えるため，以下の事項等を文章で箇条書き等により端的に記述する。特に【5】のうち，児童生徒の特徴・特技や学校外の活動等については，今後の学習指導等を進めていく上で必要な情報に精選して記述する。

【1】　各教科や外国語活動（小学校のみ），総合的な学習の時間の学習に関する所見

【2】　特別活動に関する事実及び所見

【3】 行動に関する所見

【4】 進路指導に関する事項（中学校のみ）

【5】 児童生徒の特徴・特技，部活動（中学校のみ），学校内外における
ボランティア活動など社会奉仕体験活動，表彰を受けた行為や活動，
学力について標準化された検査の結果等指導上参考となる諸事項

【6】 児童生徒の成長の状況にかかわる総合的な所見

　記入に際しては，児童生徒の優れている点や長所，進歩の状況などを取り上げることに留意する。ただし，児童生徒の努力を要する点などについても，その後の指導において特に配慮を要するものがあれば端的に記入する。

　なお，児童生徒の学習意欲等の学びに向かう力を高め，その後の学習や発達を促していくためには，児童生徒のよい点をほめたり，さらなる改善が望まれる点を指摘したりするなど，児童生徒の発達の段階等に応じ，励ましていくことが重要である。このため，観点別学習状況の評価や評定を目標に準拠した評価として行う際には，そこでは十分示し切れない，児童生徒一人一人のよい点や可能性，進歩の状況等についても，積極的に児童生徒に伝えるとともに，個人内評価の結果として「総合所見及び指導上参考となる諸事項」に記入することが重要である。

3 指導要録の取扱い上の留意事項

　指導要録の進学，転学，転入学等の場合の取扱いや保存期間については，学校教育法施行令及び同施行規則において定められている。

　これらの規定に加え，平成3年の通知においては，「指導要録の取扱い上の注意」として，指導要録の作成，送付及び保存等についての留意事項が手厚く示されていた。具体的な事項としては，「進学」「転学」「転入学」「学校統合，学校新設等」「退学等」「編入学等」のそれぞれの場合の取扱いや保存期間，その他（対外的な証明，通信簿等との関係）についてである。

　平成13年の通知以降は，特に配慮が必要な事項が示されることはあっても，こうした網羅的な示し方はされていない。これは，指導要録の作成管理の権限と責任の主体は教育委員会や学校であり，今日の教育行政における国と地方の在り方からみて，指導要録の取扱いの詳細に至るまで，通知において示すのは適当でない，と判断されたこともあろう。

　また，これまでの指導要録の実務上の取扱いも定着してきている。したがって，学校においては，基本的には，従来どおり取り扱うこととなる。

進学の場合

　校長は，生徒が進学した場合においては，その作成に係る当該生徒の指導要録（以下「原本」という。）の抄本又は原本の写しを作成し，これを進学先の校長に送付しなければならないこととされている（学校教育法施行規則第24条第2項）。

　生徒が中学校から高等学校へ進学した場合には，当該学校の校長は，当該生徒の指導要録の抄本又は写しを作成し，それを進学先の学校の校長に送付することとしている。この場合，「抄本」がよいか「写し」がよいかは，教育委員会や学校で十分検討する必要がある。

　すなわち，「写し」にすれば「抄本」に比べ事務的な手間が省け，また，中学校のナマの資料が進学先の学校における指導の参考として役立てられる

というメリットが考えられる。しかし，一方では，指導要録というきわめて重要な書類の扱いが安易に流れる危険性はないか，また，進学先に全ての記載内容がそのまま送られることから，指導要録の趣旨に沿った十分な記載が行われず，指導に生かすことができなくなる心配はないか，といったことも考えられる。「写し」にする場合は，こうした点に十分な配慮がなされることが前提となろう。

　「抄本」とする場合には，生徒を送り出す中学校において進学先の高等学校において指導上参考としてもらいたいと考える事項にある程度精選できるというメリットがある。

　「抄本」とするか「写し」とするかは，同一地区内で個々の市町村や学校でまちまちとならないよう，都道府県教育委員会のレベルで統一を図ることが望ましい。さらに，例えば他の都道府県へ進学するような場合は，送付する学校側は機械的に自地区の方針で作成・送付するのではなく，受け入れ校側がどちらを求めているかを確認してから作成・送付するという配慮が必要となろう。

　コピー機の普及に伴い，「写し」の作成・送付が多いのが現況と推測されるが，指導要録の電子化が進めば，必要な情報を抜粋した「抄本」の作成も容易になると考えられる。生徒が進学する場合に「抄本」又は「写し」のいずれを送付するか，改めて検討すべき時期を迎えていると言えよう。

　指導要録の抄本を作成する場合の様式については，国からは格別示されていないので，各地域において工夫する必要があるが，その様式を決定する権限は第一義的には公立学校にあっては市町村教育委員会にあるので，市町村教育委員会が一定の様式を示すことが望ましいであろう。「抄本」を作成する場合，その抄本は当該学校の作成に係る指導要録に基づいて作成することになる。「抄本」の記載事項については，平成3年の通知では，下記の事項が示されていた。

　ア　学校名及び所在地
　イ　生徒の氏名，性別，生年月日及び現住所
　ウ　卒業年月日
　エ　第3学年の各教科の学習の記録

オ　第3学年の特別活動の記録

カ　第3学年の行動の記録

キ　その他将来の指導上必要と思われるものがある場合にはその事項

　その後の学習指導要領や指導要録の改善の状況を踏まえれば，これらに次の事項を加えることが考えられる。

○　第3学年の特別の教科 道徳

○　第3学年の総合的な学習の時間の記録

○　第3学年の総合所見及び指導上参考となる事項

　なお，当該学校の作成に係る指導要録の原本及び転入学の際に送付を受けた指導要録の写しは，生徒の進学先には送付せずに，そのまま当該学校に保存しておくわけである。これらの保存期間については，「保存期間」を参照していただきたい。

転学の場合

　校長は，生徒が転学した場合においては，原本の写しを作成し，それを転学先の校長に送付する。転学してきた生徒がさらに転学した場合においては，原本の写しのほか，転学してくる前に在学していた学校から送付を受けた写しも転学先の校長に送付することとなっている。これらの場合，小学校から送付を受けた抄本又は写しも転学先の校長に送付することとなっている（学校教育法施行規則第24条第3項）。

　また，児童自立支援施設（児童福祉法の一部を改正する法律（平成9年法律第74号附則第7条第1項）の規定により，学校教育に準ずる学科指導を実施している児童自立支援施設に限る。以下同じ）から移ってきた生徒が転学した場合においては，児童自立支援施設から送付を受けた指導要録に準ずる記録の写しも送付することとなる。

　したがって，生徒が転学した場合，当該学校に残るのは，生徒がその学校に在学した期間中のことについて記録した指導要録の原本のみとなる。この指導要録の原本には，「転学・退学等」の欄に転学に伴う所要の事項を記入の上，校長及び学級担任が押印をして，以後それを学校に保存しておくこととなる。

　次ページに，入学，転入学，転学，進学の際に指導要録の原本，写し，抄

［参考］　指導要録送付の経路

本又は写しがどのように流れていくか，またどこで保存されるかといったことを図示しておいたので，参考にしていただきたい。

転入学の場合

　校長は，生徒が転入学してきた場合においては，当該生徒が転入学した旨及びその期日を，速やかに，前に在学していた学校の校長に連絡し，当該生徒の指導要録の写しの送付を受けることとなる。

　前の学校の校長は，生徒の転学先の学校に指導要録の写しを送付しなければならない義務がある（学校教育法施行規則第24条第3項）。

　なお，この場合，転学先の学校の校長は，新たに当該生徒の指導要録を作成すべきであって，送付を受けた写しに連続して記入してはならない。

　つまり，生徒を受け入れた学校は，新たに当該生徒に係る指導要録を作成し，「学籍に関する記録」の必要な各欄（学校名及び所在地，校長氏名印・学級担任者氏名印，生徒，保護者，転入学の欄など）について記入しておき，以後必要事項はこの新しく作成した指導要録に記入していくこととなる。前の学校から送付された指導要録の写しに連続して記入してはならないのであって，その写しは新しく作成した指導要録と併せてとじておくのである。

　なお，転入学の受け入れ及びその期日などについては，学齢簿に基づくこ

ととなるので，教育委員会と十分連絡をとる必要があり，学校の独断で行ってはならない。

学校統合，学校新設等の場合

　学校統合，学校新設等の場合に，学校名及び所在地の変更として取り扱うか，上記「転学」及び「転入学」に準じて取り扱うかは実情に応じて処理する。

　市町村合併などによって学校が統合されたり，学校が新設されたりして，生徒の異動が生じる場合に，指導要録の扱いをどのようにしたらよいかという問題である。このような場合は，いろいろなケースがあるので，統一的な取扱いを決めておくことは困難である。したがって，「学校名及び所在地の変更」として取り扱うか，「転学や転入学の扱い」とするか，実情に応じて処理するのが適当と考えられるが，具体的にどのように取り扱うかは教育委員会が定めることとなろう。参考として下記に，その取扱いのケースとして考えられるいくつかを例として示した。

(1)　**転学，転入学として取り扱う場合**

　①　学校廃止　→　１校または数校の他校へ生徒が異動

　②　Ａ校及びＢ校廃止　→　新設Ｃ校へ

　③　通学区の変更など　→　１校または数校の他校へ生徒の一部が異動

　④　新設校の開校　→　１校または数校の生徒のうちの一部が異動

　この場合，事情によっては，原本それ自体を生徒とともに移すこともある。その場合には，教育委員会において原本の所在地を明確にしておく必要がある。

　なお，学校が廃止になった場合の指導要録の保存については，公立学校の場合は当該学校を設置していた市町村教育委員会が，私立学校の場合は当該学校を所管していた都道府県知事が，保存することとなっている（学校教育法施行令第31条）。

(2)　**学校名，所在地変更として取り扱う場合（生徒の異動がない場合）**

　①　Ａ校が校名変更　→　新しい校名に

　②　Ａ校がＢ校の分校に　→　Ｂ校に

　③　Ａ校の分校が独立　→　新しい校名に

④　A校の移転　→　A校のまま所在地のみ変更

⑤　A校の移転及び校名変更　→　新しい校名にして，所在地も変更

この場合は，「学校名及び所在地」の欄を訂正する。

退学等の場合

校長は，生徒が在外教育施設や外国の学校に入るため退学した場合等においては，当該学校が日本人学校その他文部科学大臣が指定した在外教育施設であるときにあっては，上記「進学」及び「転学」に準じて指導要録の抄本又は写しを送付するものとし，それ以外の学校などにあっては，求めに応じて適切に対応する必要がある。

校長は，生徒が児童自立支援施設に入所した場合においては，上記「転学」に準じて，当該生徒の指導要録の写しを児童自立支援施設の長に送付し，生徒の入所中の教育に資するようにする必要がある。

生徒が在外教育施設や外国の学校に入るために退学した場合，学齢を超過している生徒の退学の場合，また，児童自立支援施設への入所などの就学義務の猶予・免除，あるいは居所が1年以上不明のため，在学しないものとして取り扱うこととなった場合には，学校は，指導要録の「転学・退学等」の欄に必要な事項を記入して，以後それを保存すればよいわけであるが，このうち，外国にある学校に入るために退学した場合及び児童自立支援施設に入所した場合については，実質的にみれば教育の継続であるから，できるだけ生徒のために便宜をはかり，教育上の連携をはかることが望ましい。

特に，昨今の国際化の進展にともない，生徒が海外に出国し，在外教育施設や外国の学校へ入ることも多くなった実情をかんがみ，当該学校が日本人学校その他文部科学大臣が指定した在外教育施設である場合は，求めの有無と関係なく指導要録の写しや抄本を送付することとしている（質疑応答，p77）。

編入学等の場合

校長は，生徒が在外教育施設や外国の学校から編入学した場合においては，編入学年月日以後の指導要録を作成する。その際，できれば，在外教育施設や外国の学校における履修状況の証明書や指導に関する記録の写しの送付を受けることが求められる。

43

校長は，生徒が児童自立支援施設から移ってきた場合においては，児童自立支援施設の長の発行した証明書及び児童自立支援施設の長の作成した指導要録に準ずる記録の写しの送付を受け，移った日以後の指導要録を作成する必要がある。

　校長は，就学義務の猶予又は免除の事由がなくなったことにより就学義務が生じ，生徒が就学した場合においては，就学した日以後の指導要録を作成する必要がある。

　第2章「学籍に関する記録」の解説で詳しく述べるが，「編入学等」の場合としては，生徒が在外教育施設や外国の学校から編入学してくる場合，児童自立支援施設から移ってくる場合，就学義務の猶予・免除の事由がなくなったことにより，就学義務が生じて学校に就学してきた場合などがある（p71）。

　これらの場合は，当該生徒が編入学等をしてきた日以後の指導要録を作成することとなるのであるが，その際，以前の教育状況を把握することは指導上きわめて大切である。そこで，児童自立支援施設から移ってきた場合には，校長はそれらの長が発行した証明書及び指導要録に準ずる記録の写しの送付を受ける必要がある。また，在外教育施設や外国の学校から編入学してきた場合も，校長はできればその間の履修状況の証明書や指導に関する記録の写しの送付を受ける必要がある。

保存期間

(1) 原本及び写しの保存

　学校における生徒の指導要録の原本及び転入学の際に送付を受けた写しは，「学籍に関する記録」については20年間，「指導に関する記録」については5年間保存することとしている（学校教育法施行規則第28条第2項）。各学校においては，プライバシー保護の観点からも，保存期間経過後の指導要録は廃棄するなど，適切な措置がとられることが求められている。

　在外教育施設や外国の学校から編入学してきた際に送付を受けた履修状況の証明書や指導に関する記録の写し，あるいは児童自立支援施設から移ってきた際に送付を受けた証明書及び指導要録に準ずる記録の写しは，法令上保存の義務はないが，便宜上転入学の場合に送付を受けた指導要録の写しに準

じた取扱いをすることが適当であろう。

転入学してきた生徒が，さらに他の学校に転学した場合，転入学の際に送付を受けた写しは，そのまま転学先の学校に送付することとなっている（同規則第24条第3項）ので，当該学校には残らず，当該学校に保存するのは，その学校で作成した指導要録のみとなる。児童自立支援施設から移ってきた生徒がさらに他の学校に転学した場合も，その際送付を受けた指導要録に準ずる記録の写しなどは，転学先の学校に送付することとされているので（「転学の場合」参照，p40），これも当該学校には残らないこととなる。

また，外国の学校などから編入学してきた生徒が他の学校に転校した場合は，その際送付を受けた履修状況の証明書や指導に関する記録の写しの扱いについては特に定められていないが，上記に準じて，これらの書類を転学先の学校に送付することが適当であろうから，当該学校には残らないこととなろう。

次に，保存期間の始期であるが，生徒が卒業した場合は，その卒業の日以後「学籍に関する記録」については20年間，「指導に関する記録」は5年間，それぞれ当該学校の作成に係る指導要録と転入学の際に送付を受けた写しを保存することとなる。また，中途で他の学校に転学した場合は，転学した日（転学先の学校が転入学を認めた日の前日）以後，この定められた期間，当該学校の作成に係る指導要録を保存することとなる。外国にある学校などへ入るための退学の場合，学齢を超過している生徒の退学の場合，児童自立支援施設へ入所した場合などの就学義務の猶予・免除あるいは生徒の居所が1年以上不明の場合の指導要録は，退学した日又は在学しない者と認められた日以後，この定められた期間保存することとなる。

(2) 卒業先から送られてきた抄本又は写しの保存

生徒が小学校から中学校に進学してきた場合には，指導要録の抄本又は写しが送付されてきているが，この抄本又は写しの保存義務年限については法令上は特に定めておらず（学校教育法施行規則第28条第2項），生徒が当該中学校に在学している間保存すればよいこととされている。

平成22年の通知により，生徒が転学してきた場合に進学元から送付を受けた小学校の指導要録の抄本又は写しは，当該生徒の在学する期間保存すれ

ばよいことが明確にされた。小学校時代の状況は中学校で指導上利用されれ
ば目的は達成されるのであり、公簿としては小学校に保存されているのであ
るから、進学先の学校で卒業後までもいたずらに保存する必要はないからで
ある。

　なお、学校が廃止になった場合は、公立の学校にあっては市町村教育委員
会、私立の学校にあっては都道府県知事が指導要録関係の書類を引き継いで
保存することとなっているが（学校教育法施行令第 31 条）、その場合の保
存期間は、保存を要する期間から、当該学校においてこれらの書類を保存し
ていた期間を控除した期間である（学校教育法施行規則第 28 条第 3 項）。

対外的な証明書作成の場合

　対外的に証明書を作成する必要がある場合には、指導要録の記載事項をそ
のまま転記することは必ずしも適切ではないので、プライバシー保護の観点
や教育的な配慮の観点から、申請の趣旨等を確認した上で、証明の目的に応
じて必要最小限の事項を記載するように留意する。

　指導要録は、学校において備えなければならない表簿であって（学校教育
法施行規則第 28 条第 4 項）、指導に役立たせるほかに、外部に対する証明
等のために役立たせるための原簿としての性格を持つものである。したがっ
て、進学の際に調査書を求められたり、中学校以上にあっては就職の際に成
績証明書を求められたり、その他いろいろな場合に証明書を求められたとき
に、学校は指導要録に基づいて証明書を作成することとなる。

　しかし、このような場合には、指導要録に記載されている全ての事項につ
いて証明する必要があるわけではないので、単に指導要録の記載事項をその
まま転記することは必ずしも適当でない場合があり、証明の目的に応じて必
要な事項を記載するように配慮することが大切である。

　ただ、進学の場合の調査書のようなものは、通常の対外的証明の場合と若
干事情が異なり、教育委員会などにおいてその様式や記載事項が定められて
いる場合が多いので、このような場合には要求されている事項を全て指導要
録に基づいて記載しなければならない。

　また、近年、配偶者からの暴力など家庭内での暴力が問題になっている。
配偶者からの暴力の被害者の子どもについては、指導要録の記述を通じて転

学先の学校名や所在地等の情報が加害者に伝わることが懸念される。

このような特別の場合には，平成21年の文部科学省の通知「配偶者からの暴力の被害者の子どもの就学について」を踏まえて，関係者は特別の事情があることを十分認識し，生徒の転学先や居住地等の情報を厳格に管理し，それらを記している指導要録等の開示請求に対しては特に慎重にならなければならない。

通知表等を作成する場合

指導要録は法定の表簿であって，指導の過程や結果などを要約して記録しその後の教師の指導や生徒の学習の改善に役立てたり証明の原簿としたりするものである。

一方，通知表等は，法令に定めがなく，各学校が生徒の学習や生活の状況などを生徒本人や保護者に伝えるために作成しているものである。両者には，こうした法令上の位置付けや性格の違いとともに，作成の時期にも違いがある。

一方，両者ともに，生徒の学習の評価に関する表簿であり，教師の指導や生徒の学習の改善につなげていくところに意義を見いだせるという点では共通するものがある。したがって，両者の関係をしっかり検討しておくことが必要である。指導要録における指導に関する記録自体は年度末に行われるものであるが，指導要録の評価の考え方を基本に据えて，年間の指導計画と併せて評価計画を作成することが重要である。そうした年間の計画の一環として，各学期末等の節目において通知表等によって生徒や保護者に何をどのように伝えることが教育の目標を実現することにつながるのかを十分に検討し，通知表等の様式や内容を定めることが求められる。

なお，今回の通知では，通知表等の記載事項が指導要録の「指導に関する記録」に記載する事項を全て満たす場合には，設置者の判断により，指導要録の様式を通知表の様式と共通のものとすることが現行の制度上も可能であることが示されている。設置者がこうした判断を行う場合にあっても，評価を教師の指導と生徒の学習の改善に生かす観点から十分な検討が行われることが望まれる。

特別支援学級の生徒の指導要録

中学校の特別支援学級の生徒に係る指導要録については，特に必要がある場合には，特別支援学校の指導要録に準じて作成することが求められる。

特別支援学級については，学習指導要領によることなく特別の教育課程を編成できる（学校教育法施行規則第138条）とされているので，当然指導内容や評価も異なってくる。特別支援学級の生徒に係る指導要録の様式は，その教育課程によっては特別支援学校中学部の指導要録を参考にするのがむしろ適切な場合もある。このたび，中学校生徒指導要録の改訂と併せて，特別支援学校中学部指導要録も同時に改訂されているので，それらを参照していただきたい。

また，障害のある生徒について作成する個別の指導計画に指導要録の指導に関する記録と共通する記載事項がある場合には，当該個別の指導計画の写しを指導要録の様式に添付することをもって指導要録への記入に替えることも可能であるとされている。

保存管理等

学校においては，指導要録が有効に活用されるようにすることに配慮しつつ，保存管理の方法等の充実を図る観点から，学校の実情等に応じて，例えば，日常の指導に活用するための方法等について改善したり，保存管理に関する規程を整備したりするなど利用や保存管理の在り方を見直すことが大切である。

指導要録の活用の現状をみると，証明のための原簿として大事に保管するあまり，必ずしも日常の指導に活用されているとは言いがたいような面もみられた。指導要録を日常の指導に生かすためには，例えば，新学期当初にあたっては，引き継いだ生徒に係る指導要録を丹念に検討して，各欄に記載された諸記録の中から，指導上参考となる事実を一定の補助簿に転記しておくとか，あるいは前任者とこれからの担任者の間で指導要録をもとに，引き継ぎの打合せを行う場を設けるといった方法は，ぜひ行ってほしいものである。また，情報通信技術の活用によって，指導要録を指導により効果的に生かすことが可能になるのではないかと期待されている。

保存管理に関する規程については，まだ定めていない学校もあり，規程を

定めていても，その内容は必ずしも十分なものとはいえない実情もある。こ
れら学校においては，指導要録の保存管理や活用の在り方について検討を行
い，とりわけ個人情報の保護に万全を期すという個人情報保護の法制整備の
趣旨にかんがみれば，それを踏まえて規程の整備を図る必要がある。

　規程については，教育委員会において統一的に定めることも考えられる。

　規程にどのような内容を盛り込むかは，基本的には各学校における指導要
録の保存管理や活用の在り方によるものであるが，一般的には次のような事
項について規定することが考えられる。

① 　規程を定める趣旨等に関する事項

② 　保存管理の責任者及びその補助者に関する事項

③ 　保存管理の方法に関する事項

④ 　利用の方法等に関する事項

⑤ 　外部に対する証明等への対応及びその手続きに関する事項

⑥ 　保存期間経過後の取扱いに関する事項

経過措置

　令和3年4月1日において中学校の第2学年以上の学年に在籍する生徒に
係る指導要録については，次のように取り扱うことになるものと考えられる。

(1)　従前の様式によりすでに作成されている指導要録のうち，「学籍に関す
　　る記録」については，今回の通知に基づいて新たに作成される指導要録の
　　様式1「学籍に関する記録」とみなして取り扱うことができる。

(2)　今回の通知に基づいて新たに作成される指導要録の様式2「指導に関す
　　る記録」については，従前の様式によりすでに作成されている指導要録の
　　記載内容を転記する必要はなく，両者を併せて保存する。

4 記入上の全般的な留意事項

記入上の留意事項

　指導要録の記入に当たっての全般的な留意事項については，従来通知において示されておらず，下記に示したものが一般的な留意事項と言えよう。

　① 記入に当たっては，原則として常用漢字及び現代かなづかいを用いる。ただし，固有名詞はその限りではない。数字は算用数字を用いる。楷書で正確に記入する。

　② 記入に当たっては，黒インクを用い，不鮮明なものや変色するものは避ける。なお，学校名・所在地等にゴム印を用いるのは差し支えないが，その場合は，明瞭な印を用い，スタンプインクの質も20年間の保存に耐えうるものを用いる。

　③ 記入事項に変更があった場合には，その都度記入する。「学校名及び所在地（分校名・所在地等）」「校長氏名印」「学級担任者氏名印」，「生徒」及び「保護者」の「現住所」など，変更または並記する必要の生ずる欄については，あらかじめその欄の上部に寄せて記入する。

　④ 変更の必要が生じた場合は，その事項に2本線を引いて，前に書かれた部分が読み取れるようにしておく。変更には認印は不要だが，記入事項の誤記を訂正する場合には，訂正箇所に記入者（学級担任者）の認印を押したほうがよい。訂正印はできるだけ小さいものが望ましい。

情報通信技術の活用による指導要録の作成

　情報通信技術の活用に関する法整備が行われ，平成22年の通知において示されたように，指導要録の作成，保存，送付を情報通信技術を活用して行うことは，現行の制度上でも可能である。さらに今回の通知においては，教員の勤務負担の軽減を考慮し，その活用を通して指導要録等に係る事務の改善を推進することが重要であると強調されている。学校において情報通信技術を活用して指導要録の作成を行う場合には，上に示した記入上の留意事項

の一部を修正することとなる。

　すなわち，指導要録の作成は，電磁的記録によることとなる。また，指導要録の学籍に関する記録については，校長と学級担任者の氏名を記入し印を押すようになっているが，情報通信技術を活用し電磁的記録の作成を行う場合は，電子署名を行うことになる。指導要録において，校長と学級担任者の氏名の記入と押印については電子署名を行うことで替えることができる旨については，前回の通知において示され，今回の通知でも同様に示されている。

　なお，情報通信技術を活用して指導要録の作成を行う場合の留意事項については，第1章6節に詳細に示してあるので，参照していただきたい。

各欄の記入の時期

　指導要録は，生徒の学籍ならびに指導の過程及び結果の要約を記録するものであるから，適切な時期に各欄を記入する必要がある。それぞれの欄は原則として次の時期に記入するのがよいであろう。

指導要録各欄の記入の時期

記入の時期	記入する欄
入学時	様式1（学籍に関する記録） 「生徒」「保護者」「入学前の経歴」「入学・編入学等」「学校名及び所在地（分校名・所在地等）」
学年当初	様式1（学籍に関する記録） 「校長氏名印」「学級担任者氏名印」※氏名のみ 様式2（指導に関する記録） 「生徒氏名」「学校名」「学級」「整理番号」
学年末	様式1（学籍に関する記録） 「校長氏名印」「学級担任者氏名印」※押印 様式2（指導に関する記録） 「各教科の学習の記録」「特別の教科　道徳」「総合的な学習の時間の記録」「特別活動の記録」「行動の記録」「総合所見及び指導上参考となる諸事項」「出欠の記録」
卒業時	様式1（学籍に関する記録） 「卒業」「進学先・就職先等」
事由発生時	様式1（学籍に関する記録） 「入学・編入学等」「転入学」「転学・退学等」 ※その他，各欄のうち必要な事項（例：生徒または保護者の姓の変更等）

5

指導要録の本人への開示

　指導要録の本人への開示については，これまで様々な議論がなされてきた。指導要録の性格は変わらないが，近年，個人情報保護の法制が整えられるとともに，最高裁の判決が示された。

　そこで，ここでは，個人情報保護法制，指導要録の性格，最高裁の判決の三つの観点から考え方を整理した上で，本人への開示の問題についての基本的な対応の原則と配慮事項を示すこととする。

個人情報保護法制の考え方

　近年，社会の情報化が急速に進展し，個人情報の利用とそのコンピュータやネットワークを通じた処理が拡大する中で，官民両部門を含めた個人情報保護の仕組みの確立への要請が高まっていた。また，欧米諸国では，1970年代から個人情報保護法制の整備が進められるとともに，1980年には，経済協力開発機構（OECD）「プライバシー保護と個人データの国際流通についてのガイドライン」（理事会勧告）が出され，八つの原則が示されていた。なお，その一つに，個人参加の原則がある。これは，自己に関するデータの所在や内容を確認させ，又は異議申立てを保障すべきとする考え方である。

　このような状況の下で，平成15年5月に，「個人情報の保護に関する法律」（以下，「個人情報保護法」という）をはじめとする関係の法律が制定された。

　個人情報保護の法制としては，まず「個人情報保護法」の前半で，「個人情報は，個人の人格尊重の理念の下に慎重に取り扱われるべきものであることにかんがみ，その適正な取扱いが図られなければならない」との基本理念や，国，地方公共団体がそれぞれ必要な施策を策定し，実施する責務を有することなどのいわば基本法的内容が定められている。その上で，個人情報の開示等については，民間部門については「個人情報保護法」の後半で，公的部門のうち国については「行政機関の保有する個人情報の保護に関する法

律」及び「独立行政法人等の保有する個人情報の保護に関する法律」で，それぞれ規定されている。また，地方公共団体については，各地方公共団体の個人情報の保護に関する条例によることになる。

　したがって，学校が保有する個人情報の開示等については，公立学校については，それぞれの地方公共団体の個人情報の保護に関する条例によって，国立学校（国立大学法人が設置する国立大学の附属学校）については，「独立行政法人等の保有する個人情報の保護に関する法律」によって，私立学校については，「個人情報保護法」によって，それぞれ取り扱うことになる。

　法令によって対象情報や適用除外の内容その他の規定は異なるが，本人からの開示請求に対し，一定の場合（例えば「独立行政法人等の保有する個人情報の保護に関する法律」では「当該事務又は事業の性質上，当該事務又は事業の適正な執行に支障を及ぼすおそれがあるもの」など）を除き，保有する個人情報を開示しなければならないという基本的な考え方は同じである。また，部分開示や訂正請求などについての規定があることも同じである。

　公立学校についてみると，総務省の調査によれば，平成17年度末までに全ての都道府県・市区町村で個人情報の保護に関する条例が制定されている。そして，そのほとんど全てにおいて，自己情報の開示や訂正の請求などについての規定が整備されている。しかし，その具体的内容は必ずしも一律ではなく，例えば，開示しないことができる自己情報について，「個人の評価……，判定，指導……等に関する情報」と規定したものもあれば，「個人の評価……，判定，指導……等に関するものであって，本人に知らせないことが明らかに正当であると認められるもの」と規定したものもみられる。

　したがって，指導要録の開示請求への対応については，それぞれ実際に適用される法律や条例等の規定を踏まえて検討を行う必要がある。

指導要録の性格からの考え方

　指導要録の本人への開示の問題について，平成12年の教育課程審議会の「児童生徒の学習と教育課程の実施状況の評価の在り方について（答申）」では，次のような考え方が示されている。

　　指導要録は，指導のための資料でもあることから，これを本人に開示するに当たっては，個々の記載内容，特に文章で記述する部分などについては，

事案によっては，それを開示した場合，評価の公正や客観性の確保，本人に対する教育上の影響の面で問題が生ずることなども考えられる。既に制定されている地方公共団体の個人情報保護条例においても，個人の評価等に関する情報については，事務の適正な執行に支障を生ずるおそれがある場合，開示しないことができる旨の規定が置かれているのが一般的であり，具体的な開示の取扱いについては，その様式や記載事項等を決定する権限を有する教育委員会等において，条例等に基づき，それぞれの事案等に応じ判断することが適当である。

平成31年の中央教育審議会初等中等教育分科会教育課程部会の「児童生徒の学習評価の在り方について（報告）」や，それを踏まえた「学習評価及び指導要録の改善等について（通知）」では，直接触れられた部分はない。しかし，今回の通知でも，児童生徒の学籍並びに指導の過程及び結果の要約を記録し，その後の指導及び外部に対する証明等に役立たせるための原簿となるものであるという指導要録の性格は変わらないし，その記載事項や内容も基本的には変わらないといってよい。このことから，特に指導に関する記録を本人に開示した場合，上述のように，評価の公正や客観性の確保，本人に対する教育上の影響の面で問題が生ずることなどへの懸念があることは変わっていないと言える。

したがって，指導要録の開示請求への対応については，このような指導要録の性格や記載内容から発生し得ると懸念される問題を考慮して検討を行う必要がある。

最高裁判決の考え方

これまで，地方公共団体の個人情報の保護に関する条例に基づく指導要録の本人への開示請求に対する非開示の処分を不服として，いくつかの訴訟が提起され，それらの判決での判断は，高裁段階でも全面開示，部分開示，全面非開示と分かれていた。

平成15年11月11日に最高裁（第三小法廷）の判決が示され，これをもって，これまで分かれていた司法の判断について一つの結論が示されたものと考えることができるであろう。

最高裁の判決では，「指導に関する記録」のうち，「各教科の学習の記録」欄中の「Ⅲ所見」欄，「特別活動の記録」欄及び「行動及び性格の記録」欄

に記録されている情報について，「児童の学習意欲，学習態度等に関する全体的評価あるいは人物評価ともいうべきものであって，評価者の観察力，洞察力，理解力等の主観的要素に左右され得るものであるところ，……当該情報については，担任教師が，開示することを予定せずに，自らの言葉で，児童の良い面，悪い面を問わず，ありのままを記載していたというのである。このような情報を開示した場合，原審が指摘するような事態（※執筆者注：「当該児童等の誤解や不信感，無用の反発等を招き，担任教師等においても，そのような事態が生ずることを懸念して，否定的な評価についてありのままに記載することを差し控えたり，画一的な記載に終始するなど」）が生ずる可能性が相当程度考えられ，その結果，指導要録の記載内容が形がい化，空洞化し，適切な指導，教育を行うための基礎資料とならなくなり，継続的かつ適切な指導，教育を困難にするおそれを生ずることも否定することができない」として，条例の規定による「非開示情報に該当するとした原審の判断は，正当として是認することができる」と示されている。

　一方，「各教科の学習の記録」欄中の「Ⅰ観点別学習状況」欄及び「Ⅱ評定」欄に記載されている情報については，「児童の日常的学習の結果に基づいて学習の到達段階を示したものであって，これには評価者の主観的要素が入る余地が比較的少ないものであり，3段階又は5段階という比較的大きな幅のある分類をして，記号ないし数字が記載されているにすぎず，それ以上に個別具体的な評価，判断内容が判明し得るものではない。そうすると，これを開示しても，原審がいうような事態やおそれを生ずるとはいい難い」とされ，また「標準検査の記録」欄に記載されている情報についても，「実施した検査の結果等客観的な事実のみが記載されているというのであるから，これを開示しても，原審がいうような事態やおそれ（※執筆者注：「児童等が，検査結果を固定的，絶対的なものとして受け止め，とりわけ結果が良好でなかった場合には学習意欲や向上心を失ったり，無用な反発をし，その結果，児童等と担任教師等との間の信頼関係が損なわれ，その後の指導等に支障を来すおそれがあるし，担任教師等においても，そのような事態が生ずることを懸念して検査結果の記載を差し控えるなどし，その結果，継続的かつ適切な指導，教育を困難にするおそれがある」）を生ずることは考え難い」

とされ，したがって，これらの情報については，条例の規定による「非開示情報に該当しないというべきである」と示されている。

　したがって，指導要録の開示請求への対応については，このような最高裁の判決の内容を考慮して検討を行う必要がある。

本人への開示の問題についての基本的な対応と配慮事項

　上述のような個人情報保護の法制の趣旨及び最高裁の判決その他から考えると，本人からの指導要録の開示請求については，次のような考え方に立って対応することが基本となるであろう。

① 　個人情報保護の法制が整備されたことから，本人からの指導要録の開示請求等については，それぞれの個人情報の保護に関する法律又は条例等の規定に基づいて検討し判断する必要があること。

② 　事務の適正な執行に支障がある情報を除いて，本人からの開示請求に応じる必要があること。不開示情報の整理については，最高裁の判決が参考になること。なお，不開示情報が含まれている場合でも，その部分を除いて開示をする必要があること。

③ 　訂正等の請求については，明白な事実の誤りがあれば訂正等を行う必要があること。

　この問題を考えるに際しては，今後，次のような事項に配慮することが大切である。

(1) 　生徒の指導の過程及び結果の要約を記録しその後の指導に役立たせるという指導要録の性格と，個人情報の保護を両立させるように考えること

　指導要録の「指導に関する記録」については，指導に役立たせるという性格や5年間保存する表簿であることを考慮して，それにふさわしい情報を記録することが求められる。本人からの開示請求が想定されるからといって，指導要録に記録すべき情報の記載を躊躇したり，画一的な内容になったりしないようにする必要がある。指導要録の記録が形がい化することは，表簿としての存在の意義が失われるということであるが，さらに指導要録の評価の考え方や方法は日常の評価の基本となっており，日常の評価そのものが適切に行われなくなることにつながるおそれもある。

そうならないようにするためには，評価の妥当性や信頼性を高める工夫を進めることが求められる。

妥当性とは，「テストなどの評価用具が，測定しようとしているものを実際に測定している程度」（『教育評価事典』図書文化，2006，p66）のことである。その確保のためには，評価結果と評価しようとした目標の間に関連性があること，評価方法が評価の対象である資質や能力を適切に把握するものとしてふさわしいものであることなどが求められる。

また，信頼性とは，「測定の一貫性・安定性の程度」（同書，p66）である。その確保のためには，学校間での評価規準や評価方法の共有，評価に関する研修の推進などが大切である。

このような取組により，評価の結果がきめの細かい指導の充実や生徒一人一人の学習の確実な定着にいっそう生かされるとともに，より明確な根拠をもって評価の結果を生徒や保護者に対して説明できるようになるであろう。その際，評価結果の説明の充実とともに，評価に関する仕組み等を事前に説明することも大切である。

このように，指導要録の性格を踏まえた取組は，個人の人格尊重の理念の下に個人情報を慎重かつ適正に取り扱うことにつながるものと考えられる。

(2) 開示請求への対応についての事前検討

開示請求等に対する実施機関の決定については，それぞれの法律や条例において，例えば「○○日以内」といったように期限が定められていることが多い。開示請求が行われてから対応について検討をはじめるようでは十分な時間がとれないことも考えられる。すでに，法制が整備され，最高裁の判決が示されているのであるから，まだ開示請求がない地方公共団体等においても，請求があった場合に適切に対応するために，あらかじめ基本的な方針について検討しておくことが望まれる。

6

情報通信技術の活用による
指導要録等の事務の改善

情報通信技術の活用の基本的な方向

　かつては書面により行うことが当然の前提と考えられてきた指導要録等の事務についても，情報通信技術のめざましい進歩によりこれを活用することが重要であると考えられるようになった。

　このことについて，今回の通知では，教員の勤務負担の軽減の視点から効果的・効率的な学習評価の推進にかかわって，次のような配慮事項を示している。

　　法令に基づく文書である指導要録について，書面の作成，保存，送付を情報通信技術を用いて行うことは現行の制度上も可能であり，その活用を通して指導要録等に係る事務の改善を推進することが重要であること。特に，統合型校務支援システムの整備により文章記述欄などの記載事項が共通する指導要録といわゆる通知表のデータの連動を図ることは教師の勤務負担軽減に不可欠であり，設置者等においては統合型校務支援システムの導入を積極的に推進すること。仮に統合型校務支援システムの整備が直ちに困難な場合であっても，校務用端末を利用して指導要録等に係る事務を電磁的に処理することも効率的であること。

　また，今回の通知のもととなった「児童生徒の学習評価の在り方について（報告）」（中央教育審議会初等中等教育分科会教育課程部会，平成31年1月）では，さらに幅広い視野から学習評価における情報通信技術の活用がとらえられ，その重要性が指摘されている。

　　教師の勤務実態なども踏まえ，指導要録や通知表，調査書等の電子化に向けた取組を推進することは不可欠であり，設置者である各教育委員会において学習評価や成績処理に係る事務作業の負担軽減に向けて，統合型校務支援システム等のＩＣＴ環境を整備し，校務の情報化を推進する必要がある。
　　とりわけ，現在ＣＢＴ化が検討されている全国学力・学習状況調査をはじめ，

様々な学習に関するデータが記録・蓄積されるようになると，こうしたデータについて，進学や転校等に際してデータ・ポータビリティの検討が求められる。各学校設置者においては，こうした点も視野に入れながら，ＩＣＴ環境整備を行うとともに，電子的に記録された様々な学習情報の保護と活用についても検討していくことが求められる。

このように，かつては例えば指導要録や通知表をパソコンで作成してよいかといった次元で考えられていたものが，今日では，指導要録を含めた学習評価に関する事務，さらには教務関係事務全体を視野において情報通信技術を活用することによって教育の効果や事務の効率を高め改善を推進していくようになってきたといえよう。

情報通信技術の活用に関する法令上の取扱い

今回の通知において示されているように，指導要録の作成，保存，送付を情報通信技術を活用して行うことは，現行の制度上でも可能である。

すなわち，国・公立学校については，「行政手続等における情報通信の技術の利用に関する法律」（平成 14 年法律第 151 号）と関係省令により，また私立学校については，「民間事業者等が行う書面の保存等における情報通信の技術の利用に関する法律」（平成 16 年法律第 149 号）と関係省令により，それぞれ指導要録の作成，保存及びその写しや抄本の送付を電磁的方法により行うことができることとなっている。例えば，作成についてみると，「書面の作成に代えて当該書面に係る電磁的記録を行うことができる」と定められている（関係法令，p62）。情報通信技術の活用を進めるに際しては，このような関係法令を踏まえて取組を行うことが必要である。

また，各地方公共団体では文書や情報の取扱いに関係する規程等が定められている。情報通信技術の活用に当たっては，それらとの整合を図ることにも留意することが必要である。

情報通信技術の活用に際しての配慮事項

情報通信技術を活用して指導要録を含め評価資料を記録したり整理したりするに当たっては，まず，個人情報の保護の観点から，データが流出するといったことなどがないよう万全の配慮を行うことが必要である。

その上で，特に指導要録の性格を考慮すると，その事務に情報通信技術を

活用するに際しては，次のようなことに配慮することが必要である。

① 原本の真実性の保持

指導要録については，指導とともに外部への証明に役立たせるための原簿であり，真実性の保持が重要である。このため，書面による場合には，校長と学級担任者の氏名を記入し印を押すようになっている。情報通信技術を活用し電磁的記録の作成を行う場合には，電子署名を行うことになる。

電子署名とは，電磁的記録に記録できる情報について行われる措置であって，その情報が署名を行った者が作成したものであることを示すものであるとともに，情報が改変されていないかどうかを確認することができるものをいう。

指導要録において，校長と学級担任者の氏名の記入と押印については電子署名を行うことで替えることができる旨については，文部科学省の通知において示されている。

② 改ざんの防止

指導要録には，個人情報や学習評価に関する情報が数多く記録されていることから，改ざんされることがないようにしなければならない。例えば，接続できるパソコンの限定，ID やパスワード，電子証明書の利用など，適切なセキュリティ対策を施すことが求められる。

③ 長期保存への対応

指導要録は，学校教育法施行規則第 28 条第 2 項によって，指導に関する記録については 5 年間，学籍に関する記録は 20 年間保存しなければならない。このような長期間にわたって適切に保存できる方法が検討されなければならない。

これらにかかわって，個人情報保護等の観点から，データの流出や消失等の防止に十分な配慮が行われることが必要である。

通知表との連動

平成 22 年の通知では，「情報通信技術の活用により指導要録等に係る事務の改善を検討することも重要である」との表現にとどまっていたが，今回の通知では，昨今の学校の働き方改革に伴う教員の勤務負担の軽減の視点から，指導要録と通知表との連動について，次のような表現が盛り込まれた。

統合型校務支援システムの整備により文章記述欄などの記載事項が共通する指導要録といわゆる通知表のデータの連動を図ることは教師の勤務負担軽減に不可欠であり，設置者等においては統合型校務支援システムの導入を積極的に推進すること。仮に統合型校務支援システムの整備が直ちに困難な場合であっても，校務用端末を利用して指導要録等に係る事務を電磁的に処理することも効率的であること。

　これらの方法によらない場合であっても，域内の学校が定めるいわゆる通知表の記載事項が，当該学校の設置者が様式を定める指導要録の「指導に関する記録」に記載する事項を全て満たす場合には，設置者の判断により，指導要録の様式を通知表の様式と共通のものとすることが現行の制度上も可能であること。その際，例えば次のような工夫が考えられるが，様式を共通のものとする際には，指導要録と通知表のそれぞれの役割を踏まえることも重要であること。

・　通知表に，学期ごとの学習評価の結果の記録に加え，年度末の評価結果を追記することとすること。
・　通知表の文章記述の評価について，指導要録と同様に，学期ごとにではなく年間を通じた学習状況をまとめて記載することとすること。
・　指導要録の「指導に関する記録」の様式を，通知表と同様に学年ごとに記録する様式とすること。

　「3　指導要録の取扱い上の留意事項」の「通知表等を作成する場合」（p47）には，これまで指導要録と通知表の性格を考慮し，それぞれの役割の視点から作成すべきとの考えを中心に記述している。今回の通知においては，指導要録と通知表がともに学習状況の評価を記録したものであること，教師の負担軽減が喫緊の課題であることなどの観点から，指導要録と通知表の連動のための具体的な工夫例が示された。

　各学校においては，今回の通知を参考に，指導要録と通知表の役割を踏まえつつ，学習評価を記録する際の教師の負担軽減につながるよう方策を検討することが求められる。

情報通信技術の活用に向けた取組

　情報通信技術の活用により指導要録等に係る事務の改善を検討するに当たっては，先行的な事例を参考にすることが考えられる。

　例えば，熊本県教育委員会においては，県立学校における指導要録をはじ

め成績一覧表や通知表を含めた校務支援システムなどの開発が進められてきている。教務関係を含めた校務支援システムの導入により，その調査研究の過程では，教員が児童生徒と向き合う時間が増加し，事務職員の事務量が削減されるといった効果もみられたようである。

一方，情報通信技術の活用を全国的に普及させるためには，電子認証の在り方やコストなどの課題も指摘されている。

今後，都道府県の教育委員会や小・中学校を設置する市町村の教育委員会などにおいて，先行的な事例の情報を集めつつ，情報通信技術の活用について検討が進められることが期待されている。

関係法令

行政手続等における情報通信の技術の利用に関する法律

（電磁的記録による作成等）

第6条　行政機関等は，作成等のうち当該作成等に関する他の法令の規定により書面等により行うこととしているものについては，当該法令の規定にかかわらず，主務省令で定めるところにより，書面等の作成等に代えて当該書面等に係る電磁的記録の作成等を行うことができる。

3　第1項の場合において，行政機関等は，当該作成等に関する他の法令の規定により署名等をすることとしているものについては，当該法令の規定にかかわらず，氏名又は名称を明らかにする措置であって主務省令で定めるものをもって当該署名等に代えることができる。

（備考）　この法律においては，「作成等」とは書面又は電磁的記録を作成し又は保存することを指している。

文部科学省関係の行政手続等における情報通信の技術の利用に関する省令

（署名等に代わる措置）

第5条

3　法第6条第3項に規定する主務省令で定める措置とは，電子署名を行い，当該電子署名に係る電子証明書であって，行政機関等の定めるものを添付することをいう。

（電磁的記録による作成等）

第8条　行政機関等は，法第6条第1項の規定により電磁的記録の作成等を行うときは，当該作成等に係る情報を行政機関等の使用に係る電子計算機に備えられたファイルへ記録する方法又は磁気ディスク（これに準ずる方法により一定の事項を確実に記録しておくことができる物を含む。）をもって記録する方法により行うものとする。

民間事業者等が行う書面の保存等における情報通信の技術の利用に関する法律

（電磁的記録による作成）

第4条　民間事業者等は，作成のうち当該作成に関する他の法令の規定により書面に

より行わなければならないとされているもの（当該作成に係る書面又はその原本，謄本，抄本若しくは写しが法令の規定により保存をしなければならないとされているものであって，主務省令で定めるものに限る。）については，当該他の法令の規定にかかわらず，主務省令で定めるところにより，書面の作成に代えて当該書面に係る電磁的記録の作成を行うことができる。

3　第1項の場合において，民間事業者等は，当該作成に関する他の法令の規定により署名等をしなければならないとされているものについては，当該法令の規定にかかわらず，氏名又は名称を明らかにする措置であって主務省令で定めるものをもって当該署名等に代えることができる。

（備考）　第2条の規定により，私立小・中学校は，民間事業者等に該当する。

文部科学省の所管する法令の規定により民間事業者等が行う書面の保存等における情報通信の技術の利用に関する省令

（法第4条第1項の主務省令で定める作成）

第5条　法第4条第1項の主務省令で定める作成は，別表第二の上欄に掲げる法令の同表の下欄に掲げる規定に基づく書面の作成とする。

別表第二（第5条—第7条関係）

法　令　名	条項
学校教育法施行規則	第24条

（電磁的記録による作成）

第6条　民間事業者等が，法第4条第1項の規定に基づき，別表第二の上欄に掲げる法令の同表の下欄に掲げる規定に基づく書面の作成に代えて当該書面に係る電磁的記録の作成を行う場合は，民間事業者等の使用に係る電子計算機に備えられたファイルに記録する方法又は磁気ディスク等をもって調製する方法により作成を行わなければならない。

（作成において氏名等を明らかにする措置）

第7条　別表第二の上欄に掲げる法令の同表の下欄に掲げる規定による作成において記載すべき事項とされた記名押印に代わるものであって，法第4条第3項に規定する主務省令で定めるものは，電子署名（電子署名及び認証業務に関する法律（平成12年法律第102号）第2条第1項の電子署名をいう。）とする。

電子署名及び認証業務に関する法律

（定義）

第2条　この法律において「電子署名」とは，電磁的記録（電子的方式，磁気的方式その他人の知覚によっては認識することができない方式で作られる記録であって，電子計算機による情報処理の用に供されるものをいう。以下同じ。）に記録することができる情報について行われる措置であって，次の要件のいずれにも該当するものをいう。

(1)　当該情報が当該措置を行った者の作成に係るものであることを示すためのものであること。

(2)　当該情報について改変が行われていないかどうかを確認することができるものであること。

本書の用語表記について（凡例）

答申
→ 幼稚園，小学校，中学校，高等学校及び特別支援学校の学習指導要領等の改善及び必要な方策等について（答申）（中教審第197号）（平成28年12月21日，中央教育審議会）
　http://www.mext.go.jp/b_menu/shingi/chukyo/chukyo0/toushin/1380731.htm

報告
→ 児童生徒の学習評価の在り方について（報告）（平成31年1月21日，中央教育審議会初等中等教育分科会教育課程部会）
　http://www.mext.go.jp/b_menu/shingi/chukyo/chukyo3/004/gaiyou/1412933.htm

通知
→ 小学校，中学校，高等学校及び特別支援学校等における児童生徒の学習評価及び指導要録の改善等について（通知）（30文科初第1845号）（平成31年3月29日，文部科学省初等中等教育局）
　http://www.mext.go.jp/b_menu/hakusho/nc/1415169.htm

新学習指導要領
→ 平成29・30年改訂学習指導要領
　http://www.mext.go.jp/a_menu/shotou/new-cs/1384661.htm

旧学習指導要領
→ 平成20・21年改訂学習指導要領
　http://www.mext.go.jp/a_menu/shotou/new-cs/youryou/index.htm

新観点（3観点）
→「知識・技能」「思考・判断・表現」「主体的に学習に取り組む態度」。つまり，平成31年「通知」で示された観点別学習状況の3観点のこと。

旧観点（4観点）
→「知識・理解」「技能」「思考・判断・表現」「関心・意欲・態度」。つまり，平成22年「通知」で示された観点別学習状況の4観点のこと。

今回の改訂
→「平成29・30年改訂学習指導要領」又は平成31年「通知」。及び両方のこと。

第2章

学籍に関する記録

様式1（学籍に関する記録）

区分 ＼ 学年	1	2	3
学 級			
整理番号			

1

学 籍 の 記 録

生徒	ふりがな		性別	入学・編入学等	年　　月　　日　第1学年　入学 　　　　　　　　　第　学年編入学
	氏 名				
	生年月日	年　　月　　日生		転 入 学	年　　月　　日　第　学年転入学
	現住所				
保護者	ふりがな			転学・退学等	（　　　年　　月　　日） 　　　　年　　月　　日
	氏 名				
	現住所			卒 業	年　　月　　日
	入学前の経歴			進 学 先 就 職 先 等	

2

学 校 名 及 び 所 在 地 (分校名・所在地等)	

年 度	年度	年度	年度
区分 ＼ 学年	1	2	3
校長氏名印			
学級担任者 氏 名 印			

1 学籍の記録 … 66

2 学校名及び所在地，校長氏名印・学級担任者氏名印 … 80

学籍の記録

欄外の整理番号の欄

区分＼学年	1	2	3
学　級	3	3	1
整理番号	18	19	17

　この欄は，毎学年の所属学級や生徒の番号を記入することによって，整理上の能率化をはかるという意味を持っている。

　これらは，各学校における指導要録の整理・保存に便利なように設けられているものであり，それぞれの学校の実情に応じた記載方法を工夫することが望ましい。

「学籍に関する記録」について

> 学籍に関する記録については，原則として学齢簿の記載に基づき，学年当初及び異動の生じたときに記入する。

　この欄は，「生徒」の氏名，性別，生年月日，現住所，「保護者」の氏名，現住所，「入学前の経歴」「入学・編入学等」の年月日，事由等，「転入学」の年月日，事由等，「転学・退学等」の年月日，事由等，「卒業」の年月日，「進学先・就職先等」について記録する欄である。指導要録が学校における生徒の戸籍簿的性格を持っていることからして，この欄は重要な欄である。したがって，記入に当たっては，原則として学齢簿の記載に基づいて関係事項を記入することになっている。

　学齢簿は，市町村教育委員会が当該市町村に住所を有する者について，市町村長が作成した住民基本台帳に基づいて編製することになっている（学校教育法施行令第1条第2項，第2条後段）。住民基本台帳に記載されていない者であっても，当該市町村に住所を有する者であれば，この者についても学齢簿を編製することとなっており，この場合，教育委員会は，住民基本台

帳に脱漏または誤載があると認める旨を速やかに当該市町村長に通知しなければならない（住民基本台帳法第13条）。このように，学齢簿は，その市町村に住所を有する学齢生徒であれば，必ず編製されることとなっている。

この学齢簿に記載する事項は，学校教育法施行規則第30条に掲げられており，おおむね，生徒の氏名・現住所・生年月日・性別，保護者の氏名・現住所・保護者と生徒との関係，就学する学校の名称・入学・転学・卒業年月日，その他就学の督促や就学義務の猶予・免除等に関する事項等があり，これらの事項によって，「学籍の記録」の欄の大部分が記入できるのである。

通常の場合，各学校においては，担任教師が生徒の家庭調査を行って，「家庭調査票」とか「家庭環境票」というものを作成しているから，これらの諸票によってもこの欄の記入はできるが，指導要録が持っている公簿としての性格から，学齢簿によることを特に明示し，記載事項が同一のものについては，相互に一致させておく必要があるため，原則として学齢簿に基づいて記入することとなっている。

学校における調査などによって，学齢簿の記載のほうが間違っていることを発見したような場合には，教育委員会に連絡して学齢簿を訂正してもらい，それに基づいて指導要録も記入するというようにすることが望ましい。このようにして，つねに学齢簿と指導要録の「学籍の記録」との間に相違がないようにしておかなければならない。

この欄の記入の時期は，生徒が中学校の第1学年に入学した当初か，転入学・編入学等，あるいは転学・退学等があった場合に記入する。

生徒の欄

生徒	ふりがな	さ　とう　だい　き	性別	男
	氏　名	佐　藤　大　輝		
	生年月日	平成 18 年　9 月　3 日生		
	現住所	東京都文京区大塚1丁目4番15号		

この欄は，原則として学齢簿の記載に基づき記入しなければならない。た

だし，生徒の氏名につけるふりがなは，学齢簿に記載されていないから，別に「家庭調査票」などでよく確かめた上で記入しなければならない。

性別については，男女はいずれか該当するほうを記入する。

なお，氏名は，通称を持つ生徒であっても，学齢簿の記載どおり正式の氏名を記入する。

[生徒の現住所に変更があった場合]

学齢生徒の転入または転居について，住民基本台帳法第22条または第23条の規定に基づく届け出が市町村長に対して行われたときは，市町村長は，当該市町村の教育委員会に通知しなければならないこととなっている（学校教育法施行令第4条）ので，これに基づいて自動的に学齢簿の現住所の訂正が行われることとなる。学齢簿の現住所に変更があれば，この欄の現住所の訂正を行う必要があるが，学齢簿の記載事項に変更があった場合の学校と教育委員会相互の通知連絡関係は特に明定されていないので，学校が生徒から連絡を受けて変更の事実を知ったときは，学齢簿の訂正を確認して記録する必要がある。

生徒	ふりがな	たか はし ゆ い	性別	女
	氏　名	高　橋　　結　衣		
	生年月日	平成 18 年 10 月 23 日生		
	現住所	~~東京都文京区大塚1丁目4番15号~~ 東京都文京区大塚3丁目2番1号		

保護者の欄

保護者	ふりがな	い　とう　だい　すけ
	氏　名	伊　藤　　大　輔
	現住所	生徒の欄に同じ

「氏名」の欄には，生徒に対して親権を行う者を，親権を行う者のいないときは，未成年後見人を記入する。

保護者とは，学校教育法第16条にいう生徒に対して親権を行う者であって，親権を行う者のいないときは未成年後見人をいう。つまり，この欄は，法律上の保護者について記入する欄である。したがって，父母と離れて祖母の家から通っている生徒の場合でも，この欄に記入するのは，祖母ではなく親権者たる父母になるわけである。

　親権者という場合は，一般には父母の二人であるが，この欄に記入する場合には，両方を書く必要はなく，そのうちの実質的に親権を行う者を書けばよい。普通の場合は父親であると思われるが，家庭の特殊事情などで母親が実際に保護者の役目を果たしているような場合には，母親を書く。もちろん，この場合に学齢簿の記載と一致を図るようにしなければならない。

　氏名の欄　ここには，上述の保護者の氏名を記入するが，ふりがなは生徒の氏名同様に別途に調べて記入する。

　現住所の欄　ここは，正確に記入しなければならないが，生徒の現住所と同一の場合には，「生徒の欄に同じ」と略記する。

[保護者の氏名・住所が変更した場合]

保護者	ふりがな	~~い　とう　だい　すけ~~　　い　とう　ゆう　こ
	氏　名	~~伊　藤　大　輔~~　　　伊　藤　裕　子
	現住所	~~東京都文京区大塚1丁目4番15号~~ 東京都文京区大塚3丁目2番1号

入学前の経歴の欄

入学前の経歴	平成31年3月31日 文京区立茗荷谷小学校卒業

　　中学校及び特別支援学校中学部（以下「中学校等」という。）に入学するまでの教育関係の略歴（在籍していた小学校又は特別支援学校小学部の学校名及び卒業時期等）を記入する。なお，外国において受けた教育の実情なども記入する。

　この欄には，通常の場合，例えば，○○市立○○小学校卒業と記入する。外国で受けた教育の実情なども，この欄に記入すればよい。

　なお，小学校時代に異動が多いとか，中学校入学前の教育歴が複雑であっ

て，入学後の指導にとってそれを知っておくことが指導上有益である場合には，「総合所見及び指導上参考となる諸事項」の欄にその事情を記入しておくことも考えられる。

入学・編入学等の欄

入学・編入学等	令和2　年　4　月　1　日　第1学年　入学 ~~第　　学年編入学~~

(1)　入　学
　　生徒が第1学年に入学した年月日を記入する。
(2)　編入学等
　　第1学年の中途又は第2学年以上の学年に，在外教育施設や外国の学校等から編入学した場合，又は就学義務の猶予・免除の事由の消滅により就学義務が発生した場合について，その年月日，学年及び事由等を記入する。

(1)　入学の場合

　指導要録の記入に当たっては，入学とか編入学等あるいは転学とか退学等という用語の概念を理解しておくことが大切である。

　「入学」とは，生徒が中学校の第1学年に初めて就学することをいう。したがって，同一の生徒については，入学ということは，指導要録の上では，中学校の第1学年に入る場合だけということになる。

　入学年月日については，昭和32年2月25日付通達「学齢簿および指導要録の取扱について」によると，「入学年月日は，公立学校にあっては，教育委員会が通知した入学期日，その他の学校にあっては，当該学校において通知した入学期日とすること」となっている。すなわち，市町村立学校にあっては，市町村教育委員会が通知した入学期日を記入し，私立学校や国立学校にあっては，その学校が定めて通知した入学期日を記入することになっている。

　ちなみに，市町村の教育委員会は，就学予定者の入学期日の通知，及び就学すべき学校の指定をしなければならないことが，法令により定められている（学校教育法施行令第5条―第8条）。

　この指定する年月日は，必ずしも入学式を挙行する日と一致するものではない。例えば，入学すべき日を4月1日と指定し，入学式は2日以後に行う

場合もあるのである。この入学の年月日については、かつて、三重県教育長から質問があり、初等中等教育局長から、昭和29年8月12日付で次のように回答しているので、原則として4月1日とすることが適当であると言える。

学齢簿に記載する入学及び卒業年月日について（行政実例）

問 学齢簿に記入する標記入学及び卒業年月日は、学校教育法施行規則（第59条）によって、それぞれ4月1日、3月31日と記入するのが正しいように思われるが、実状は実際に行った年月日を記入している向きも多いように思われるので、いずれにするのが正しいのか御照会申し上げます。

答 学齢簿に記入する入学年月日及び卒業年月日は、それぞれ教育委員会が通知した入学期日、校長が卒業を認定した期日であって、それらの期日は、原則として、4月1日又は3月31日とすることが適当である。

この欄には、この趣旨を踏まえて入学年月日を記入し、「第1学年入学」の文字はそのまま生かして、その下にある「第　学年編入学」の文字は消除する。

特定の生徒が、家庭の都合その他やむをえない事情で、指定された入学期日よりも遅れて出校した場合においても、出校した日を記入するのではなく、この欄には他の生徒同様に指定された入学期日を記入する。この出校するまでの日数についての出欠扱いは、休業日となっている場合は別であるが、入学期日の通知の遅延など特別の事情がない限り、欠席日数に計算されることになる。

なお、この欄は、最初の就学について記入する欄であるから、他の学校に就学した者が第1学年の中途に転入学してきたような場合には、この欄には記入しないで、「転入学」の扱いをして、その該当欄に記入する。

(2) 編入学等の場合

「編入学等」とは、第1学年の中途または第2学年以上の学年に入ること

を言う。ただし，次のような場合に限定されていて，普通の中学校から転校してきた場合は，編入学とは言わないで転入学という概念に含めている。すなわち，

① 外国にいた子どもが帰国して，中学校に入った場合
② 児童自立支援施設（児童福祉法第44条による施設）から，中学校に移ってきた場合
③ 上記②以外の場合で，学校教育法第18条の規定によって，就学義務の猶予・免除を受けていた者が，その事由消滅により，就学義務が発生して，中学校に入った場合

などの場合に，編入学等の概念で考えるのである。

この欄には，上のような場合における，学校に入った年月日を記入し，「第1学年入学」の文字は消除し，「第　学年編入学」の空白に学年を記入し，その理由や事情等をこの欄の余白に記入する。

[児童自立支援施設から移ってきた場合]

入学・編入学等	令和2 年 9 月 1 日 ~~第1学年 入学~~ 　　　　　　　　　　　　第3学年編入学 ○○市○○学園退所，同園の証明により編入学

[就学猶予・免除の事由が消滅した場合]

入学・編入学等	令和2 年 9 月 1 日 ~~第1学年 入学~~ 　　　　　　　　　　　　第3学年編入学 ○○の病気が全快，就学可能のため，猶予された当時の第3学年に編入学

転入学の欄

転　入　学	令和2 年 1 月 8 日 第2学年転入学 川越市立川越北中学校 埼玉県川越市北町2丁目7番1号 保護者の勤務地が変わり，本校学区域転居のため

他の中学校等から転入学してきた生徒について，転入学年月日，転入学年，前に在学していた学校名，所在地及び転入学の事由等を記入する。

72

(1) 「転入学」とは，他の中学校等の生徒が転校してきた場合のみを言う。
すなわち，中学校間の移動についてのみ転入学という概念で考えている。
したがって，中学校以外の学校，例えば，児童自立支援施設から移ってき
た場合などは，これには含まない。これらは編入学等の概念に含めること
になっている。

(2) この欄には，転入学の年月日，転入学年を記入し，その余白に，転入学
以前に在学していた学校名，その所在地，及び転入学の事由等を記入する。
もちろん，この転入学年月日も教育委員会が指定した年月日であって，保
護者は，生徒の住所地に変更があったときは，速やかに新住所地の市町村
長に届け出なければならないことになっている（学校教育法施行令第4
条）。

転学・退学等の欄

転学・退学等	（令和2　年　9　月　1　日） 令和2　年　9　月　1　日 山口市立第三中学校 山口県山口市栄町229番地 第2学年転入。保護者の転居のため

　他の中学校等に転学する場合には，転学先の学校が受け入れた日の前日に
当たる年月日，転学先の学校名，所在地，転入学年及びその事由等を記入す
る。また，学校を去った年月日についても併記する。
　在外教育施設や外国の学校に入るために退学する場合又は学齢（満15歳
に達した日の属する学年の終わり）を超過している生徒が退学する場合は，
校長が退学を認めた年月日及びその事由等を記入する。
　なお，就学義務が猶予・免除される場合又は生徒の居所が1年以上不明で
ある場合は，在学しない者として取り扱い，在学しない者と認めた年月日及
びその事由等を記入する。

(1)　転学の場合

「転学」とは，生徒がその学校から他の同種の学校に転校する場合を言い，
転入学に対応する概念である。

この欄には，転学先の学校がその生徒を受け入れた日の前日に当たる年月
日を，下部の括弧のない年月日の欄に記入し，その余白に転学先の学校名，

所在地，転入学年及びその事由等を記入する。

　この欄の上部の括弧のある欄には，生徒が転学のために学校を去った年月日，例えば，その学校の最後の授業を終えて校門を去った年月日を記入する。この日付は，学校に転学を願い出た日や，在学証明書の日付とは必ずしも同一ではない。実際に学校を去った日である。

　このように，二通りの年月日を記録するようにしているのは，転学の際には多くの場合，いわゆる転学のための旅行日数が何日かあることにかんがみ，その事実を明確に把握しようとしたためである。すなわち，転学のために学校を去り，その学校に通学していないことは事実であるが，その生徒が転学先の学校でまだ受け入れられていないため，その生徒の籍はまだもとの学校に置いておかなければならないということがある。したがって，事実としてはその学校に通学していないのであるが，なおその学校の生徒とみなす日と，正式にその学校の生徒ではないとした日とを明らかに区別するために，このような記入の仕方になっていると解される。

　しかし，転学先の学校が近隣のために，例えば，午前中はもとの学校で，午後は転学先の新しい学校で授業を受けるというような，いわゆる即日転学の場合がありうる。このような場合には，記入上の配慮事項どおり記入すると事実と矛盾したことが起こるから，括弧内にも，括弧のないほうにも，同じ日付を記入すればよい。そうしてその場合には，転学先の学校は受け入れ日をその日付の翌日としたほうがよい。そうするとその生徒にとっては新旧両校に在籍が重複することはなくなる。

(2)　退学等の場合

　「退学等」とは，大体上述の編入学等に見合う概念である。すなわち，退学等には次のような場合が含まれる。

①　在外教育施設や外国の学校等に入るために学校を去る場合

②　学齢（満15歳に達した日の属する学年の終わりまで）を超過している生徒が，就学義務がなくなったことによって学校を去る場合

③　児童自立支援施設に入所する場合

④　上記③以外の場合で就学義務の猶予・免除の措置がなされた場合

⑤　生徒の居所が1年以上不明で長期欠席を続けている場合

①と②の場合は，いわゆる退学という概念にふさわしいものであって，この場合には，校長が退学を認めた日を，下部の括弧のない年月日欄に記入し，その余白に事由等を記入する。

③④⑤は退学と性格を異にする面もあり，昭和 32 年 2 月 25 日付「学齢簿および指導要録の取扱について」の通達（p70）の趣旨にも従って，在学しない者として取り扱うこととしている。この場合の記入の仕方は，校長が在学しない者と認めた年月日を，上部の括弧書きの年月日に記入し，その余白にその事由等を記入する。

[外国にある学校に入る場合]

転学・退学等	（　　　　年　　　　月　　　　日） 令和 2 年　9 月　19 日 アメリカ合衆国サンフランシスコ市，現地日本人学校へ，父親の転勤のため。（2 年）

[生徒が死亡した場合]

転学・退学等	（　　　　年　　　　月　　　　日） 令和 3 年　7 月　10 日 交通事故にて生徒死亡のため除籍（3 年）

[就学義務の猶予・免除の場合]

転学・退学等	（令和 2 年　9 月　18 日） 　　　　年　　　　月　　　　日 小児麻痺のため就学免除，自宅療養（2 年）

[転学を申し出て，そのまま行方不明の場合（1 年後に退学させる）]

転学・退学等	（令和 3 年　4 月　5 日） 　　　　年　　　　月　　　　日 転学を申し出て，行先を神戸市と告げ，そのまま行方不明につき退学（3 年）

卒業の欄

卒　　　業	令和3　年　3　月　31　日

校長が卒業を認定した年月日を記入する。

この年月日は，原則として3月末であることが適当であるとされている。このことについては，前述の質疑応答「学齢簿に記載する入学及び卒業年月日について」(p71)を参照されたい。

進学先・就職先等の欄

進　学　先 就　職　先　等	文京区立大塚高等学校 東京都文京区大塚1丁目4番15号

進学先の学校名及び所在地，就職先の事業所名及び所在地等を記入する。

①進学した者については，進学先の学校名および所在地を，②就職した者については，就職先の事業所名および所在地を，③就職しながら進学した者（定時制高校のような場合）については，①と②の両者を，④家事または家業に従事する者については，その旨を，それぞれ記入する。

卒業の際に，この指導要録の記入は完結するが，その時に進路が決まっていなくて記入できない者については，後になって確定した場合には連絡を受けて記入するようにする。

なお，学齢の超過による退学等の場合には，「転学・退学」の欄への記入とあわせて，本欄に退学後の状況を記入する。

保護者の欄について―保護者が遠隔地にいる場合―

問 保護者（父母）が生徒と離れて遠隔地にいて，実質的に親権を十分行使することができない場合でも保護者として記入するのか。

答 義務教育では親権を行う者が生徒の就学についての義務を負っているのであるから，たとえ親権者が遠隔地（国外を含む）にいて親権を十分に行使できない場合でも，法律上の保護者を記入すべきである。

入学年月日及び卒業年月日の記入について

問 公立学校の場合，市町村教育委員会が通知した入学期日と，入学式を行う日が異なることが多い。また，卒業の期日と卒業式の行われる日との関係も同様である。このような場合，指導要録の記載はどうすればよいか。

答 p71 の「質疑応答（行政実例）」を参照のこと。

外国の学校からの編入学等について

問 生徒が外国の学校に入るために退学したり，外国から帰国したりして編入学するような場合に，指導要録の記入や扱いはどうするか。

答 まず，外国の学校などに入るため退学する場合は，退学の扱いとして，「学籍の記録」の「転学・退学等」の欄の下部の年月日のところに校長が退学を認めた日を，その下の余白にその事由を記入する。学籍欄以外の各欄にも所要の事項を記入し，最後に校長が記載事項に誤りのないことを確認して押印する。これをもって原本の記載は完了し，この日の翌日以後「学籍に関する記録」は 20 年間，「指導に関する記録」は 5 年間，別に整理して保存することになる。

　校長は生徒が外国にある学校などに入るために退学した場合等においては，当該学校が日本人学校その他の文部科学大臣が指定した在外教育施設であるときにあっては，国内の学校へ進学または転学した場合に準じて指導要録の抄本又は写しを送付することとし，それ以外の学校などにあっては，求めに応じて適切に対応することとなる。

　次に，外国から帰ってきた場合は，「編入学」の扱いとなる。この場合，新たに指導要録を作成することになるので，「学籍の記録」その他の欄に，所要事項を速やかに記入しなければならない。特に「入学・編入学等」の欄では，その学校に入った年月日（すなわち教育委員会が通知した日）を記入し，「第 1 学年入学」の文字を消除し，「第　学年編入学」の空白に，編入学した学年とその事由を下部の余白に記入する。

　なお，この場合，在学した外国の学校などにおける履修状況や指導の記録の写しなどの送付を受け，原本とあわせてつづっておくことが望ましい。このことについて旧文部省では，平成 3 年 3 月 26 日付で日本人学校長等あてに通知を出し，その中で，日本人学校及び私立在外教育施設においては，生徒が日本に帰国した場合には，指導要録の写しを当該生徒を受け入れた学校に送付することとしている。

夏季休業中（例 7 月 22 日）に転学の申し出があった場合について

問1 7 月 19 日（金）が 1 学期の最後の授業日だが，7 月 22 日に転学の申し出があった。この場合，指導要録の「転学・退学等」の欄の上部の括弧

書きの年月日は何日とすべきか。

答 「7月22日」となる。学校を去った年月日を記入すればよい。平常の場合は，申し出をしても授業を受け続ける日があるので，申し出た日と一致しない。しかし，休業中であれば，申し出の日を去った日としてよい。

問2 在学証明書を発行する場合，「〇月〇日まで在学したことを証明する」の日付は何日とすべきか。

答 たとえ夏季休業中に転学（学校を去る）しても，転学先の学校が受け入れる前日までは前の学校に籍があるとみなす。「転学・退学等」の欄の下部の括弧のない年月日がそれで，この日付を記入することになる。（例）7月22日に学校を去り，受け入れ校が9月1日に転入したという連絡を受ければ，8月31日まで在学したということになる。

問3 転学先の学校に何日に転入したかが不明の場合，7月の在籍の取扱いはどうするか。

答 原則はあくまでも転学先の学校あるいは教育委員会に問い合わせて転入日を確認してから数えるものである。しかし，長期休業期間中の場合，転学先学校への転入の問い合わせに対する返信は遅れがちになる。そこで，この例の場合は，普通，8月1日を転入日として指定する場合が多いので，見込みとして7月31日まで在籍していたことになろう。

問4 問3に関連して，出席簿の月末統計の在籍数はどう記入するか。「月末」とは，7月31日か，最後の授業日7月19日か。

答 月末統計の基準とする「月末」とは7月31日である。ゆえに，転学先の受け入れ日が8月1日以後であれば7月31日までは在籍とみなし在籍者に数え，受け入れ日が7月23日から7月31日の間であれば7月31日時点で籍はないわけで在籍者として数えない。

　なお，実際のケースとしては，このような場合，教育委員会のほうで書類上の手続きとして8月1日付の転入を指定し，7月31日までは前の学校に在学する，とする場合が多い。

児童自立支援施設へ入所した場合などについて

問 児童自立支援施設へ入所した場合など，就学義務の猶予・免除の措置がなされた者の指導要録の記入や扱いはどうするか。

答 児童自立支援施設へ入所した者については，「転学」に準じて指導要録の写しを作成し，これを入所先の児童自立支援施設の長に送付し，生徒の教育に資することにしている。これらの児童自立支援施設に入所した場合など，就学義務の猶予・免除の措置がなされた場合は，指導要録の上では在学しない者として取り扱い，「学籍の記録」の「転学・退学等」の欄の上部括弧内に，校長が在学しないと認めた年月日を記

入し，下部の余白にその事由を記入して，別のつづりに移して保存することになる。

　逆に，児童自立支援施設から移った場合など，就学義務の猶予・免除を受けていた者が，その事由の消滅により就学義務が生じて学校に入ってきた場合は，「編入学等」の扱いとなる。この場合，新たに指導要録を作成し，上問の「外国の学校からの編入学等について」の場合と同じ要領で所要事項を記入する。

原級留置の取扱いについて

問　原級留置となった生徒について，留め置かれた学年から新指導要録に変わる場合，その学年の前の記録はどうなるか。

答　留め置かれた学年から新しく指導要録を作成し，前年までを記録した用紙と重ねて保管すればよいであろう。例えば，2年生で原級留置となった生徒については，前の2年生は旧指導要録に，留め置かれた2年生以後は，新指導要録に記載することになる。

学校名及び所在地,校長氏名印・学級担任者氏名印

学校名及び所在地の欄

| 学 校 名
及 び
所 在 地
(分校名・所在地等) | 文京区立茗荷谷中学校
東京都文京区大塚3丁目2番1号 |

> 分校の場合は,本校名及び所在地を記入するとともに,分校名,所在地及び在学した学年を併記する。

　この欄には,学校名及び所在地を記入しなければならない。その際,学校名や所在地は略さず正確に記入しなければならない。学校名については,市立,区立,町立,村立,組合立を省かずに,また所在地は,町名等の変更の場合を考えて余白を残して記入するよう配慮することが大切である。

　分校の場合は,本校名及び本校の所在地を記入するとともに,分校名,所在地及び在学した学年を併記しなければならない。指導要録は校長が作成するものとされていることから,学校の本拠たる本校名及び本校の所在地についての記載が当然必要となる。それとあわせて,分校名,所在地及び在学した学年を記入する。

　なお,分校の生徒が途中から本校に通学するようになった場合には,その旨及び年月日を空白部分に記入しておくとよい。

　この欄の記入には,ゴム印の使用が正確かつ便利であろう。

校長氏名印・学級担任者氏名印の欄

年　度	令和2　年度	令和3　年度	令和4　年度
区分＼学年	1	2	3
校長氏名印	小林　健二　㊞	小林　健二　㊞	小林　健二 （4〜10月） 渡辺　直美　㊞ （11〜3月）
学級担任者 氏　名　印	鈴木　聡子　㊞	鈴木　聡子　㊞ （4〜8月，11〜3月） 宮田　徹平 （9〜10月）	加藤　健太 （4〜12月） 関口　彩香　㊞ （1〜3月）

　　各年度に，校長の氏名，学級担任者の氏名を記入し，それぞれ押印する。
（同一年度内に校長又は学級担任者が代わった場合には，その都度後任者の
氏名を併記する。）
　　なお，氏名の記入及び押印については，電子署名（電子署名及び認証業務
に関する法律（平成12年法律第102号）第2条第1項に定義する「電子署
名」をいう。）を行うことで替えることも可能である。

　この欄は，指導要録の作成を義務づけられている校長の氏名と，記入を担
当した教師の氏名とを明らかにし，その責任の所在を明確にするという意味
を持っている。

　校長及び学級担任者の氏名は原則として学年当初に記入することとなるが，
同一年度内に校長または学級担任者が代わった場合は，同じ欄内に後任者の
氏名を併記することとなっている。しかし，転入学生徒について，新しく指
導要録を作成するときには，前校の校長氏名，学級担任者氏名は記入しない。

　学級担任者については，女子教員の産前産後の休暇中に臨時的に任用され
た教員が学級を担当した場合など，比較的短期の学級担任者であってもその
氏名を併記しなければならない。その際，氏名のそばに，臨時に担当した期
間を括弧書きで記入しておくとよい。

　校長及び学級担任者の押印は，指導要録の記入が完結したときに，その記
入責任を明らかにする意味で，通常，学年末に行うのが普通であるが，生徒
が転学・退学等をした場合には，その生徒については，その時点で指導要録

の記入は終わるわけであるから，その際押印して別に保存することになる。また，学級担任者の印については，通常の場合，押印するのは正規の学級担任者であるが，前記のような臨時に学級を担当した教師が，たまたま学年末や生徒の転学などで指導要録の記入に当たった場合には，その教師が押印することになる。したがって，学年途中で学級担任者が代わった場合，前任者は押印する必要はない。

今回の通知でも示されているように，指導要録の作成，保存，送付を情報通信技術を活用して行うことは，現行の制度上でも可能である。学校において情報通信技術を活用して指導要録の作成を行う場合には，指導要録の学籍の欄については，校長と学級担任者の氏名を記入し印を押すようになっているが，これを電子署名によって替えることができることとしている。

外国人の生徒の氏名の表記について

問 生徒の氏名の欄に，外国人の生徒の氏名の表記はどのようにしたらよいか。

答 生徒の氏名の欄は，学齢簿の記載どおり記入することになっているので，その記載に従って記入することになる。外国人の生徒の場合，学齢簿には，母国語により表記がなされている場合や片仮名表記等の場合がある。その場合，母国語表記や漢字表記の場合は，そのまま記入し，ふりがなは母国語に近い読み方で記入する。また，片仮名表記の場合は，外国人名の一般的な表記法である片仮名によりそのまま表記するのがよいだろう。

学級担任者が2名いる場合の学級担任者氏名印について

問 学級担任者を2名置いている場合，どのように記入し，押印するのか。

答 その場合の学級担任は，責任を有する主たる立場と補佐する副の立場があるが，記入押印は主たる者のみでよい。ただし，副たる者も慣例で記入押印しているのであれば踏襲してもよい。

第3章
指導に関する記録

1 各教科の学習の記録 … 86
2 特別の教科　道徳 … 128
3 総合的な学習の時間の記録 … 136
4 特別活動の記録 … 146

生　徒　氏　名

5 　　　　　　　　　　　　　　行　動　の　記　録

項　　目 　　　　学　年	1	2	3	項　　目 　　　　学　年	1	2	3
基本的な生活習慣				思いやり・協力			
健康・体力の向上				生命尊重・自然愛護			
自主・自律				勤労・奉仕			
責任感				公正・公平			
創意工夫				公共心・公徳心			

6 　　　　　　　総　合　所　見　及　び　指　導　上　参　考　と　な　る　諸　事　項

第1学年	
第2学年	
第3学年	

7 　　　　　　　　　　　　　　出　欠　の　記　録

区分 学年	授業日数	出席停止・忌引等の日数	出席しなければならない日数	欠席日数	出席日数	備　　　　　考
1						
2						
3						

---

5 行動の記録 … 152

6 総合所見及び指導上参考となる諸事項 … 159

7 出欠の記録 … 178

各教科の学習の記録

参考様式

教科	観点	学年	1	2	3
国語	知識・技能				
	思考・判断・表現				
	主体的に学習に取り組む態度				
	評定				
社会	知識・技能				
	思考・判断・表現				
	主体的に学習に取り組む態度				
	評定				
数学	知識・技能				
	思考・判断・表現				
	主体的に学習に取り組む態度				
	評定				
理科	知識・技能				
	思考・判断・表現				
	主体的に学習に取り組む態度				
	評定				
音楽	知識・技能				
	思考・判断・表現				
	主体的に学習に取り組む態度				
	評定				
美術	知識・技能				
	思考・判断・表現				
	主体的に学習に取り組む態度				
	評定				
保健体育	知識・技能				
	思考・判断・表現				
	主体的に学習に取り組む態度				
	評定				
技術・家庭	知識・技能				
	思考・判断・表現				
	主体的に学習に取り組む態度				
	評定				
外国語	知識・技能				
	思考・判断・表現				
	主体的に学習に取り組む態度				
	評定				

国語→ p106
社会→ p108
数学→ p110
理科→ p112
音楽→ p114
美術→ p116
保健体育→ p118
技術・家庭→ p122
外国語→ p126

概　　説

　「各教科の学習の記録」の欄は，学習指導によって，生徒が各教科で学習指導要領の目標をどの程度実現できたか，その結果を評価し記録する欄である。評価に当たっては，各教科の観点の趣旨を踏まえて，信頼性，妥当性（注①，p97）が高まるように評価しなければならない。

　特に新学習指導要領が資質・能力の育成を目指したものであることを踏まえて，評価の在り方を考える必要がある（注②，p97）。特に学習指導要領の作成過程で重要とされたコンピテンシー（注③，p97），新学習指導要領の総則に示された「主体的・対話的で深い学び」（コラム①，p101）に資するような評価の在り方を考える必要がある。

　そのために評価においては，パフォーマンス評価（コラム②，p102）やポートフォリオ評価なども部分的に活用することが求められる。ペーパーテストについても，単なる知識の記憶を確認するものではなく，一定程度の理解の深さを確かめる問題を組み込むことを意識しなければならない。

　学習指導要領の趣旨に沿った評価を行う必要があるのは，生徒の学習観が評価の在り方によっても大きく影響されるためである。例えば，思考力を育成するつもりで指導していても，テストが知識を問う問題ばかりであれば，生徒は知識の記憶こそ学習すべきことであると認識し，学習とは知識を頭に詰め込むことであるとの学習観を持つ。そのため，評価の在り方と学習指導要領の趣旨，指導の在り方は整合性を持っていなければならない。学習観の変化についても，目を配らなければならないのである（注④，p98）。

　さて，各観点は新学習指導要領等の各教科の目標に照らして，「十分に満足できる」状況と判断される場合にはＡ，「おおむね満足できる」状況と判断される場合にはＢ，「努力を要する」状況と判断される場合はＣ，と評価する点はこれまでと同様である。

　評定に関しても，これまでと同様に，新学習指導要領等に示す各教科の目標に照らして，「十分に満足できるもののうち，特に程度が高い」状況と判断される場合には５，「十分に満足できる」状況と判断される場合には４，「おおむね満足できる」状況と判断される場合には３，「努力を要する」状況

と判断される場合は 2，「一層努力を要する」状況と判断されるものを 1，
と評価する。

すべての教科が三つの観点に整理

　すべての教科が新しい三つの観点「知識・技能」「思考・判断・表現」「主
体的に学習に取り組む態度」で評価されることとなった。これは従前の四つ
（国語は五つ）からの大きな変更である。また，旧観点の「知識・理解」と
「技能」が統合されて新観点「知識・技能」となった（旧観点がこれに当て
はまらない教科もある）。さらに旧観点「関心・意欲・態度」は新観点「主
体的に学習に取り組む態度」となり，観点を構成する意味内容にメタ認知能
力が加わった（観点の名称は統一されたものの，各観点で示す意味内容は教
科により実際には異なっている部分もある。ここでは一般的な意味を中心に
観点の評価の留意点を説明する。教科ごとの観点の具体的な意味の違いは，
「各教科等の評価の観点等及びその趣旨」，p232～を参照されたい）。

　このように観点が大幅に整理されたのには二つの理由がある。直接の理由
は，学習指導要領が資質・能力の三つの柱に従って整理されたことによる。
三つの柱は「知識及び技能」「思考力，判断力，表現力等」「学びに向かう力，
人間性等」である。このうち「学びに向かう力，人間性等」については，観
点別評価になじむ部分とそうでない部分があることから，観点別評価になじ
む部分として「主体的に学習に取り組む態度」を観点とした。この「主体的
に取り組む態度」の中には，メタ認知能力が含まれている（注⑤，p99）。
ほかの二つの柱は，ほぼそのまま観点となった。

　三つの観点になったもう一つの理由は技術的な問題である。生徒の資質・
能力を構成する要素を細かく分析的に示すことはできても，実際の評価にあ
たっては構成要素を単独に評価することは極めて困難である。例えば 1956
年にブルーム（Bloom, B.S.）が「教育目標の分類学」で六つの教育目標（知
識，解釈，応用，分析，総合，評価）とそれらを評価する問題例を示したが，
その後の研究で，区別して評価できるのは知識を一方の極とし，総合と評価
をもう一方の極とする二つであると考えられるようになった。総合と評価を
極とする能力は，現在では「高次の技能」と言われる。要するに，認知的な
分野に関しては，二つに区分して評価するのがせいぜいであると現在では考

えられている。新観点「知識・技能」と「思考・判断・表現」はこれらとは
名称が異なるとは言え，ほぼこの二つの区分に相当する。

形成的評価の必要性の強調

　評価の改訂の議論の中では形成的評価の必要性が強調された。本書のテー
マである指導要録の機能は基本的に総括的評価である。しかしながら今回の
学習評価に関する中教審教育課程部会の報告（平成31年）や学習評価に関
するワーキンググループの議論の中で形成的評価が重要であるとされたこと
を受けて，形成的評価についても簡単に説明する（注⑥，p99）。

　議論の中では，評価した結果を学習の改善に生かすべきであると述べられ
ている。指導要録につながる日々の評価の中で，評価の結果を指導に生かす
こと，形成的評価を実施することが求められているのである。形成的評価の
時間を確保するために（教師の負担軽減のためにも），一部ではあるが指導
要録の簡素化，一定の条件を満たせば通知表と指導要録の様式を共通にする
ことが認められた。

　形成的評価に関して今回このように強調されているのは，1998年にイギ
リスのブラック（Black, P.）とウィリアム（William, D.）が *Assessment
in Education* 誌に「Assessment and Classroom Learning」という論文
を載せ，形成的評価を実施した場合の効果が非常に大きいことを示したため
である。各観点の評価でこの形成的評価をどう実施するかも考えなければな
らない。指導要録は先に述べたように基本的に総括的評価ではあるが，工夫
の仕方によっては一部ではあれ形成的評価の機能を持たせることもできる。

「観点別学習状況」について

観点別評価と評定

　学習評価については，これまでと同様に観点別評価と評定を併用すること
となった。観点別評価は，生徒の能力や技能をいくつかの視点から分析的に
捉えて評価するものである。この視点について，新学習指導要領により，す
べての教科が三つの観点「知識・技能」「思考・判断・表現」「主体的に学習
に取り組む態度」で評価されることとなった。これに対して評定は，三つの

観点をまとめて学習状況の全体を示したものである。観点別評価の場合には，三つの観点それぞれの状況を分けて細かに見るのに対して，評定は生徒の学習状況を一つの指標にまとめて示す役割を持っている。例えば同じ評定2であっても，「知識・技能」の評価は高いが，「思考・判断・表現」の観点の評価が低くて評定2となった場合と，「知識・技能」の評価は低いが，「思考・判断・表現」の観点の評価が高いために評定2となった場合とがある。学習上のいろいろな側面が相殺されて示されるため，評定を見ただけでは，どこに学習上の問題があったかを見ることはできない。

　これに対して，観点別評価は学習上の重要な側面が分けて示されるため，学習上のどの側面に問題があるかが分かる。このような観点別評価の特徴は，形成的評価のために有用な情報を提供する。この点において評定は形成的評価としては機能しない。ただし，評定自体に評価基準を設定して評価する場合には，形成的評価の機能を持つようになる。

　以下，三つの観点と評定について，評価にあたり留意すべき点を示す。

「知識・技能」の観点の評価

　この観点の特徴は，一つ一つの学習内容（例えば連立一次方程式の計算，漢字，電磁誘導，大化の改新を行った人物）を習得したかを評価することである。基本的には各学習内容を習得したかを調べる問題を出題して，各問題に対する解答状況を見て評価する。このような評価方法をドメイン準拠評価と言う。ドメイン準拠評価は，ペーパーテストの形式を用いて，一定の学習範囲について，考えられる多数の問題からいくつかの問題を出題して，その正解数（または得点）により，一定の区分をして評価する方法である。このように書くと難しく感じられるかもしれないが，要するにこれまで多くの教師が用いてきた多数の問題で構成されるペーパーテストとその得点による評価のことをさす。

　ただし新学習指導要領では，「深い学び」が求められていることから，単なる知識の記憶を求める問題ばかりであってはならない。例えば，「江戸時代に大名が江戸と領国を1年おきに往復した制度を何と言いますか」というように用語を答えさせる問題だけではなく，「参勤交代とはどのような制度ですか」というような用語の説明を求める問題を出すことである。さらに

「なぜ江戸幕府は参勤交代という制度をつくったのでしょうか」というような用語の背景を問う問題も出題することが大切である。

　実際のペーパーテストでは，用語を答えさせるだけの問題から，説明させる問題，理由を問う問題など，いろいろな問題を組み合わせることとなる。これらの問題がどの程度組み合わせられるかで難易は大きく変わってくる。また問題ごとに配分する点数により，獲得できる点数も変わってくる。そこで生じる問題は，テストで何点を取ったらこの観点での評価をＡとしたり，Ｂとしたりするかの判断基準である。

　これに関しては，いまのところ各教師の判断，つまり各教師が区分する点数を決めることとなる。同じ学年の教師の判断が大きく違うことは避けるべきであり，教師間の調整が行われることが望ましい。

　この観点については，教師の負担軽減を考えれば，ここまで述べたようにペーパーテストを中心とした評価をせざるを得ないが，余裕がある場合は，通常の授業の中で生徒の学習状況（教師の質問に対する口頭での解答，グループワークの様子）を加味して評価することが望ましい。

「思考・判断・表現」の評価

　この観点について前記の中教審の教育課程部会の報告では「各教科等の知識及び技能を活用して課題を解決する等のために必要な思考力，判断力，表現力等を身に付けているかどうかを評価するものである」と述べている。そのため，知識や技能を応用して，課題や問題を解決するのに役立てているかを調べる観点であると言える。

　この観点では，「……ということを何というか」というような用語や概念，事実について聞く問題や，「……について説明せよ」というような問題はそぐわない。「……というような問題があります。これについてどのような原因が考えられますか，またそのように言える根拠について答えなさい」というような問いに答えさせることが大切である。また，ペーパーテストだけでなく，パフォーマンス評価（コラム②，p102）を用いることも考えるべきである。特にコンピテンシーの育成を考えるならば，現実生活で生じるような問題や課題を用いて評価することが望ましい。

　例えば国語では，パフォーマンス評価として「話すこと・聞くこと」「読

第3章　1　各教科の学習の記録（様式2）

むこと」「書くこと」の三つを実際に行う中で評価すべきである。これまでは「読むこと」を中心に評価してきたが，「話すこと・聞くこと」と「書くこと」も評価すべきである。「読むこと」が中心であったのは，ほかの二つについてはどのような評価基準を用いればよいか十分に理解されていなかったことが原因の一つにある。この評価基準の問題については後に述べる。「話すこと・聞くこと」の場合には，テーマを決めてそれについて話す場面を設定して評価したり，クラスで一つの問題や課題について話し合う場面で，児童の様子（話したり聞いたりして話し合いに参加していること）を観察して評価することとなる。「読むこと」のうち文章の解釈はペーパーテストによる評価も可能であるが，文章の音読は実際に音読させる必要がある。ただしこれまでは文章の解釈について，主として短い文章を用いて評価してきたが，現実社会では長い文章や本1冊の解釈が必要であったりすることもあるため，ときおり長い文章や，本1冊を対象とした解釈の評価も必要である。「書くこと」の場合も同様であり，いろいろな長さの文章を書かせたり，目的に応じた文章のスタイルを用いたりできるかを評価する必要がある。もちろんこれは，解釈も同様であり，文章の内容によって解釈の仕方を変えることができるかを評価する必要がある。論理的な文章と，詩では解釈の方法が全く異なる。

　指導要録のこの観点の評価は，三つの要素を一つにまとめて評価するため，いろいろな言語活動において得意なものと不得意なものが相殺されて示される。形成的評価のためには，いろいろな言語活動に対する児童の学習状況を見取る必要があり，ポートフォリオを作成して，児童の能力の特徴を実際の作品等で分かるようにしておくことが望ましい。このようなポートフォリオがあれば，新しく国語を指導する教師にとっても，各児童の特徴や課題がよく分かる。

　また，理科ではこの観点の趣旨として，平成31年の指導要録の改善の通知で「自然の事物・現象から問題を見いだし，見通しをもって観察，実験などを行い，得られた結果を基に考察し，それらを表現するなどして問題解決している」と示されている。そのため，問題や課題の発見，調べる方法や観察方法の計画，実験観察の実施，データの分析，結論，改善点の考察など一

連の過程を実施するパフォーマンス評価を実施するのが望ましい。しかし，この実験観察活動のパフォーマンス評価を実施するには時間と労力がかかるため，何度も実施することはできない。前記の国語でのパフォーマンス評価でもほぼ同様である（短い文章の解釈を除く）。しかし，「知識・技能」で評価しようとする能力や技能と比べ，この観点の能力については短時間で発達したり身に付いたりするものではないため，何度も実施する必要はない。1学期に1～2回程度実施できれば十分である。また，あまり望ましくはないが，時間の制約などが厳しい場合にはこのプロセスの一部を取りだして実施することも考えられる。例えば，データの分析，結論だけを全員の課題として行うことである。ただし，すべて部分だけの実施というのは避けるべきである。

　多くの教科のこの観点の評価には，レベルの区分を必要とするパフォーマンス評価を実施する必要がある。例えば国語の「書くこと」では，「知識・技能」のペーパーテストのような「正解，一部正解，誤り」といった採点による評価はできない。論理的な文章を求められた場合には「論旨や論理が明快であり，適切な事例が示されており，説得力のある文章である」というような高いレベルから「論旨が分かりにくく，事例は不適切であり，説得力に乏しい」という低いレベルまで，いくつかのレベルを区分できるだけである。

　このようなレベルの区分を示す方法としてスタンダード準拠評価（コラム③，p104）が適している。スタンダード準拠評価は，パフォーマンス評価の課題に対する生徒の作品などを評価する場合，いくつかのレベルに分けて各レベルの特徴を示す評価基準を示すのが特徴である（前記の国語の「書くこと」のレベル区分はその一部である）。ただし評価基準だけでは具体的な姿は分かりにくいので，各レベルの評価基準に相当する生徒の実際の作品例を添付するのが特徴である。作品例自体を見ることで，評価基準が具体的にどのようなことを意味しているのか理解できるのである。国立教育政策研究所が作成している「評価規準の参考資料」でも，評価基準の例とともに，数は少ないが生徒の作品例が付属しており，評価基準を具体例で示すようになっている（注⑦，p100）。

「主体的に学習に取り組む態度」の評価

　この観点の評価については，先に述べたように，旧観点の「関心・意欲・態度」で評価された内容に加えて，メタ認知能力が加わった。メタ認知能力は自分の学習状況を把握して，自己コントロールできる能力のことである。

　「関心・意欲・態度」同様，信頼性や妥当性のある評価が難しい。授業中の挙手の回数やノートの取り方等の表面的な様子で評価すべきではないと言われてきたが，この点は今回も同様に注意すべきである。

　新たに加わったメタ認知能力を考えれば，次のようなメタ認知能力の発達段階を参考にして，評価していくことが必要である。

段階１：面白かった，楽しかったなどの感想を言う。さらにどこが面白かったかなどについてその内容や部分が言えること。

段階２：まとまりのある学習が終了した時点で，何を学習したかを言うことができる。例えば「今日は三角形の性質について学習した」などと言えることである。

段階３：どこが難しかったかを言えたり，分かったこと分からなかったことを言えたりすることである。例えば，「正三角形の書き方がよく分かった」などと言えることである。

段階４：分からなかった点について，分かるようになるための工夫や方法を考えることができるようになる。例えば「熱の移動についてよく分からなかった，もう一度教科書を読み直してみよう」などである。

　このような簡単な発達段階があるとはいえ，どの段階に生徒が当てはまるかを確認するのはなかなか時間がかかり，正確に評価するのは難しいと言わざるを得ない。

　また，メタ認知能力とほかの二つ観点の評価は基本的に連動することに留意すべきである。つまり，知識や思考力等の高い生徒は，メタ認知能力も高い傾向が見られる。もちろん知識や思考力等とメタ認知能力の関係の程度は生徒によって異なるが，前記報告では「知識・技能」と「思考・判断・表現」の二つがＡの生徒が「主体的に学習に取り組む態度」についてはＣであったり，逆に二つがＣである生徒がこの観点だけＡであったりすることは通常ないと述べている。そのような例外的な評価をする場合は，それなりの明確な根拠が必要であろう。報告での取り扱いの注意点と，この観点の評

価の難しいことを考えた場合，基本的には B と評価し，A と C はそのように評価する明確な根拠がある場合とすることも一つの方法と考えられる。

形成的評価が重要であることを考えれば，メタ認知能力についても，ある程度その発達を促す評価が望ましいことは言うまでない。前記（p94）の段階を見てみると，自己評価能力に関わるものになっている。メタ認知能力を育成するには，まず自分の学習の状況について知る必要があるため，生徒の自己評価能力がどの段階にあるかを評価することで，次の指導を考えることができるのである。

メタ認知能力を育成するには，自己評価に加えて生徒が自分で学習の目標を立てることも必要であると言われている。特に自主的に学習に取り組む態度を育成し評価する方法として，キャリア・パスポートが指導要録の審議の中でも議論された。今のところ高等学校でのキャリア・パスポートが入試との関係で開発が進んでおり，JAPAN e-Portfolio と呼ばれている（注⑧，p100）。

「評定」について

観点が生徒の学習状況を分析的に示すものであるのに対して，評定は観点の評価を総合して，生徒の学習状況についての簡略化した情報を提供するものである。観点のところでも述べたように，評定は生徒の得意な部分と不得意な部分を総合したものであるため，評定を見ただけでは児童の学習状況を細かく見ることは難しい。そのため，評定は総括的評価としての機能が中心であり，形成的評価としての機能は弱い。ただし，個別教科の評定ではなく，全教科の評定を見渡した場合には，生徒の得意な教科，課題のある教科が分かることとなり，学習活動全般での改善すべき点（教科）を示すという意味で形成的評価の機能を持つとも言える。

評定の定め方について，観点別評価の結果から数値的な計算で求める方法は，時間のかからない簡単な方法である反面，評定自体には計算結果以上の意味はない（もちろん評定が 3 ならば十分に満足できる成績というような意味はあるが）。

観点の評価を用いて数値的な計算で評定をどう出すかは，各学校の裁量に任されている。そのため，いくつかの求め方を例示する。

　各観点から評定を出す場合に，各観点がどの程度のウエートを占めるかによりいろいろな計算方法があるが，以下二つの方法を例示したい。

(1)　三つの観点を同一のウエートとする方法

　観点の評価でＡは3，Ｂは2，Ｃは1と数字に置き換えて三つの観点の合計を出し，合計に従って5～1の評定をつける方法

　9：評定5　　8～7：評定4　　6～5：評定3　　4：評定2　　3：評定1

　この例では評定4と3の範囲が広いのが特徴である。

(2)　観点のウエートを変える場合

　例えば「主体的に学習に取り組む態度」の評価に関しては，信頼性，妥当性の高い評価は難しいこと，また前に述べたようにほかの二つの観点との連動性を考えれば，この観点のウエートをほかの観点の半分にする方法が考えられる。その場合には，「知識・技能」の観点の評価と「思考・判断・表現」の観点の評価を，Ａの場合には6，Ｂは4，Ｃは2とし，「主体的に学習に取り組む態度」だけはＡを3，Ｂを2，Ｃを1として，三つの観点の合計点を出し，合計点に従って次のように評定をつける。

　15～14：評定5　　13～11：評定4　　10～8：評定3

　7～6：評定2　　　5：評定1

　これらはあくまで例であり，具体的な方法は各学校の裁量で決めることとなる。

注① 妥当性と信頼性

評価の質を判断する概念に妥当性（validity）と信頼性（reliability）がある。

妥当性は，意図した能力や技能を正確に評価しているかを問題とする概念である。例えば思考力を評価しようと意図しているにも関わらず，実際には知識を評価しているような場合は，その評価の妥当性が低いと言う。

信頼性は，同じ内容のテストや評価を繰り返しても同じような結果が出るかを問題とする概念である。例えば，連立1次方程式のテストを2回したとき，2回のテストの点数が同じようなものになれば，その評価（この場合はテスト）の信頼性が高いと言う。また，異なった評価者が評価しても同じような結果が出ることも意味する。これを特に評価者間信頼性と言う。例えば，ある生徒の文章を二人の教師が評価したとき，一人の教師は高い評価であるのに，もう一人の教師は低い評価をした場合は，その文章の評価の信頼性（厳密には評価者間信頼性）が低いと言う。当然，妥当性と信頼性の両方が高いことが望ましいが，両立は容易ではない。注⑥で述べるように，評価に求める機能により，どちらの質が重要かは異なってくる。

注② 評価の在り方：カリキュラムの構成方法

教育課程をどう編成するかに関する基本的な考え方，つまりカリキュラムの構成方法は三つある。

一つ目は内容中心のカリキュラム構成である。これは指導すべき学習内容（事実的な知識，法則，原理など）を中心として記述して，これをどの年齢段階で指導するか詳細に規定するカリキュラムである。わが国のこれまでの学習指導要領はこれに該当する。

二つ目は資質・能力を中心に規定するカリキュラムである。このカリキュラムは，育成すべき資質・能力を中心として記述する。特に育成すべき思考力や判断力等をどのように伸ばすか，その指導段階や発達段階を詳しく規定するのが特徴である。わが国の新学習指導要領の教育課程は，このカリキュラム構成方法を一部採用したと言える。

三つ目は，学習の結果としてどのような知識や能力，技能を持つことを求めるかを規定し，そこに到る指導過程は教師や学校の裁量に任せるカリキュラムである。結果中心のカリキュラムと言う。

注③ コンピテンシーの育成

コンピテンシー（competency）とは，学習した能力や技能を実際の生活の中で活用できることを意味する。もともとは，いわゆる実技教科（体育，美術，音楽，技術・家庭）で学習した能力や技能のことを意味する言葉であった。これらの教科では，学習した能力や技能はほぼそのまま実際の活動に結び付くものであり，ほかの教科で学習する能力や技能と区別してコンピテンシーと呼んだ。コンピテンシーが注目されたのは，OECDが「コンピテンシーの定義と選択」（DeSeCo）プロジェクト（2003年最終報告）の中で，人生の成功や社会の発展のために様々な場面で必要な個人の能力として，重要なものをコンピテンシーとして指摘したことによる。コンピテンシーという用語を使ったのは，これまでの能力という用語では，様々な場面で活用できる

能力という意味を強調できなかったためである。現在ではこれを受けて，コンピテンシーとは，いろいろな場面（特に実際生活）で活用できる能力や技能，要するに実践力のことをさす。

　このようなコンピテンシーが重要であると考えられるようになると，学習指導の在り方や評価に関しても工夫を必要とする。先に述べたように，評価の在り方は生徒の学習観に大きく影響するためである。

　コンピテンシーの育成に寄与する評価とはどのようなものであろうか。代表的な評価方法は，コラム②（p102）で紹介するパフォーマンス評価である。

注④　学習観の変化

　ここまで述べてきたような，コンピテンシーやパフォーマンス評価，アクティブ・ラーニングなどが求められる背景には，学習観が変わってきたことがある。これまでの学習観は以下の二つの前提で成り立っていた。

　一つ目の前提は分割可能性である。分割可能性はブロック積学習モデルに由来する。学習とはブロックを積み上げるように，知識や技能を積み上げていくものであるとする考えである。ブロックにあたる個別の知識や技能を増やしていけば，学習が進歩すると考える。さらに複雑な実践能力は，これを構成すると見なされる知識や技能に分解して学習できると考えるのが分割可能性である。分解した知識や技能を習得すれば，自然に複雑な課題の実践能力の獲得につながると考えるのである。

　二つ目の前提は非文脈化である。これは複雑な技能の構成要素は固定されており，どのような場合でも同じ形をとるとする考え方をさす。言い換えると，ある特定の文脈で学習した知識や技能は，異なる文脈でも同じように用いることができるという考え方である。これを学習の転移という。例えば，実験のやり方について教科書上で学習すれば，実際の実験場面でも適切に実験ができると考えることである。

　現在では，このような分割可能性や非文脈化の前提に疑問が投げかけられている。複雑な技能を構成要素に分割して学習しても，複雑な技能の獲得につながらないこと，特定の文脈で学習したことが異なった文脈に応用して使えるわけではないことである。また，単に知識や技能を増やしていっても，実際には長く記憶されなかったり，応用して用いることができなかったりすることが分かってきた。

　このような学習観に代わって登場したのが構成主義の学習観である。構成主義の学習観では，学習とは生徒が新しく学習した知識や技能と，それまでに学習した知識や技能を比較して，矛盾する場合には古い学習内容を新しいものと組み替えていく作業であると考える。新学習指導要領で求めている「深い学び」とは，この構成主義のような学習であると言える。

　知識や技能の構造を生徒自らが組み替えていく構成主義の考え方に立てば，教師が指導することを受動的に受け入れる学習では不十分であり，自分で学習内容に積極的に取り組んでいく能動的な姿勢が必要となる。そのためにアクティブ・ラーニングが求められることとなった。

　さらに特定の文脈で学習したことが，必ずしもほかの文脈で応用できるとは限らないことを踏まえて，同じような知識や技能であっても，いろいろな文脈で学習すべきであるとされた。そのため，コンピテンシーのような実践力を育成するには，教科書

等で学習するだけでなく，様々な実践場面での指導や評価が必要であるということになる。つまりパフォーマンス評価（コラム②，p102）が必要となるわけである。

注⑤ メタ認知能力

　旧観点「関心・意欲・態度」に代わって「主体的に学習に取り組む態度」が登場した。新学習指導要領を構成する三つの柱として位置づけられた「学びに向かう力・人間性等」のうち観点別評価になじむ部分を取り出して「主体的に学習に取り組む態度」としたものである。注意しなければならないのは，新観点には，旧観点の「関心・意欲・態度」で示された内容に加えて，メタ認知能力が含まれていることである。

　メタ認知能力とは，自分の学習に関してそれが適切であるか，効果が上がっているかを自分で判断し，必要な場合には修正していくことのできる能力である。自分の学習を一段上から見渡して，自己コントロールすることのできる能力といえる。メタ認知能力が注目されたのは，学習上で良好な結果を示している生徒を調べてみると，自分の学習状況についてよく知っており，必要な場合には上手く修正できていたためである。「主体的に学習に取り組む態度」の観点には，このメタ認知能力を含むこととなっているため，これに関する評価を必要とする。

注⑥ 評価の機能の区分：総括的評価と形成的評価

　評価の機能を区分する場合，総括的評価と形成的評価に分けて考えるのが普通である。このほかに診断的評価という区分もあるが，この区分を用いるのはかなり特別な場合であるためここでは割愛する。

　形成的評価の基本的な機能は，評価によって得た生徒の学習状況に関する判断結果を生徒の学習の改善に用いることである。学習の改善のためには，指導方法を変えたり，生徒に問題点を改善する方法を指導したりする。一定のまとまりとなる学習過程の最後に形成的評価を行ったのでは，改善を指導する時間がとれないので，形成的評価は指導過程の途中で行うのが普通であると考えられるようになった。

　一方，総括的評価は，一定の学習過程での生徒の学習成果について，全体を見渡して判断する評価である。形成的評価と異なり，学習の改善を直接目指すものではない。総括的評価の結果は，次の学年の教師が指導を始めるにあたって参考とする場合もある。さらに，異なった学校段階で総括的評価が用いられたりする場合には，選抜の資料としての機能を持つこともある。選抜の資料として用いられる場合，公平の観点から同じような学習の達成度の生徒は同じような評価を受ける必要がある。つまり信頼性が高いこと，特に評価者間信頼性が高いことがまず必要である。妥当性も高いことが望ましいが，信頼性の高いことが優先される。具体的に言えば，異なる教師や学校の評価結果が選抜の資料となることを考えれば，教師間や学校間での評価者間信頼性の高いことが必要ということである。

　形成的評価の場合は，総括的評価と異なり，評価の結果が選抜等に用いられることはないため，信頼性の高いことを必要としない。また，たとえ誤った判断をしたとしても，修正の機会がある。逆に妥当性は高いことが望ましい。この点では，評価対象の能力や技能により違いはあるとしても，形成的評価は学習指導の過程で行われるた

め，おおむね妥当性は高くなることが普通である。もちろん，国語の文章を書く能力を漢字の書き取りのテストで評価するようなことがあれば，妥当性が低くなることは当然である。

注⑦ 「評価規準」と「評価基準」

「評価規準」と「評価基準」の使い分けには様々な考え方や立場がある。本書では原則として「評価基準」の表記で統一しているが，文部科学省の文書等では「評価規準」が用いられている。そこで本書では，文部科学省からの引用が明確な場合のみ「評価規準」と表記している。

なお，文部科学省の資料では，学習指導の狙いが児童の学習状況として実現された状況を具体的に示したものが「評価規準」であると説明されている。また，この用語には，子供たちが身に付けた資質・能力の質的な面，すなわち，学習指導要領の目標に基づく幅のある資質・能力の育成の実現状況の評価を目指すという意味合いが含意されているということである。

参考：
- 文部科学省「評価規準の作成，評価方法等の工夫改善のための参考資料」平成23年11月
- 文部省「小学校教育課程一般指導資料」平成5年9月
- 藤岡秀樹「評価規準と評価基準」『教育評価事典』図書文化，2006年，p80。
- 鈴木秀幸「『基準』か『規準』か：評価用語の混乱を超えて」『スタンダード準拠評価』図書文化，2013年，pp82-88。

注⑧ キャリア・パスポートとポートフォリオ

JAPAN e-Portfolio と呼ばれるキャリア・パスポートは，高校生が在学中に自ら学習の目標を立てたり，自分の学習状況や成果について自己評価したりした一連の記録をインターネットの上のデータベースに保管するシステムである。主体的な学習態度の育成を目指すとともに，その記録を大学の入学者選抜にも用いることが目的とされている。今のところ高大接続の一環として開発が進んでいるものであるが，小中学校でも自ら学習の目標を立てたり，自分の学習状況や成果について自己評価したりした一連の記録を，ポートフォリオとして作成することが考えられる。このポートフォリオには，総合的な学習の時間に生徒が作成した作品などを組み込んで，学習の成果を示す方法としても使用できる。もちろんこれは指導要録のように必ず作成しなければならないものではないが，指導要録の総合的な学習の時間の記入をする場合の手助けになるものであり，一種のポートフォリオ評価となる。加えて，「主体的に学習に取り組む態度」の育成と評価の資料としても利用できるものである。

このようなキャリア・パスポートとしてポートフォリオを作成する場合，そこに組み込む内容によってはかなりの時間や労力を要するものである。小中学校では総合的な学習の時間での作品の保管を中心として考え，これに加えて1学期に1回程度，児童生徒に学習の目標を立てさせたり，自己評価させたりした記録をポートフォリオに組みこむ程度が現段階では適切であろう。

コラム①

「主体的・対話的で深い学び」

　新学習指導要領では，コンピテンシーと並んで「主体的・対話的で深い学び」や「アクティブ・ラーニング」の推進が強調された。これらを評価の側面から見た場合には「深い学び」について考慮しなければならない。「主体的・対話的な学習」や「アクティブ・ラーニング」を推進する目的の一つが，「深い学び」の実現であるため，「深い学び」が実現したか，評価しなければならないのである。

　「深い学び」が強調されるようになった背景には，「浅い学び」が問題となったことがある。「浅い学び」の問題とは，テストが終わると，学習した知識や技能がすぐに忘れ去られたり，少しでも練習問題と異なる問題にぶつかると，解き方が分からなくなったりすることである。「浅い学び」はいわばマニュアル的な学習であり，なぜそのようになるのか根本が分かっていないため応用して用いることができない。また新しく学習したことと以前に学習したことが関連付けられていないため，せっかく新しいことを学習しても，古くから持っている知識や経験で問題に対処したり説明したりしてしまうのである。

　例えば，なぜ冬や夏といった季節や気温の変化が起こるのかについての学習で，太陽光線を受ける角度によって同じ面積でも受け取る熱量が異なることを学び，地球の自転軸が公転面に対して直角ではなく傾いているため，太陽の高度が各月で異なり，太陽高度が高い夏は単位面積当たりの受け取る熱量が多いので，気温が上がり夏となることや，太陽高度が低いと受け取る熱量が少なくなるので，気温が下がり冬となることを習う。しかし数年後に冬や夏が起こる原因を聞かれると，地球が太陽に近づいたり遠ざかったりするからだという説明をする児童が多い。ストーブに近づくと熱く，遠ざかるとそうでもないという素朴な経験を用いて説明してしまい，学習した知識が生かされない例である。これは，季節や気温の変化については，熱源に対する距離で説明できないことを，自分の経験と学習したことを照らし合わせて自覚できていない状態である。

　この「浅い学び」の問題が認識されるようになり，これとは対極の「深い学び」の育成が求められるようになった。「深い学び」は，新しく学習したことをただ記憶するのではなく，これまでの知識と照らし合わせて，矛盾する場合には知識を組み替えていく。また，なぜそうなるか根本的な理由を理解することにより，適切な活用の範囲と限界を認識するようになる。先の例でいえば，平面が太陽光線を受ける角度の違いが，受け取る熱量の違いになることを学習した場合，季節の変化についても太陽の高度と地表が受け取る熱量の変化を関連付けて説明できるようになることである。

パフォーマンス評価

　パフォーマンスとは、いわゆる実技教科（体育，美術，音楽，技術・家庭）での実演を意味する。つまり，体育では走ったり，跳び箱を跳んだりする身体運動，美術では絵を描いたり，粘土で造形作品を作ること，音楽では歌ったり，楽器を演奏すること，技術・家庭では調理実習や工作などである。いずれもペーパーテストで評価するのではなく，運動，作品，演奏などを実際に行ったり製作したりする実技を求められる。この実技を通して評価する方法をパフォーマンス評価という。

　もともと実技教科で行われていたこの評価を，実技教科以外でも実施するようになったことで，改めてパフォーマンス評価として注目を集めるようになった。実技教科以外でパフォーマンス評価を考えるようになったのは，ペーパーテストでは評価できる能力や技能に限界があると考えられるようになったためである。例えば，理科の実験観察の技能をペーパーテストで評価することは，これまでもよく行われてきた。実験器具や測定用具の図を描いて，それについて問題に解答させるペーパーテストである。しかし，ペーパーテスト上の実験はあくまで現実の実験の代替物に過ぎず，ペーパーテスト上の問題ができたとしても，実際に実験観察活動を適切に実行できることを意味しない。これは体育のサッカーで，ペーパーテスト上でインサイドキックの注意すべき点についての問題に正解したとしても，実際にインサイドキックを適切にできることを意味しないのと同じことである。そこでペーパーテスト上の代替物で評価するのではなく，実際に実験や観察活動をする中で評価するべきであるとするパフォーマンス評価の考え方が生まれた。言い換えれば，実験観察活動を実行する能力をペーパーテスト上で評価することは，妥当性の点で問題がある。妥当性を高めるためには実際に実験観察活動をする中で評価することが必要である。

　パフォーマンス評価のもう一つの特徴は，現実社会で起こる課題の複雑さを考慮して課題を設定し評価しようとすることである。現実の課題は単純ではなく，いろいろな要因が複合的に絡み合っている。評価にあたって，問題を要因ごとに分解した課題を設定すると，現実の課題とは隔たりが生じる。

　例えば，理科の実験観察の技能の評価をペーパーテスト上で行う場合，実験に影響する様々な要因は一定であり影響しないと仮定する。ところが実際の実験や観察では，結果に影響する様々な要因のすべてを完全にコントロールできるとは限らないため，得られるデータにばらつきが生じることも多い。具体的には，紫外線の強さの測定では，わずかにセンサーの角度を変えただけでも数値はかなり異なってくる。また，目に見えない程度の薄い雲の影響を受けて思わぬ数値が出てくることもある。

実際の実験や観察では，いろいろなデータの中で，おかしなデータを判断し，ばらつきのあるデータからおおよその傾向を考えることが求められるのである。場合によっては，おかしなデータが出た原因を考えたり，より正確な方法を工夫したりする必要も出てくる。

　さらにパフォーマンス評価として望ましいのは，一定の探究活動の一部分を取り出して評価するのではなく，探究活動の全体を通して評価することである。理科の例で言えば，測定だけを取り出して評価するのではなく，実験観察活動の計画，実行，データの分析，結論，改善点の発見など一連の活動を実施する中で評価することが望ましい。また，体育のサッカーの例で言えば，キックの技能を評価するだけではなく，ゲームの中でいろいろなサッカーの技能を評価することが望ましい。ゲームという実践の中で技能を発揮できることが最も重要である。

　パフォーマンス評価の問題点としては，多くの時間や教師の労力を要するものであることが挙げられる。そのため，繰り返し実施することは難しい。これは評価の信頼性を高めることが困難であることを意味する。パフォーマンス評価は，一般に妥当性は高いと言われているが，逆に信頼性に関しては先に示した信頼性の基本的な考えからして，そもそも信頼性の概念に当てはまらない。一つの学年において実際にできるのは数回程度であろう。そのためパフォーマンス評価に関しては，ポートフォリオを作成して，学年を超えてその評価を累積していくことにより，児童の様々な課題に対する能力の特徴を調べることが望ましい。これは形成的評価には特に必要なことである。

目標準拠評価とスタンダード準拠評価，ルーブリック

　評価結果の示し方によって評価方法を分類すると，相対評価と目標準拠評価があることは広く知られている。正確に言えば，相対評価にもノルム準拠評価（norm referenced assessment）と集団準拠評価（cohort referenced assessment）がある。わが国が現在採用している目標準拠評価（criterion referenced assessment）は，1963年にアメリカのグレイサー（Glaser, R.）が提案したものである。グレイサーは，相対評価のように集団の中の児童の相対的位置づけで評価する方法ではなく，一定の評価基準（criterion）に達したかどうかで，生徒の学習を評価すべきであると主張した。しかし，グレイサーは用いる評価基準については明確な考え方を示さなかった。そのため，評価基準をどのようなものとすべきかに関して二つの考え方が登場した。そのため目標準拠評価に関しても二つの考え方がある。

　最初に登場したのは，ポファム（Popham, W.J.）の提唱したもので，彼はペーパーテストを前提として考えた。彼は一定の明確に区分できる学習範囲をまず設定する。その学習範囲で考えられるすべてのテスト問題から，何題かを抽出してペーパーテストを実施する。このテストでの一定の点数（このような点数をカッティング・ポイントという）を超えた場合，該当の学習分野について習得したと判断する。必ずしもこの区分は二つでなくて構わない。三つに区分する場合は，カッティング・ポイントを二つ決めることとなる。このような評価方法をドメイン準拠評価（domain referenced assessment）と言う。この評価は，学習内容が一つ一つ数えられるような場合に適合する。そのため「知識・技能」の評価に適したものである。このように言うと難しく聞こえるが，現在学校で実施しているペーパーテストはほぼこの考え方に準拠している。

　これに対してサドラー（Sadler, R.）が提案したのが，スタンダード準拠評価である。サドラーは，多数の問題を出題して正解数や点数で評価できない高次の技能（higher order skills，思考力や判断力，問題解決力などをさす）を評価する方法として提案した。高次の技能に相当する能力は，課題を解決したり取り組んだりする場合の洗練の程度を評価するものである。非常に高度な取り組み方から，幼稚な取り組み方までいくつかのレベルに区分して評価する方法である。

　例えば思考力を正解や誤りという形で評価することはできない。思考力は単純な思考や幼稚な思考を一方の極とし，複雑な思考や高度な思考をもう一方の極として，両極の間のどの位置に相当するかを大まかに区別できるだけである。知識のように100点満点中65点の思考力というような区分ができるわけではない。両極の間を何段階に区分できるかは，評価者（人間）の弁

別力に依存する。評価者は一人ではないから，評価者となる多くの人々がどの程度の区分ができるかに依存するというべきである。

統一した評価を行うには，評価者が共通の評価基準を持つことが必要である。そのためには，言語表現で評価基準を示すのが普通であるため，何段階に区分できるかは言語の弁別力にも依存することになる。

しかし，言語を用いた場合には，どうしても言語特有の曖昧さがついてまわることとなる。例えば「非常に説得力のある文章である」という評価基準の「説得力のある」とはどのようなことを言うのか，「非常に」とはどの程度のことなのかは文章自体からは分からない。

そこでスタンダード準拠評価では，「説得力ある」文章自体や，「非常に」に該当する文章自体を示すことで，評価基準の理解を助けることにしている。このように，各レベルの特徴を示した評価基準と，この評価基準の各レベルに該当する生徒の作品自体（評価事例集という）を示すことで，評価基準の具体的な意味を示す方法をスタンダード準拠評価という。

最近，パフォーマンス評価の評価基準としてルーブリック（rubric）という言葉が用いられることがあるが，基本的な考え方はスタンダード準拠評価と共通するものがある。ただしルーブリックの場合は，個別のパフォーマンス評価の課題に対応した評価基準という意味でもともとは用いられている。スタンダード準拠評価の場合は，特定の課題に対応したものではなく，いろいろなパフォーマンス評価（通常は特定の教科の範囲を対象とする）の課題に共通して用いることができる点が特徴である。そのため，抽象的な言語表現を用いているので，これを補完するのが評価事例集である。ルーブリックの場合は，特定の課題に合わせた具体的な評価基準であり，そのため評価事例集が必要であるとはしていない。

観点	趣旨
知識・技能	社会生活に必要な国語について，その特質を理解し適切に使っている。
思考・判断・表現	「話すこと・聞くこと」，「書くこと」，「読むこと」の各領域において，社会生活における人との関わりの中で伝え合う力を高め，自分の思いや考えを広げたり深めたりしている。
主体的に学習に取り組む態度	言葉を通じて積極的に人と関わったり，思いや考えを深めたりしながら，言葉がもつ価値を認識しようとしているとともに，言語感覚を豊かにし，言葉を適切に使おうとしている。

改訂のポイント

評価の観点の基本的な構造は，三つの資質・能力の柱に合わせて整理された。大別すると以下のように，「言語についての知識・理解・技能」が「知識・技能」に，「話す・聞く能力」「書く能力」「読む能力」が「思考・判断・表現」に集約され，「国語への関心・意欲・態度」が「主体的に学習に取り組む態度」に，対応していると捉えることができる。

観点別学習状況の評価は，個々の生徒の学習状況を分析的に把握することを可能にするものである。しかし，評価後に指導の改善を図る際は，観点別評価と生徒の学習状況を総括的に捉え，教育課程全体における国語の学習状況を把握することが可能な評定から，双方の特徴を踏まえることが重要である。

知識・技能

新学習指導要領の「知識・技能」に示された指導事項，①言葉の特徴や使い方，②情報の扱い方，③我が国の言語文化，について評価する。

学習評価は，教科の内容として示された指導事項について、その学習状況を把握することが基本である。具体的には小学校段階で身に付けた日常生活に必要な国語の知識や技能を踏まえ，学年の発達段階に即して社会生活に必要な国語の知識や技能を身に付けているかといったことや，我が国の言語文化に親しんだり理解したりしているかどうかを見る。

思考・判断・表現

　学年の発達段階に即して，「話すこと・聞くこと」「書くこと」「読むこと」の各領域における思考力，判断力，表現力等が身に付いているかどうかを見る。発達段階に即した力とは，具体的には「筋道立てて考える力や豊かに感じたり想像したりする力」（第１学年），「論理的に考える力や共感したり想像したりする力」（第２学年），「論理的に考える力や深く共感したり豊かに想像したりする力」（第３学年）などである。また「日常生活における人との関わりの中で」（第１学年），「社会生活における人との関わりの中で」（第２，３学年），「自分の思いや考えを確かなものにしている」（第１学年），「自分の思いや考えを広げたり深めたりしている」（第２，３学年）といった段階を考慮するようにする。

　ちなみに小学校第５学年及び第６学年の段階では「筋道立てて考える力や豊かに感じたり想像したりする力を養い」「日常生活における人との関わりの中で」「自分の思いや考えを広げている」とされている。

主体的に学習に取り組む態度

　学年の発達段階に即して，言葉が持つ価値を認め，言語感覚を豊かにし，言葉を適切に使おうとしているかどうかを見る。発達段階に即してとは，具体的には，言葉が持つ価値に「気付こうとしている」（第１学年）「認識しようとしている」（第２，３学年）等である。ちなみに「言葉を通じて積極的に人と関わ」ることは小学校からの継続であり，小学校第５，６学年では「言葉がもつよさを認識しようとしている」かどうかを見ている。また，言語感覚を養うことに関しては読書への取組が上げられている。「進んで読書をし」（第１学年），「読書を生活に役立て（る）」（第２学年），「読書を通して自己を向上」（第３学年）と段階が設定されているため，段階に応じた評価が肝要となる。

　さらにこの観点は，国語の観点の趣旨に照らし，社会生活に必要な国語に関する知識及び技能を身に付けたり，「話すこと・聞くこと」「書くこと」「読むこと」の各領域における「思考力，判断力，表現力等」を身に付けたりすることに向けて，粘り強い取組の中で自らの学習を調整しようとしているかどうかを含めた評価が求められている。

観　点	趣　旨
知識・技能	我が国の国土と歴史，現代の政治，経済，国際関係等に関して理解しているとともに，調査や諸資料から様々な情報を効果的に調べまとめている。
思考・判断・表現	社会的事象の意味や意義，特色や相互の関連を多面的・多角的に考察したり，社会に見られる課題の解決に向けて選択・判断したり，思考・判断したことを説明したり，それらを基に議論したりしている。
主体的に学習に取り組む態度	社会的事象について，国家及び社会の担い手として，よりよい社会の実現を視野に課題を主体的に解決しようとしている。

改訂のポイント

　新観点は，旧観点の四つのうち「社会的事象についての知識・理解」と「資料活用の技能」とが合わさる形で「知識・技能」に，同じく旧「社会的な思考・判断・表現」が「思考・判断・表現」に，同様に旧「社会的事象への関心・意欲・態度」が「主体的に学習に取り組む態度」に改訂された。その趣旨を見ると，四つの旧観点の趣旨と比べ，指導と評価の一体化がより強く意識された表記となっている。それは，評価の観点とその趣旨が，社会の目標の柱書のもとに示された「知識及び技能」「思考力，判断力，表現力等」「学びに向かう力，人間性等」という育成を目指すべき資質・能力の三つの柱に沿った目標を，ほぼそのまま受けて表されていることから分かる。

　このことは，新学習指導要領の社会の目標及び内容が柱書と三つの柱で整理されたとともに，「社会的な見方・考え方を働かせ，課題を追究したり解決したりする活動」を「主体的・対話的で深い学び」に基づいて行うという授業改善が重視されたためであり，評価においてもその点を強く意識する必要がある。

知識・技能

　社会の各分野の学習内容に関する知識と，それを習得する段階での「調査や諸資料」による「情報を効果的に調べまとめ」る技能を評価するものである。「知識」については，事実的な知識だけにとどまらず，概念的な知識を

習得しているかどうか，習得した知識を既有のものと関連付けたり，他の学習場面においても活用できる程度に概念などを理解したりしているかどうかについて評価する。

　分野別に特徴を述べると，①地理的分野では「地域の諸事象や地域的特色」を「諸資料」からだけでなく「調査」も行いながら理解させ，②歴史的分野では「我が国の歴史の大きな流れ」を「世界の歴史を背景に，各時代の特色を踏まえて」理解させ，③公民的分野では「民主主義，民主政治の意義，国民の生活の向上と経済活動との関わり，現代の社会生活及び国際関係」などを広い視野から正しく認識しながら，「個人と社会との関わりを中心に理解を深め」させることが求められている。

思考・判断・表現

　「社会的事象の意味や意義，特色や相互の関連」を，習得した知識や技能を活用して，「見方・考え方」に着目しながら，趣旨を的確に思考・判断・表現しているかを評価する。

　分野別に特徴を述べると，①地理的分野では「位置や分布，場所，人間と自然環境との相互依存関係，空間的相互依存作用，地域など」の「見方・考え方」に着目しながら，②歴史的分野では「時期や年代，推移，比較，相互関連や現在とのつながりなど」の「見方・考え方」に着目しながら，③公民的分野では「現代の社会生活と関連付け」ながら，「多面的・多角的に考察」し，課題について「公正に判断したり，思考・判断したことを説明したり，それらを基に議論したりしている」かどうかを評価する。

主体的に学習に取り組む態度

　自らの学習状況を把握し，学習の進め方について調整しながら学ぼうとする姿勢が評価の対象となり，「知識及び技能を獲得したり，思考力，判断力，表現力等を身に付けたりすることに向けた粘り強い取組を行おうとしている側面」と「自らの学習を調整しようとする側面」とを一体的に評価することが求められる。ただし，社会科における「主体的に学習に取り組む態度」を見ると，「国家及び社会の担い手」や「よりよい社会の実現を視野に」など社会とのつながりを意識した表現がある。この点は，特に教師の授業改善において考慮される必要がある。

109

観　点	趣　旨
知識・技能	・数量や図形などについての基礎的な概念や原理・法則などを理解している。 ・事象を数学化したり，数学的に解釈したり，数学的に表現・処理したりする技能を身に付けている。
思考・判断・表現	数学を活用して事象を論理的に考察する力，数量や図形などの性質を見いだし統合的・発展的に考察する力，数学的な表現を用いて事象を簡潔・明瞭・的確に表現する力を身に付けている。
主体的に学習に取り組む態度	数学的活動の楽しさや数学のよさを実感して粘り強く考え，数学を生活や学習に生かそうとしたり，問題解決の過程を振り返って評価・改善しようとしたりしている。

改訂のポイント

　これまでは4観点「数学への関心・意欲・態度」「数学的な見方や考え方」「数学的な技能」「数量や図形などについての知識・理解」であったが，3観点「知識・技能」「思考力・判断力・表現力」「主体的に学習に取り組む態度」に改められた。今回の学習指導要領の改訂では，「知識及び技能」「思考力，判断力，表現力等」「学びに向かう力，人間性等」の資質・能力の三つの柱で各教科等の目標・内容が整理されており，指導と評価の一体化が目指されているからである。

知識・技能

　「知識・技能」の観点は，これまでの4観点における「数学的な技能」と「数量や図形などについての知識・理解」が対応する。新趣旨の第一文がこれまでの「知識・理解」に，第二文が「技能」に対応している。観点名だけで見ると従前の「知識・理解」と「技能」が「知識・技能」となったので「理解」が割愛されているが，中央教育審議会の答申には，「『知識』には，従来『理解』として整理されてきた内容も含まれるものとする」とある。従って，第一文での「理解している」は，「思考・判断・表現」には踏み込まずに基礎的な概念や原理・法則などの知識を身に付けているかを評価していくことになる。第二文では，「事象を数学化したり，数学的に解釈したり」

とあり，事象を数学の目でみて数学化することが明記されている。事象を数学的視点から見て数・式，図，表，グラフ等で表現し，解釈すること自体を「知識・技能」で評価し，それを活用することは「思考・判断・表現」で評価することになる。

「知識（理解）」と「技能」が同じ枠内に入っているので，これまで以上に「理解」と「技能」の関係を吟味することが大切である。なぜならスケンプ（Skemp, R.R., 1976）の言う，やり方を知っていてできる「用具的理解」でも，なぜそのやり方でよいかがわかっている「関係的理解」でも，技能，すなわち「できる」ことにおいては表面上変わりがないからである。評価においては十分に留意すべきであろう。

思考・判断・表現

数学科における「思考・判断・表現」には，これまでの「数学的な見方や考え方」が対応し，さらに「統合的・発展的に考えること」が加味されて，従前の「その過程を振り返って考えを深めたりする」ことの実際がより一層明確に示されている。答申においても「算数科・数学科における『数学的な見方・考え方』については，『事象を数量や図形及びそれらの関係などに着目して捉え，論理的，統合的・発展的に考えること』として再整理する」とある。

「表現」については，「数学的な表現を用いて事象を簡潔・明瞭・的確に表現する力を身に付けている」と説明され，数学的な表現のよさやそのあり様がより一層明確になっている。評価においてはこの点に留意することが大切である。

主体的に学習に取り組む態度

資質・能力を育成していくためには，学習過程の在り方が重要である。答申では「『事象を数理的に捉え，数学の問題を見いだし，問題を自立的，協働的に解決し，解決過程を振り返って概念を形成したり体系化したりする過程』といった数学的に問題解決する過程が重要である」としている。このような学習過程を実現した上で，「知識及び技能」を獲得したり，「思考力，判断力，表現力等」を身に付けたりすることに向けた粘り強い取組を行おうとする側面と，その粘り強い取組を行う中で，自らの学習を調整しようとする側面を評価することが大切である。

111

観　点	趣　　旨
知識・技能	自然の事物・現象についての基本的な概念や原理・法則などを理解しているとともに，科学的に探究するために必要な観察，実験などに関する基本操作や記録などの基本的な技能を身に付けている。
思考・判断・表現	自然の事物・現象から問題を見いだし，見通しをもって観察，実験などを行い，得られた結果を分析して解釈し，表現するなど，科学的に探究している。
主体的に学習に取り組む態度	自然の事物・現象に進んで関わり，見通しをもったり振り返ったりするなど，科学的に探究しようとしている。

改訂のポイント

　評価の観点が資質・能力の三つの柱に合わせて整理された。それに伴い旧観点の「自然事象についての知識・理解」と「観察・実験の技能」とを合わせて「知識・技能」で把握することとなった。観点名から消えた「理解」は思考とも関連するが，概念的な理解を使えるかどうかを見る際には「思考・判断・表現」の観点となり，定着しているかどうかを見る場合には「知識・技能」の観点で把握していくことになる。上記に示された三つの観点で評価するためには，これまで以上に科学的な探究のプロセスが組み込まれた授業を行う必要が生じてきているといえる。探究のプロセスがないと，探究の見通しや振り返りなどを行う場面を設定することは難しい。また，授業の中に科学的な探究のプロセスがないと，生徒が「科学的に探究しようとしている」かどうかを把握できないからである。

知識・技能

　思考したり表現したりするためには「知識」が必要であり，観察，実験を行うためには，実験器具の取扱いをはじめとする「技能」も大切である。実際，「思考・判断・表現」の観点で見取る「実験を計画する能力」の例で言えば，器具の名称や基本操作が定着していなかったり，名称を知っていても実際に使ったことがなかったりすれば，その器具を観察，実験の計画に取り入れることは難しいだろう。観察，実験を構想する能力があるのに，器具の知識や基本操作の欠如により，観察，実験の計画を立てられないということ

が生じる可能性がある。このため，観察，実験でよく用いる実験器具は，基本操作を確実に定着させる必要がある。また，観察，実験の記録などの基本的な技能，グラフや表を作成するための技能も「知識・技能」の観点に含まれる。ただし，どのような表やグラフを作成すべきかを生徒自身が検討する場合は，どのような分析・解釈を行うかを見通しているため，主に「思考・判断・表現」の観点で把握する。

思考・判断・表現

この観点においては，見通しを持つことの重要性が強調されている。授業において，説明，発表，記録，要約，論述したことを元に，「思考力，判断力，表現力等」を評価する。科学的に探究するプロセスにおいて思考する場面を設定し，その中で生徒が科学的な概念を使用して考えたり説明したり，根拠に基づき自らの考えを表現したりすることなどで評価していくとよい。具体的には，仮説や予想を立てる際に根拠に基づいてそれらを書いているかどうかを見たり，仮説を確かめるための実験の計画をつくらせて適切に計画されているかを見たり，考察や結論を述べる際に仮説や予想と関連付けて書いているかを見たりする。また，一連の探究を終えた後に，次の課題を見付けているかどうかを把握するとよい。

主体的に学習に取り組む態度

「自然事象への関心・意欲・態度」から「主体的に学習に取り組む態度」となった。関心や意欲であれば，単元の最初と最後で生徒の関心や意欲の比較をするなど単元ごとに捉えることが可能であった。一方，「主体的に学習に取り組む態度」については，単元ごと以上に長い期間，複数の単元や学期，年間などを通して捉えていく視点も大切になってくる。ただし，長期間であるだけに，事前にある程度計画的組織的に把握する場面を設定しておく必要がある。また，評価のための資料がある程度揃わないと評価の根拠があいまいになるため注意したい。さらに，①従来通り粘り強く知識・技能を獲得したり思考・判断・表現したりしようとしているかどうか，②「見通しをもったり振り返ったりする」ことが新学習指導要領で強調されているため，自らの学習を生徒自身が調整しようとしている姿につながるか，以上の2点を把握して評価することもポイントとなる。

113

観　点	趣　旨
知識・技能	・曲想と音楽の構造や背景などとの関わり及び音楽の多様性について理解している。 ・創意工夫を生かした音楽表現をするために必要な技能を身に付け，歌唱，器楽，創作で表している。
思考・判断・表現	音楽を形づくっている要素や要素同士の関連を知覚し，それらの働きが生み出す特質や雰囲気を感受しながら，知覚したことと感受したこととの関わりについて考え，どのように表すかについて思いや意図をもったり，音楽を評価しながらよさや美しさを味わって聴いたりしている。
主体的に学習に取り組む態度	音や音楽，音楽文化に親しむことができるよう，音楽活動を楽しみながら主体的・協働的に表現及び鑑賞の学習活動に取り組もうとしている。

改訂のポイント

　新しい三つの観点は，新学習指導要領の骨格となる資質・能力の三つの柱と対応している。これまでの4観点は，表現領域が「音楽への関心・意欲・態度」「音楽表現の創意工夫」「音楽表現の技能」で，鑑賞領域が「音楽への関心・意欲・態度」「鑑賞の能力」で評価してきたように，各観点が領域と対応するように示されていた。一方，新しい3観点はいずれも両領域に対応している。この違いが大きな改訂点となる。資質・能力の三つの柱に即して示されているため，今後，学習指導案を作成する際，目標・内容・評価規準をより明確に整合性を保って定めやすくなるだろう。

　また次の3点は，変わることのない評価の意義である。①評価は目標に対して行うものである，②指導と評価は表裏一体であり，評価結果は生徒の学習と教師自身の指導改善に寄与させるものである，③三つの側面（観点）で評価はするが，資質・能力の三つの柱はそれぞれ互いに関わり合っているものである。以上を全て正しく認識することが重要となる。

知識・技能

　この観点の趣旨は，上記でも示されているように，「知識」と「技能」とに分かれている。しかし新学習指導要領の「知識及び技能」についての教

科・学年目標は，「A（知識）について理解するとともに，B（技能）を身に付ける」となっており，この二つが「とともに」として並列に置かれていることに注意しなければならない。

　言うまでもなく，音楽活動において知識と技能は別々に育成するものではない。例えば，歌唱において「曲想と音楽の構造や歌詞の内容との関わり」についての知識は，「創意工夫を生かした表現で歌うために必要な発声，言葉の発音，身体の使い方などの技能」などとともに互いに深まり合っていく。したがって，表現領域における「知識及び技能」は，指導においては二つを関わらせながら行い，観点別評価としては知識と技能の成果を分けて見取っていくことが重要となる。

思考・判断・表現

　この観点は，知識や技能を得たり生かしたりしながら培っていくものである。思考する事柄は，「音楽を形づくっている要素や要素同士の関連について知覚したこと（客観的な音楽の仕組み）と，感受したこと（仕組みが生み出す質）との関わり」である。判断する事柄は，「思考を通して得られる自分にとっての音楽の価値など」である。そしてここで言う表現力とは，「思考したことや判断したことを音，音楽，言葉などで表すことのできる力」を意味する。よって，指導においては「知識及び技能」（鑑賞領域は「知識」）と関連を図り，評価においては上記の事柄について思考，判断，表現ができているかを見取る。

主体的に学習に取り組む態度

　この観点で評価する対象は，「音楽活動を楽しんでいるか」「主体的・協働的に学習活動に取り組もうとしているか」の二つである。そして趣旨にあるように，この二つが並列ではなく「ながら」という並行を表す接続助詞で繋がっていることがポイントである。両者を総合的に見取ることが求められる。

　また，新学習指導要領の「目標」にも示された資質・能力のうち，「音楽を愛好する心情」「音楽に対する感性」「豊かな情操」は一授業や一題材では評価することが難しく，観点別評価としてもなじまない。よって，個人内評価としてそれらの成長を継続的に見取り，生徒や保護者に伝えていくことになる。

115

観　点	趣　旨
知識・技能	・対象や事象を捉える造形的な視点について理解している。 ・表現方法を創意工夫し，創造的に表している。
思考・判断・表現	造形的なよさや美しさ，表現の意図と工夫，美術の働きなどについて考えるとともに，主題を生み出し豊かに発想し構想を練ったり，美術や美術文化に対する見方や感じ方を深めたりしている。
主体的に学習に取り組む態度	美術の創造活動の喜びを味わい主体的に表現及び鑑賞の幅広い学習活動に取り組もうとしている。

改訂のポイント

　旧学習指導要領の目標及び内容，観点別学習状況の評価の観点には「知識」は示されていなかったが，新学習指導要領では〔共通事項〕が，造形的な視点を豊かにするために必要な「知識」として位置付けられ，「創造的」な技能と合わせて「知識・技能」の観点として示された。また，旧観点の「発想や構想の能力」及び「鑑賞の能力」は，「思考・判断・表現」として一つの観点にまとめられ，発想や構想にとどまらず，鑑賞をする際にも中心となる考えを育成し，その実現状況を評価することが期待される。「美術への関心・意欲・態度」は，「主体的に学習に取り組む態度」として示され，「知識及び技能」を獲得したり，「思考力，判断力，表現力等」を身に付けたりするために，よりよく学ぼうと学習に取り組む態度を評価することが一層明確になった。

　さらに，今回の学習指導要領は，各指導事項が，「知識及び技能」「思考力，判断力，表現力等」に即して整理されたため，指導事項の文末表現を「〜している」と示すことで，評価規準を作成することができるようになっている。

知識・技能

　「知識」の評価については，〔共通事項〕の「ア　形や色彩，材料，光などの性質や，それらが感情にもたらす効果などを理解すること」や「イ　造形的な特徴などを基に，全体のイメージや作風などで捉えることを理解すること」の実現状況を見ることになる。その際，〔共通事項〕の「理解すること」

とは，造形的な視点を豊かにするために，形や色彩，材料，光などの性質や，それらが感情にもたらす効果及び全体のイメージや作風などで実際に「捉える」ことが大切であり，実感的に理解することであることに留意する必要がある。

「技能」の評価については，新学習指導要領の「A表現」(2)の内容を示している。ここでは，発想や構想をしたことなどを基に，材料や用具などを創意工夫して表す技能と，見通しをもって表す技能の実現状況を見る。

また，〔共通事項〕と旧観点の「創造的な技能」が「知識・技能」としてまとめられた趣旨を踏まえて，「技能」を育成する際の造形的な「見方」に気付かせるための手立てとしての位置付けと同時に，翻って「見方」に気付かせることで「技能」を育てるという，指導の改善に結びつけることも大切である。

思考・判断・表現

発想や構想と鑑賞の指導を関連させることで学習の中心となる考えを育成していくことが重要であり，その実現状況を見ることがここでの評価となる。ポイントは，①独立した鑑賞の場合は，従前どおり鑑賞に関する資質・能力を評価し，②表現と鑑賞を組み合わせた題材では，「A表現」(1)の発想や構想に関する資質・能力と，「B鑑賞」の鑑賞に関する資質・能力の中心となる考えを育成し，その実現状況を一体的に評価することである。例えば，伝達のデザインとしてピクトグラムを制作する場合も，制作自体が学習の中心ではない。目的や条件などを基に，他者や社会に形や色彩などを用いて美しく分かりやすく伝える生活や社会の中でのデザインの働きなどについて考えることが学習の中心となる。

主体的に学習に取り組む態度

「知識及び技能」や「思考力，判断力，表現力等」を，学習活動の中で主体的に身に付けようとしたり，発揮しようとしたりすることへ向かう態度を評価する。単に継続的な行動や積極的な発言等を評価するということではなく，自らの学習状況を把握し，よりよく学ぼうとする学習に取り組む態度を評価することが重要であり，旧観点の「美術への関心・意欲・態度」の考え方を「主体的に学習に取り組む態度」として改めて強調するものである。

観　点	趣　旨
知識・技能	健康な生活と疾病の予防，心身の機能の発達と心の健康，傷害の防止，健康と環境について，個人生活を中心として科学的に理解しているとともに，基本的な技能を身に付けている。
思考・判断・表現	健康な生活と疾病の予防，心身の機能の発達と心の健康，傷害の防止，健康と環境について，個人生活における健康に関する課題を発見し，その解決を目指して科学的に思考し判断しているとともに，それらを他者に伝えている。
主体的に学習に取り組む態度	健康な生活と疾病の予防，心身の機能の発達と心の健康，傷害の防止，健康と環境について，自他の健康の保持増進や回復についての学習に自主的に取り組もうとしている。

改訂のポイント

　保健体育では，これまで「運動や健康・安全への関心・意欲・態度」「運動や健康・安全についての思考・判断」「運動の技能」「健康・安全についての知識・理解」という四つの観点が示されていた。改訂により，保健分野の評価の観点は，健康に関する「知識・技能」「思考・判断・表現」「主体的に学習に取り組む態度」の三つで示されることになった。

　また，新学習指導要領で新しく示されたストレス対処や心肺蘇生法等の「技能」に関する内容の評価が加わったことや，健康に関する課題を発見し，よりよい解決に向けて取り組む「思考力，判断力，表現力等」の内容に関する評価について，これまでは「思考・判断」の評価の観点で示されていたが，「思考・判断・表現」となり「表現」が明確化されたことも，大きな改訂点である。

知識・技能

　「健康な生活と疾病の予防」「心身の機能の発達と心の健康」「傷害の防止」及び「健康と環境」の「知識」または「知識及び技能」の内容について，科学的に理解しているとともに，ストレス対処や心肺蘇生法等の内容に関わる基本的な技能を身に付けている生徒の姿を評価する。

　その際，ストレス対処や心肺蘇生法等の「技能」の内容については，それ

らに関する原則等の「知識」の内容と密接に関わることから「知識」と「技能」を分離して評価せず，関連させて評価することが大切である。

思考・判断・表現

「健康な生活と疾病の予防」「心身の機能の発達と心の健康」「傷害の防止」及び「健康と環境」の内容から自他の課題を発見し，よりよい解決に向けて思考したり，様々な解決方法の中から適切な方法を選択するなどの判断をしたりしているとともに，それらを他者に表現している生徒の姿を評価する。具体的には，健康に関わる事象や健康情報などから自他の課題を発見している姿，発見した健康に関する課題について，習得した「知識及び技能」を活用し，解決方法を考えるとともに，様々な解決方法の中から適切な方法を選択するなど，よりよい解決に向けて判断している姿，自己や仲間の課題について，思考し判断したことを，言葉や文章及び動作などで表したり，仲間や教師などに理由を添えて伝えたりしている姿などを評価する。

その際，「心身の機能の発達と心の健康」「傷害の防止」及び「健康と環境」の内容は，課題発見，課題解決，まとめの表現などの単元の流れに沿って「思考・判断・表現」の評価を適切に行うことが重要である。

なお，「健康な生活と疾病の予防」の「思考力，判断力，表現力等」の内容は1～3年にまたがって学習するので，「思考・判断・表現」をどのように評価するのか，指導と評価の計画を各学年で考えておくことが大切である。

主体的に学習に取り組む態度

「健康な生活と疾病の予防」「心身の機能の発達と心の健康」「傷害の防止」及び「健康と環境」の内容についての学習に自主的に取り組もうとしている生徒の姿を評価する。具体的には，自他の健康に関心を持ち，自他の健康に関する取組のよさを認めている姿，自他の健康の保持増進や回復等のために自分から取り組んだり，友達と協力したりして学習している姿，健康に関する課題の発見や解決にあきらめないで粘り強く取り組んでいる姿などを評価する。

体育分野と違い，「学びに向かう力，人間性等」についての内容が示されていないが，示された観点の趣旨やこれまでの「関心・意欲・態度」の評価を参考に，学習に自主的に取り組んでいる態度を評価することが大切である。

観　点	趣　　旨
知識・技能	第3学年　選択した運動の技の名称や行い方，体力の高め方，運動観察の方法，スポーツを行う際の健康・安全の確保の仕方についての具体的な方法及び文化としてのスポーツの意義についての考え方を理解しているとともに，選択した領域の運動の特性に応じた基本的な技能を身に付けている。
思考・判断・表現	第3学年　生涯にわたって運動を豊かに実践するための自己や仲間の課題を発見し，合理的な解決に向けて，課題に応じた運動の取り組み方や目的に応じた運動の組み合わせ方を工夫しているとともに，自己や仲間の考えたことを他者に伝えている。
主体的に学習に取り組む態度	第3学年　運動の楽しさや喜びを味わうことができるよう，公正，協力，責任，参画，共生などに対する意欲をもち，健康・安全を確保して，学習に自主的に取り組もうとしている。

改訂のポイント

　体育分野は，運動に関する目標が改訂された。学習指導要領の「知識及び技能」「思考力，判断力，表現力等」「学びに向かう力，人間性等」で示されたことを踏まえて，評価の観点も整理されている。具体的には旧観点の「運動の技能」及び「運動や健康・安全についての知識・理解」が「知識・技能」に，「運動や健康・安全についての思考・判断」が「思考・判断・表現」に，「運動や健康・安全への関心・意欲・態度」が「主体的に学習に取り組む態度」にと，四つの観点から三つの観点へ変更されている。

　また，学習指導要領解説において三つの観点に対応した例示が新たにすべての内容で示されているため，学習活動に即した評価規準が作成しやすく改善されている。

知識・技能

　旧学習指導要領において「(1)技能」として示されていた運動の技能に該当する内容と，「(3)知識，思考・判断」のうち「知識」に示されていた内容が，併記される形となった。

総括的評価（評定）においては，「知識」及び「技能」を一体のものとして示すこととなるが，観点別評価の過程において，各領域における「運動の特性や成り立ち」「技術（技）の名称や行い方」等の「知識」として示された事項を理解することと，各領域で「技能」として示されている運動の技能について，それぞれ指導し改善に役立てられるよう評価情報を残しておくことが大切である。

思考・判断・表現

　「運動の技能に関わる身体表現や表現運動系及びダンス領域における表現とは異なり，思考し判断したことを他者に言葉や文章及び動作などで表現することである」ことに留意する必要がある（新学習指導要領『解説　保健体育編』）。

　体育分野における「知識及び技能」及び「学びに向かう力，人間性等」で学習する「体育の知」全体を対象として活用したり応用したりすることが求められることから，「体の動かし方や運動の行い方に関する思考力，判断力，表現力等」「体力や健康・安全に関する思考力，判断力，表現力等」「運動実践につながる態度に関する思考力，判断力，表現力等」及び「生涯スポーツの設計に関する思考力，判断力，表現力等」（第3学年のみ）の中から各領域の特性に応じた指導内容が示されている。

主体的に学習に取り組む態度

　報告において，「体育・保健体育科の運動に関する領域においては，公正や協力などを，育成する『態度』として学習指導要領に位置付けており，各教科等の目標や内容に対応した学習評価が行われることとされている」と示されているように，体育分野では，具体的な指導内容が各領域の特性に応じて重点化され示されている。新たに，「共生」の観点から指導内容が加えられていることに留意し，指導を工夫することが大切である。

　なお，「知識・技能」については，領域の内容ごとに，「思考・判断・表現」及び「主体的に学習に取り組む態度」については各領域全体に対応して2年間のまとまりで示されていることから，カリキュラム・マネジメントの視点から，単元計画作成時に年間指導計画を踏まえた指導内容の重点化等を検討しておくことが大切である。

観　点	趣　旨
知識・技能	生活や社会で利用されている技術について理解しているとともに，それらに係る技能を身に付け，技術と生活や社会，環境との関わりについて理解している。
思考・判断・表現	生活や社会の中から技術に関わる問題を見いだして課題を設定し，解決策を構想し，実践を評価・改善し，表現するなどして課題を解決する力を身に付けている。
主体的に学習に取り組む態度	よりよい生活や持続可能な社会の構築に向けて，課題の解決に主体的に取り組んだり，振り返って改善したりして，技術を工夫し創造しようとしている。

改訂のポイント

新学習指導要領の教科目標の記述変更に伴い，観点が「生活や技術への関心・意欲・態度」「生活を工夫し創造する能力」「生活の技能」「生活や技術についての知識・理解」の四つから「知識・技能」「思考・判断・表現」「主体的に学習に取り組む態度」の三つに変更された。

教科目標の(1)は生活や社会を支える技術の「知識及び技能」観点であり，(2)は技術による問題解決に必要な「思考力，判断力，表現力等」観点，そして(3)は社会の発展と技術を考える「学びに向かう力，人間性等」観点となる。各観点ともにそれぞれの要素に関係する部分があるため，解説の「技術分野　資質・能力系統表」を十分に参照・確認する必要がある。なお，技術・家庭科の教科目標及び技術分野の目標の記述が「生活」から「生活や社会」の記述に変わり，学習対象となる技術が身の回りの生活だけではなく生活の外側の社会に広がっている。

知識・技能

技術分野の目標(1)「技術についての基礎的な理解を図るとともに，それらに係る技能を身に付け」ているか，また「技術と生活や社会，環境との関わりについて理解」しているかの評価が意図されている。すなわち，それぞれの内容に関して，各内容の(1)アに示される科学的な原理・法則や基礎的な技術の仕組みについての知識及び理解の状況を評価するとともに，(2)ア（D情報の技術については(3)アも含む）に示される関係する技能の習

得状況ならびに，（3）ア（D情報の技術については（4）ア）に示される生活や社会，環境との関わりを踏まえた技術の概念の理解を評価することになる。

なお，技術分野の指導事項で，語尾が「理解すること」「できること」となっているものは「知識・技能」の観点に対応する。

思考・判断・表現

技術分野の目標（2）「生活や社会の中から技術に関わる問題を見いだして課題を設定し，解決策を構想し，製作図等に表現し，試作等を通じて具体化し，実践を評価・改善するなど，課題を解決する力」の評価が意図されている。すなわち，それぞれの内容に関して，各内容の（1）イに示される技術に込められた問題解決の工夫を読み取る力を評価するとともに，（2）イ（D情報の技術については（3）イも含む）に示される技術の見方・考え方を働かせて，問題を見いだして課題を設定し解決できる力の評価ならびに，（3）イ（D情報の技術については（4）イ）に示される技術を評価して適切な選択と管理・運用の在り方や，新たな発想に基づく改良と応用について考える力を評価することになる。

なお，技術分野の指導事項で，語尾が「考えること」となっているものは「思考・判断・表現」の観点に対応する。

主体的に学習に取り組む態度

技術分野の目標（3）「よりよい生活の実現や持続可能な社会の構築に向けて，適切かつ誠実に技術を工夫し創造しようとする実践的な態度」の評価が意図されている。この観点に対応する各内容の指導事項レベルの記述はないため，各内容（1）進んで技術と関わり，主体的に理解し，技能を身に付けようとする態度の記述や，（2）自分なりの新しい考え方や捉え方によって解決策を構想しようとする態度や，自らの問題解決とその過程を振り返り，改善・修正しようとする態度の記述，（3）よりよい生活や持続可能な社会の構築に向けて，技術を工夫し創造していこうとする態度に関する記述を参考に，評価するポイントを検討する必要がある。

なお，この観点に関しては，観点別評価（学習状況を分析的に捉える）を通じて見取ることができる部分と，観点別評価や評定にはなじまない部分があるため，注意が必要である。

観　点	趣　　旨
知識・技能	家族・家庭の基本的な機能について理解を深め，生活の自立に必要な家族・家庭，衣食住，消費や環境などについて理解しているとともに，それらに係る技能を身に付けている。
思考・判断・表現	これからの生活を展望し，家族・家庭や地域における生活の中から問題を見いだして課題を設定し，解決策を構想し，実践を評価・改善し，考察したことを論理的に表現するなどして課題を解決する力を身に付けている。
主体的に学習に取り組む態度	家族や地域の人々と協働し，よりよい生活の実現に向けて，課題の解決に主体的に取り組んだり，振り返って改善したりして，生活を工夫し創造し，実践しようとしている。

改訂のポイント

今回の学習指導要領は，家庭分野の目標及び内容も「知識及び技能」「思考力，判断力，表現力等」「学びに向かう力，人間性等」の，資質・能力の三つの柱で整理された。これらの資質・能力に関わる「知識・技能」「思考・判断・表現」「主体的に学習に取り組む態度」の観点別評価，特に，「思考・判断・表現」の観点において，他の2観点との関係性を明確に捉えること，また，長期スパンでの評価計画の中で，内容のまとまりごとの評価規準を捉えることが求められている。さらに，目標に準拠した評価の実質化や，カリキュラム・マネジメントを促す観点から，家庭分野の教科特性に基づく小・中・高等学校の学習の体系化や他教科との関わりも考慮して，3観点の趣旨を理解する必要がある。

知識・技能

旧観点で別々に捉えていた「知識」と「技能」を合わせて一つの観点としたことによって，二つのより確実な習得を評価することができるようになった。例えば，調理学習では「加熱調理の手順の理由」を，製作学習では「扱う素材と道具の関係」等を理解して技能を身に付けているかどうかが評価の要点になる。技能習得の過程で，根拠や原理について理解を深めているかどうかを評価の対象とし，理解を伴った技能を身に付けることによって，多様な状況でそれを活用することにつながる。また，個別の「知識及び技能」の

習得状況について評価を行うばかりではなく，それらを既習の「知識及び技能」と関連付けて理解したり身に付けたりしているかを，学習過程を通して評価することになる。

思考・判断・表現

「知識・技能」の観点で獲得した資質・能力が，どのように活用されているかが評価の要点となる。家族や家庭，地域における生活の中から問題を見いだし，課題設定，解決策構想，実践を評価・改善し，考察したことを論理的に表現するなど，これからの生活を展望して課題を解決する力が身に付いているかどうかの評価を行う。それとともに，問題解決的な学習を形成する四つの過程において，課題を解決するために必要な「思考力，判断力，表現力等」を身に付けているかどうかを評価する。この観点の資質・能力育成における家庭分野の役割は，生活の課題を見いだし，最適な解決策を追究する過程をとおして，生活者としての多様な考え方を育てることである。したがって，この観点で育成された資質・能力が，「主体的に学習に取り組む態度」の実現につながるよう評価計画を立てることが求められる。パフォーマンス課題を設定して課題を継続的に意識させたり，ポートフォリオを活用して学習過程を振り返る場面を設けたりして評価方法を工夫することも肝要である。

主体的に学習に取り組む態度

「知識・技能」を獲得したり，「思考力，判断力，表現力等」を身に付けたりすることに向けた粘り強い取組を行おうとする側面と，そのような取組を行う中で，自らの学習を調整しようとする側面の二側面から評価する。旧観点の「生活や技術への関心・意欲・態度」でも学習内容に関心を持つのみではなく，よりよく学ぼうとする意欲を持って学習に取り組む態度を評価することが趣旨であった。今回の改訂も同様に，「知識及び技能」を習得させたり，「思考力，判断力，表現力等」を育成したりする場面に関わって行う。一方で，評価の結果を，他の2観点の育成に関わる教師の指導や生徒の学習の改善に生かすことで，バランスのとれた資質・能力の育成を図ることが求められる。また家庭分野では，自分の生活で実践しようとする態度育成が肝要でもある。学期末や年度末，「課題と実践」等において実現状況を把握し，長期的な視点での評価が必要である。

観　点	趣　　旨
知識・技能	・外国語の音声や語彙，表現，文法，言語の働きなどを理解している。 ・外国語の音声や語彙，表現，文法，言語の働きなどの知識を，聞くこと，読むこと，話すこと，書くことによる実際のコミュニケーションにおいて活用できる技能を身に付けている。
思考・判断・表現	コミュニケーションを行う目的や場面，状況などに応じて，日常的な話題や社会的な話題について，外国語で簡単な情報や考えなどを理解したり，これらを活用して表現したり伝え合ったりしている。
主体的に学習に取り組む態度	外国語の背景にある文化に対する理解を深め，聞き手，読み手，話し手，書き手に配慮しながら，主体的に外国語を用いてコミュニケーションを図ろうとしている。

おもな改訂点

　外国語の評価ではこれまで，「関心・意欲・態度」「思考・判断・表現」「技能」「知識・理解」という四つの観点に基づき，「コミュニケーションへの関心・意欲・態度」「外国語表現の能力」「外国語理解の能力」「言語や文化についての知識・理解」という四つの観点が例示されていた。特に，教科の特性として，「思考・判断・表現」と「技能」を一体化して，「外国語理解の能力」と「外国語表現の能力」という二つの観点で評価することになっていた。

　今回の改訂により，「技能」は「知識・理解」と合わさり，「知識・技能」という一つの観点として整理された。これに伴い，従来「外国語理解の能力」と「外国語表現の能力」の観点で評価していた学力の要素は，今後「知識・技能」と「思考・判断・表現」の二つの観点で捉え直して評価する必要がある。

知識・技能

　この観点は，外国語の音声や語彙，表現，文法，言語の働きなどを理解しているかどうか，外国語の音声や語彙，表現，文法，言語の働きなどの知識を，聞くこと，読むこと，話すこと，書くことによる実際のコミュニケー

ションにおいて活用できる技能を身に付けているかどうかを評価するものである。新学習指導要領では、語彙や文法等の個別の知識・技能だけでなく、生きて働く知識・技能の習得が目指されている。

　したがって「知識・技能」は、外国語の音声や語彙、表現、文法、言語の働きを理解しているかどうかだけでなく、聞いたり、読んだり、話したり、書いたりして、コミュニケーションする際に活用できるような知識・技能となっているかどうかを評価することが重要である。

思考・判断・表現

　この観点は、コミュニケーションを行う目的や場面、状況などに応じて、日常的な話題や社会的な話題について、外国語で簡単な情報や考えなどを理解したり、これらを活用して表現したり伝え合ったりしているかどうかを評価するものである。コミュニケーションを行う目的や場面、状況などに応じて思考し、判断し、表現しているかという点に重きが置かれている。

　したがって「思考・判断・表現」は、コミュニケーションを行う目的や場面、状況等が具体的に設定されている中で、外国語を聞いたり読んだりして必要な情報や考えなどを捉えることができるか、聞いたり読んだりして得た情報や表現を選択したり抽出したりするなどして活用し、話したり書いたりして事実や自分の考え、気持ちなどを表現することができるか、伝える内容を整理し、外国語で話したり書いたりして互いに事実や自分の考え、気持ちなどを伝え合うことができるかを評価することが必要である。

主体的に学習に取り組む態度

　この観点は、外国語の背景にある文化に対する理解を深め、聞き手、読み手、話し手、書き手に配慮しながら、主体的に外国語を用いてコミュニケーションを図ろうとしている態度を評価するものである。

　したがって「主体的に学習に取り組む態度」は、主体的に外国語を用いてコミュニケーションに取り組む態度を評価することが必要である。また、主体的にコミュニケーションに取り組む姿は、粘り強く言語活動に取り組む姿と、学びの過程を自覚的に捉えながら言語活動に取り組む姿の両面から評価する必要がある。

特別の教科　道徳

参考様式

特別の教科　道徳	
学年	学習状況及び道徳性に係る成長の様子
1	
2	
3	

概　説

　「特別の教科　道徳」は，中学校では平成31（2019）年度から全面実施され，指導要録にも評価欄が設けられ，言葉で具体的に記述することが求められている。新学習指導要領においては，特に目標と内容と指導と評価の一体化が強調されている。基本的なところから確認したい。

　まず，「特別の教科　道徳」では，何を評価するのかについて見ていく。

　「特別の教科　道徳」は，学校教育全体で行う道徳教育の要としての役割を担うものである。したがって，「特別の教科　道徳」の評価は，道徳教育の目標を押さえて，「特別の教科　道徳」の目標をどのように追究しているかを評価することになる。

道徳教育の目標から

　中学校の道徳教育の目標は，「人間としての生き方を考え，主体的な判断の下に行動し，自立した人間として他者と共によりよく生きるための基盤と

なる道徳性を養うこと」と記されている。

ここには、目指すべき生徒の姿が描かれている。

まず、第一のポイントは、「人間としての自分らしい生き方をしっかり考えられる」生徒である。生徒は、だれもがかけがえのない生命を持っている。その生命をしっかりと生きていくことこそ、すべての生徒に課せられた課題である。

第二のポイントは、「主体的に判断し行動できる」生徒である。つまり、人間としての自分らしい生き方を、日常生活や様々な学習活動において主体的に追い求め実践する生徒である。

そして、第三のポイントとして、そのことを通して「自立した人間として他者とともによりよく生きる」生徒である。つまり、自己を確立し成長させ、みんなと一緒によりよい社会を創っていける生徒を育てるのである。

「特別の教科　道徳」の目標から

では、要である「特別の教科　道徳」の目標はどうか。「よりよく生きるための基盤となる道徳性を養うため、道徳的諸価値についての理解を基に、自己を見つめ、物事を広い視野から多面的・多角的に考え、人間としての生き方についての考えを深める学習を通して、道徳的な判断力、心情、実践意欲と態度を育てる」と記されている。

ここには、授業のポイントが示されている。一つは「道徳的諸価値の理解」、二つは「自己を見つめる」、三つは「物事を多面的・多角的に考える」である。この三つを関わらせて授業を行う。そのことを通して、「人間としての自分らしい生き方についての考えを深める」学習を充実させていくのである。

つまり、「特別の教科　道徳」が求める生徒像は、このような学びを通して「人間としての自分らしい生き方についての考えを深めている」生徒ということになる。

「道徳的諸価値の理解」は、基本的には道徳の指導内容に示されている道徳的価値について理解することである。それは、自分を見つめる判断基準、あるいはいろいろな状況の中でどうすればよいかを考える判断基準になる。「自己を見つめる」とは、人間としての自分らしい生き方という視点から、

今の自分，今までの自分，これからの自分を捉え直していくこと，さらに，いろいろな状況の中で自分はどうすればよいのかを考えていくことである。「物事を多面的・多角的に考える」とは，いろいろな道徳的な事象や道徳的な状況の中で，どのように対応することが，人間としての自分らしい生き方になるのかを様々なことを考慮しながら考えることである。

それらの学びを通して「人間としての自分らしい生き方についての考えを深め」，道徳性の諸様相の中核になる知，情，意にあたる「道徳的な判断力，道徳的心情，道徳的実践意欲と態度」を計画的・発展的に育てるのである。

自律的な道徳的実践へとつなげているか

「特別の教科　道徳」は道徳教育の要であることから，「特別の教科　道徳」の目標は，道徳教育の目標との関連で捉える必要がある。「特別の教科　道徳」の目標は，道徳教育の目標の前半部分と関係する。それは道徳教育の目標が自律的に道徳的実践のできる生徒を育てることだからである。つまり，「人間としての自分らしい生き方について考えを深める」とともに，日常生活や様々な学習活動の中で「主体的に判断し行動する」ことへとつないでいく必要がある。それが事後の学習ということになる。

「特別の教科　道徳」で評価すること

「特別の教科　道徳」の評価は，このような「特別の教科　道徳」の目標に対して，どのような状況にあるかを評価するのではない。このような目標に記されていることに関して，どのように向き合い，自分の中にあるよりよく生きようとする力を成長させているかを見取るのである。生徒はだれもがよりよく生きようとする心を持っており，その心を目覚めさせ，引き出し，生徒自らが発展させていけるようにするのが道徳教育であるという捉え方からである。

そのためには，さらに生徒自身の自己評価，自己指導を重視する必要がある。各教科等の評価と同様に教師自身が指導の結果として生徒への評価を捉え，さらに指導の充実を図るという，指導と評価の一体化は重要である。と同時に，特に生徒自身が自己を評価し自己指導へとつなげていける評価が，いっそう求められる。そのことを応援する教師の評価が重要なのである。

評価の方法

学習指導要領では，「学習状況や道徳性にかかわる成長の様子を継続的に把握し，指導に生かす」評価を求めている。その後，文部科学省の専門会議で，「『特別の教科　道徳』の指導方法・評価等について」（報告）がまとめられ，各自治体に局長名で文科省通知が出されている。その要点を示すと次のようになる。

① 観点別や分析的な評価は妥当ではないこと

② 一定のまとまりの中で振り返る場面を適切に設定し見取ること

③ 他の児童生徒との比較による評価ではなく，児童生徒がいかに成長したかを積極的に受け止めて，認め励ます個人内評価として記述式で行うこと

④ 個々の内容項目ごとではなく，大くくりなまとまりを踏まえて評価すること

⑤ 学習活動において児童生徒がより多面的・多角的な見方へと発展しているか，道徳的価値の理解を自分自身との関わりの中で深めているかといった点を重視すること

これらを踏まえてどのように評価するかを見てみたい。

してはいけないことの確認

まず，生徒に示す評価において，してはいけないことを確認したい。

(1)　道徳性そのものを点数で評価しない

道徳性は人格の基盤となるものであり，全体を評価することはできない。道徳教育の要である「特別の教科　道徳」は，道徳性を構成する主要な道徳的価値について指導するのであり，道徳性の全体を指導するわけではない。したがって，その評価も部分的なものになる。そのことを理解した上で，指導の全体を見通して，一人一人の中で成長している姿を具体的な言葉で記述式で評価する。分かりやすくいえば，授業のねらいに関わる一人一人の「よいところ探し」が評価なのである。

(2)　他の人と比較して評価しない

「特別の教科　道徳」の評価は，他の人と比較して評価したり，目標に対

してどれだけ達成されているかを評価するのではない。その子自身が，目標（よりよく生きる）に向かってどれだけ自分のよさを引き出し伸ばしているかを個人内評価する。今のその子の状態を基準にして，その子の中で成長していると見取れることを，記述式で評価するのである。

(3) よくないと思えるところをそのままで評価しない

道徳教育は，生徒のよさやよいところを評価するが，「よくないところは評価しなくてよいのか」という質問を受ける。よいと思えるところもよくないと思えるところも，すべて成長の途上にある。したがって，よいと思えるところもよくないと思えるところも，すべて，よりよく生きるための課題として捉えられる。よくないと思えるところも，その子自身のよさを伸ばす上での窓口となる。課題に気づき，そこを自己成長の窓口として，どのように自己の成長を図っているかを記述式で評価するのである。

「特別の教科　道徳」の具体的な評価の仕方

このことを踏まえて具体的な評価の仕方を考えてみよう。

(1) 実態把握で一人一人のよさを見つける窓口を押さえる

授業においては，まず，ねらいに関わる一人一人の実態を把握する必要がある。その基本は，「特別の教科　道徳」に示されている目標と本時の指導内容に関する実態把握である。本時のねらいに関わって，①道徳的諸価値の理解，②自己を見つめる力，③物事を多面的・多角的に考える力，④人間としての自己の生き方の考えの深まり，⑤道徳的判断力，道徳的心情，道徳的実践意欲・態度の実態を把握することになる。この実態把握においては，個人差が出てくる。それは，指導課題を明確にするとともに，授業を通して一人一人のよさを引き出す窓口を押さえるということである。そのような実態把握をしながら，意図的指名も含めて，一人一人のよさを引き出す授業を組み立てていく。

(2) 授業においては，特にねらいに関わる道徳的判断力，道徳的心情，道徳的実践意欲・態度がどのように引き出されているかを把握する

具体的には，問いかけがポイントになる。道徳的判断力に関わる問いかけ，道徳的心情に関わる問いかけ，道徳的実践意欲・態度に関わる問いかけを工夫する。問いかけへの生徒の対応は，話し言葉で，書くことで，色や図や表

示などで，身体表現で，など多様に考えられる。それらの記録を積み重ねていく。生徒に道徳ノートやワークシートに書いてもらったり，教師が座席表を用意し，授業中に気付いたことを簡単にメモし，授業後に5～10分くらいで少し詳しく記入するといったことを行う。気になる子や表現の苦手な子に対しては，授業後に個別に聞く。それらの記録を見ながら，「より多面的・多角的な見方へと発展しているか」「道徳的価値の理解を自分自身との関わりの中で深めているか」といった点も押さえておく。

(3) 生徒の学習している状況を把握する

「特別の教科　道徳」の評価においては，生徒が授業を受けている姿勢そのものも重要な評価対象となる。授業の姿勢には，道徳性が反映される。ねらいとは直接関係しないことであっても，その子のよさが発揮されていると捉えられれば，それをメモしておく。

(4) 生徒の自己評価を取り入れる

「特別の教科　道徳」では，生徒自身の自己評価を取り入れていくことが大切である。授業の終わりに，「○○（例えばねらいに関わる道徳的価値など）についてどのようなことを新しく発見しましたか」とか「新たな自分を見つけられましたか」「友達の新たなよさを見つけられましたか」なども問いかける。また，「自分の意見を述べられましたか」「友達の意見をしっかり聞くことができましたか」「○○さんの立場で考えることができましたか」などと聞くこともできる。

そして，学期の終わりに，行った授業の一覧表を用意し，どの授業が一番心に残っているか（三つくらいでよい），それはどうしてかを尋ねる。さらに，この学期の道徳の授業で自分が成長したと思うことはどのようなことかを聞く。それらを重視して，生徒の記録したノートやワークシート，教師のメモなどを基に評価文を考える。具体的には，『道徳の評価　通信簿と指導要録の記入文例　小学校・中学校』（図書文化，2019）を参照してほしい。

(5) 授業以外での生徒の姿も把握する

「特別の教科　道徳」の評価は，授業の中での生徒の姿で評価することを原則としている。それはどのクラスでも行わなければいけないこととして示されている。その上で，授業外での生徒の姿も把握していくことが求められ

る。それは，「総合所見及び指導上参考となる諸事項」に書くこともできる。

　そして，それらの延長に「行動の記録」があると捉えられる。行動の記録は，生徒の道徳性が行動面に現れた姿と捉えられるからである。それぞれの評価項目から生徒の実態を把握し評価することになるが，指導においては，「特別の教科　道徳」と日常生活における指導とを響き合せることが大切である。

アセスメントを取り入れる

　このような評価を充実させるためには，アセスメントが必要になる。アセスメントとは，目的を達成するために必要な実態調査のことである。道徳教育や「特別の教科　道徳」の評価は，指導へと生かしていく必要がある。通知表や指導要録には，生徒の成長している姿を記述するが，より正確に成長を見取るには，一人一人のよさを引き出すための実態把握が不可欠である。すでに述べたが，本時の授業のねらいに関わって，道徳的判断力，道徳的心情，道徳的実践意欲・態度の実態把握は，指導課題を見出すと同時に，その子のよさを引き出す窓口となる。

　また，相手の立場に立って考える力や自分を振り返る力，ものごとをポジティブに考える力の実態を把握し，それらを積極的に指導することによって，生徒のよさをいっそう引き出すことができる。例えば，『道徳教育アセスメント BEING』（図書文化）では，①道徳を支える三つの力，②問題場面における気持ちと行動のバランス，③学校生活の自己チェック，④学級風土について，⑤道徳の授業について，⑥問題解決場面における多面的・多角的思考，について実態が把握できるように作成されている。

　この結果をもとに，例えば次のような評価文を考えることができる。中心になる「道徳を支える力」をベースに，「道徳の授業」の自己評価，「気持ちと行動」の自己評価，「多面的・多角的に考える力」の自己評価との関連で考えるのである。例えば，実態調査から「共感する力が伸びている。相手の立場に立って考える力を高めるとともに，特に思いやりの心を行動へと移せるように様々な状況において考えを深めている」といった文言を押さえて，さらに生徒のノートや教師の記録をもとに具体を付け加えていくのである。

　また，この実態調査は，「行動の記録」とも関係させて活用することがで

きる。つまり，「学校生活での行動チェック」を基にして，「道徳を支える力」「道徳の授業」「気持ちと行動」の関連を把握する。そのことによって具体的な指導課題や対応を考えることができる。

これらと「学級風土」との関連を押さえて指導課題を見出し，取り組んでいくことによって，生徒の生活の場である学級を道徳的なものにしていくことができる。

保護者の信頼を得ること

このような道徳の評価において，最も留意しなければいけないのが，保護者の信頼である。保護者と一緒になって，生徒の道徳的成長を育んでいくためには，保護者との信頼を強め，一緒になって生徒の道徳的成長を応援するような評価である必要がある。

では，どうすれば保護者の信頼が得られるものになるのか。教師には，保護者に，評価文の背景を説明する義務がある。保護者の信頼感は，どれだけ我が子を見てくれているかで左右される。そのためには，毎回の授業に対して，その子のデータを保管し，それをもとに評価文を考えていることを説明する。そのためにも大くくりな評価とともに，授業の中で見られたよさの成長をピンポイントで書くことが求められる。また，毎週「道徳だより」を出して，授業の様子を知らせることも効果的である。

「特別の教科　道徳」の評価は，生徒も保護者も納得するものである必要がある。そのためには，生徒や保護者に直接聞いてみることも大切である。生徒に聞くことについては，先に述べたが，同時に，保護者に，学期に「特別の教科　道徳」の授業で指導した内容について一覧にして示し，その中で成長したなと思うものがあれば○をしてもらう（特には◎）。それらも参考にしながら評価文を書き，面談の時に話題にすることも考えられる。

さらに，保護者や地域の人々に，学校での道徳教育の取組や，指導や評価の研修を行っていることを，学校だよりやホームページなどで知らせる。時には，研修会に保護者や地域の人々に参加してもらうことも取り組みたい。

そのことによって，学校と家庭，地域が一体となって生徒のよりよく生きる力を育んでいくことが大切なことを確認し，協力体制を確立したい。

3 総合的な学習の時間の記録

参考様式

学年	学 習 活 動	観　　点	評　　価
1			
2			
3			

（表題）総 合 的 な 学 習 の 時 間 の 記 録

概　　説

　「総合的な学習の時間」は，前々回（平成10年）の学習指導要領の改訂時に領域として新たに教育課程に位置づけられた。これにより，その趣旨等の徹底を図るとともに，各学校における指導の充実がいっそう求められた。

また，前回（平成20年）の改訂時に，はじめて『学習指導要領解説　総合的な学習の時間編』が発刊された。ここでは，「第8章第2節・総合的な学習の時間の学習指導のポイント」で「探究」と「協同」を新規に示した。とりわけ，「探究」については，探究の過程がスパイラルする図を載せて詳説している。また，新学習指導要領においても様々に数多く記されている「比較」「分類」「関連付け」などを，「探究の過程」の「整理・分析」において述べた。その上，育成すべき資質・能力の三つの柱に先立ち，本『解説』では「資質や能力及び態度」という用語も採用し記していたのである。

　評価は目標に準拠することから，以下では，「総合的な学習の時間」の目標，学習対象の内容，学んでいく方法について述べた後に，学びの過程をどう見取るのかという評価について示すこととする。

　新学習指導要領の「総合的な学習の時間」の目標は，以下の通りである。

> 　探究的な見方・考え方を働かせ，横断的・総合的な学習を行うことを通して，よりよく課題を解決し，自己の生き方を考えていくための資質・能力を次のとおり育成することを目指す。
> (1)　探究的な学習の過程において，課題の解決に必要な知識及び技能を身に付け，課題に関わる概念を形成し，探究的な学習のよさを理解するようにする。
> (2)　実社会や実生活の中から問いを見いだし，自分で課題を立て，情報を集め，整理・分析して，まとめ・表現することができるようにする。
> (3)　探究的な学習に主体的・協働的に取り組むとともに，互いのよさを生かしながら，積極的に社会に参画しようとする態度を養う。

　「探究的な見方・考え方」とは，中央教育審議会答申において「各教科等における見方・考え方を総合的に活用して，広範な事象を多様な角度から俯瞰して捉え，実社会や実生活の文脈や自己の生き方と関連付けて問い続けること」とある。「総合的な学習の時間」における探究的な学習において問題解決的な活動が発展的に繰り返されていく中では，はじめに，生徒は日常生活や社会に目を向けた時の疑問や関心を基に自ら課題を見付ける。次に，生徒はそこにある具体的な問題について情報を収集する。そして，生徒はその情報を整理・分析したり知識や技能に結び付けたり考えを出し合ったりしながら問題の解決に取り組む。その後，生徒は明らかになった考えや意見など

をまとめ，表現するとともに，そこからまた新たな課題を見付けて更なる問題の解決を始める。すなわち，探究的な学習とは「物事の本質を探って見極めようとする一連の知的営み」である。

　「総合的な学習の時間」においてスパイラルする探究の過程を支えるものが，「探究的な見方・考え方」である。「総合的な学習の時間」での横断的・総合的な学習としての学習対象は広範な事象である。この学習対象について多様な角度から俯瞰して捉えるためには，まずは各教科等における「見方・考え方」を総合的に働かせることが重要となる。「総合的な学習の時間」における実社会や実生活における問題は，そもそもどの教科等の特質に応じた視点や捉え方で考えればよいか，一つには決められない。したがって，扱う対象や解決しようとする方向性などに応じ，生徒が意識的に「見方・考え方」を活用できるようになることが肝要なのである。

　その上で，「総合的な学習の時間」に固有な「見方・考え方」も働かせることである。「総合的な学習の時間」に固有な「見方・考え方」とは，特定の教科等の視点だけで捉えきれないような，広範な事象を多様な角度から俯瞰して捉える「見方・考え方」のことである。また，「総合的な学習の時間」における探究すべき「探究課題」は一つの決まった正しい答えがあるわけではないことから，様々な教科等で学んだ「見方・考え方」を総合的に活用しながら様々な角度から捉えて考えることができることが重要となる。この課題解決がまた新たな課題を見付けることに繋がる。「課題の設定」「情報の収集」「整理・分析」「まとめ・表現」という探究の過程のスパイラル自体こそが，自己の生き方を問い続けていくことなのである。

　次に，「総合的な学習の時間」の内容の設定は，「目標を実現するにふさわしい探究課題」と「探究課題の解決を通して育成を目指す具体的な資質・能力」の二つから定めるものである。

　「目標を実現するにふさわしい探究課題」とは，目標の実現に向けて学校として設定し，生徒が探究的な学習に取り組む課題のことである。この「探究課題」は探究的に関わりを深める人・もの・ことである新学習指導要領の『解説 総合的な学習の時間編』では以下のような課題が例示されている。

- 国際理解：地域に暮らす外国人とその人たちが大切にしている文化や価値観
- 情報：情報化の進展とそれに伴う日常生活や消費行動の変化
- 環境：地域の自然環境とそこに起きている環境問題
- 福祉：身の回りの高齢者とその暮らしを支援する仕組みや人々
- 健康：毎日の健康な生活とストレスのある社会
- 資源エネルギー：自分たちの消費生活と資源やエネルギーの問題
- 安全：安心・安全な町づくりへの地域の取組と支援する人々
- 食：食をめぐる問題とそれに関わる地域の農業や生産者
- 科学技術：科学技術の進歩と自分たちの暮らしの変化
- 町づくり：町づくりや地域活性化のために取り組んでいる人々や組織
- 伝統文化：地域の伝統や文化とその継承に力を注ぐ人々
- 地域経済：商店街の再生に向けて努力する人々と地域社会
- 防災：防災のための安全な町づくりとその取組
- ものづくり：ものづくりの面白さや工夫と生活の発展
- 生命：生命現象の神秘や不思議さと，そのすばらしさ
- 職業：職業の選択と社会への貢献
- 勤労：働くことの意味や働く人の夢や願い

　換言すれば，目標の実現に向けて生徒が「何を学ぶか（どのような対象と関わり探究的な学習を行うか）」を表したものが「探究課題」である。

　一方，「探究課題の解決を通して育成を目指す具体的な資質・能力」とは，各学校において定める目標に記された資質・能力を各探究課題に即して具体的に示したものである。各探究課題との関わりを通して具体的に「何ができるようになるか（探究的な学習を通して，どのような生徒の姿を実現するか）」を明らかにしたものが「具体的な資質・能力」である。

　探究の過程では，他者と協働して問題を解決しようとする学習活動や言語により分析し，まとめたり表現したりするなどの学習活動が行われる。ここでは，「考えるための技法」が活用される。「考えるための技法」とは，考える際に必要になる情報の処理方法である。

　具体的には，以下が示されている。

- ○　順序付ける：複数の対象について，ある視点や条件に沿って対象を並び替える。

- 比較する：複数の対象について，ある視点から共通点や相違点を明らかにする。
- 分類する：複数の対象について，ある視点から共通点のあるもの同士をまとめる。
- 関連付ける：複数の対象がどのような関係にあるかを見付ける。ある対象に関係するものを見付けて増やしていく。
- 多面的に見る・多角的に見る：対象のもつ複数の性質に着目したり，対象を異なる複数の角度から捉えたりする。
- 理由付ける（原因や根拠を見付ける）：対象の理由や原因，根拠を見付けたり予想したりする。
- 見通す（結果を予想する）：見通しを立てる。物事の結果を予想する。
- 具体化する（個別化する，分解する）：対象に関する上位概念・規則に当てはまる具体例を挙げたり，対象を構成する下位概念や要素に分けたりする。
- 抽象化する（一般化する，統合する）：対象に関する上位概念や法則を挙げたり，複数の対象を一つにまとめたりする。
- 構造化する：考えを構造的（網構造・層構造など）に整理する。

　なお，このような「考えるための技法」は，紙の上などで可視化することでツールとして意図的に使えるようにもなるが，ツールを活用すること自体が目的化しないようにするということが肝要である。

　以上，「総合的な学習の時間」の目標，内容，方法を踏まえた上で，以下の評価を実施することが，これからの「総合的な学習の時間」の評価のポイントとなる。評価は，目標，内容，方法の後にあるものであり，評価のみを取り出して評定だけに機能させず，常に生徒の学習改善と教師の指導改善に機能させることが，今後の「総合的な学習の時間」の評価の要諦である。

　さて，学習評価とは，「生徒にどういった力が身に付いたのか」という学習の成果（学習状況）を的確に捉えるものである。生徒自身が自らの学びを振り返って次の学びに向かうことができるようにするためと，教師がよりよい創造的な授業をデザインできるよう授業改善を図るために重要となる。

　「総合的な学習の時間」の評価は，上述した「総合的な学習の時間」の目標等を踏まえ，各学校の具体的な目標，内容である探究課題と探究課題の解決を通して育成を目指す資質・能力に基づいて定めた観点による観点別学習

状況の評価を基本とする。これに加えて，「総合的な学習の時間」では，特にその生徒に個人として育まれているよい点や進歩の状況などを積極的に評価することや，それを通して生徒自身も自分のよい点や進歩の状況などに気付くようにすることが肝要である。

　新学習指導要領が定める目標を踏まえて，各学校が目標や内容を設定するという「総合的な学習の時間」の特質からすれば，評価の観点は各学校が設定するものである。探究課題の解決を通して育成を目指す具体的な資質・能力について，「知識及び技能」は，他教科等及び総合的な学習の時間で習得する知識及び技能が相互に関連付けられ，社会の中で生きて働くものとして形成されるようにすること。「思考力，判断力，表現力等」は，課題の設定，情報の収集，整理・分析，まとめ・表現などの探究的な学習の過程において発揮され，未知の状況において活用できるものとして身に付けられるようにすること。「学びに向かう力，人間性等」は，自分自身に関すること及び他者や社会との関わりに関することの両方の視点を踏まえること，に留意することである。

記入欄について

　新学習指導要録の様式は，様式1（学籍に関する記録）と様式2（指導に関する記録）からなり，「総合的な学習の時間の記録」は様式2の右下の「特別活動の記録」の上に位置付いている。冒頭（p136）で示したように，1・2・3学年ごとに学習活動，観点，評価の三つのそれぞれについて個別に文章記述する欄となっており，従来のものと変更はない。観点の決め方については，目標を踏まえて設定する，各教科との関連を踏まえて設定する，各学校独自の目標や内容を踏まえて設定する，の三つがある。今回の指導要録の改訂時に，「総合的な学習の時間」においても，他教科同様，下記のような評価の観点が三つ設定されているため，教科との関連を踏まえて設定する場合には注意する。

　特に，「知識」とは概念的理解を伴う知識をいうものである。例えば，環境・エネルギー（私たちの生活や環境とエネルギー資源）を探究課題とした

観　点	趣　旨
知識・技能	探究的な学習の過程において，課題の解決に必要な知識や技能を身に付け，課題に関わる概念を形成し，探究的な学習のよさを理解している。
思考・判断・表現	実社会や実生活の中から問いを見いだし，自分で課題を立て，情報を集め，整理・分析して，まとめ・表現している。
主体的に学習に取り組む態度	探究的な学習に主体的・協働的に取り組もうとしているとともに，互いのよさを生かしながら，積極的に社会に参画しようとしている。

場合，ここでの事実的知識は，エネルギー資源とは石油，石炭，水力等を指すことなどである。このエネルギー資源について，日本と各国のエネルギー資源の自給率を比較して考える，日本と各国のエネルギー資源別に埋蔵量を分類して考える，日本と各国のエネルギー資源を自然や国土また経済と関連付けて考える。このように，数学的な見方・考え方や社会的な見方・考え方を活用することにより，環境とエネルギー問題の本質に関する概念的理解へ到達することができる。ここでいう概念的理解とは，エネルギー資源には有限性（物事には終わりがあり限りがあること），また相互性（互いに関わりながらよさを生かしていること）があること，などである。

　また，「主体的に学習に取り組む態度」は「探究的な学習に主体的・協働的に取り組むとともに，互いのよさを生かしながら，積極的に社会に参画しようとする態度を養う」である。これについては，以下の二つの側面から評価する。

　一つは，「総合的な学習の時間」における「粘り強く学習に取組む態度」についての評価である。これは，知識及び技能を獲得したり，思考力・判断力・表現力等を身に付けたりすることに向けて，解決のために見通しを持って自ら計画を立てて学習に向かい，情報を集め，整理・分析し，まとめ・表現をして振り返ることを行い続けていることを評価するものである。

　もう一つは，「総合的な学習の時間」における「自らの学習を調整しようとする態度」についての評価である。これは，上記の粘り強い取組や協働的

な取組を行う中で，常に自己の生き方と関連付けながら自ら問いを見いだし課題を立て，よりよい解決に向けた取組がなされているのかと問い続けながら学習を調整しようとすることを評価するものである。

評価の方法

「総合的な学習の時間」における生徒の学習状況の評価では，ペーパーテストなどによって数値的に評価することは適当ではない。各学校が設定する評価規準を学習活動における具体的な生徒の姿として描き出し，期待する資質・能力が発揮されているかどうかを評価する。その際には，具体的な生徒の姿を見取るに相応しい評価方法や評価場面を位置付けることである。とりわけ，単元など内容や時間のまとまりを見通しながら評価場面や評価方法を工夫し，探究的な学習の過程や成果を評価し，教師の指導改善や生徒の学習意欲の向上を図り，資質・能力の育成に生かすようにすることが重要である。

「総合的な学習の時間」における生徒の具体的な学習状況の評価の方法については，信頼される評価の方法であること，多様な評価の方法であること，学習状況の過程を評価する方法であること，の三つが重要である。

第一に，信頼される評価とするためには，教師の適切な判断に基づいた評価が必要であり，著しく異なったり偏ったりすることなく，およそどの教師も同じように判断できる評価が求められる。例えば，あらかじめ指導する教師間において，評価の観点や評価規準を確認しておき，これに基づいて生徒の学習状況を評価するなどが考えられる。この場合には，各学校において定められた評価の観点を，一単位時間ですべて評価しようとするのではなく，一定程度の時間数の中において評価を行うように心がける必要がある。

第二に，多様な評価とするためには，異なる評価方法や評価者による多様な評価を適切に組み合わせることが重要である。異なる評価方法や評価者による多様な評価の方法としては，具体的には，次のようなものが示されている。

- ・発表やプレゼンテーションなどの表現による評価
- ・話合い，学習や活動の状況などの観察による評価

- レポート，ワークシート，ノート，作文，論文，絵などの制作物による評価
- 学習活動の過程や成果などの記録や作品を計画的に集積したポートフォリオを活用した評価
- 評価カードや学習記録などによる生徒の自己評価や相互評価
- 教師や地域の人々等による他者評価など

　第三に，学習状況の結果だけではなく過程を評価するためには，評価を学習活動の終末だけではなく，事前や途中に適切に位置付けて実施することが大切である。また，多様な評価方法が，学習活動前の生徒の実態の把握，学習活動中の生徒の学習状況の把握と改善，学習活動終末の生徒の学習状況の把握と改善という，各過程に計画的に位置付けられることが重要となる。すべての過程を通して，生徒の実態や学習状況を把握し，適切な指導に役立てることが肝要である。

　「総合的な学習の時間」では，生徒に個人として育まれるよい点や進歩の状況などを積極的に評価することや，それを通して生徒自身も自分のよい点や進歩の状況に気付くようにすることも大切である。グループとしての学習成果に着目するのではなく，一人一人の学びや成長の様子を捉える必要があり，一人一人が学習を振り返る機会を適切に設けることが重要である。

　こうした評価を行うために，教師は生徒たちの行っている学習にどのような価値があるのかを認め，生徒自身にもその意味を気付かせていく。教師が学習評価の質を高めることができるための評価力量が必要である。今後は，教師一人一人が，生徒たちの学習の質を捉えることのできる目を培っていけるよう，教師相互に評価の解釈や方法等を統一するとともに，評価規準や評価資料を検討して妥当性を高めるモデレーションなどによる学習評価に関する教師の力量形成のための評価研修の充実等を図っていくことが重要である。

＜参考・引用論文＞

1. 佐藤　真「『子どもの学びの促進』に結びつく教育評価の在り方―学習評価・授業評価・カリキュラム評価の連関性―」文部科学省編『初等教育資料・8月号』東洋館出版社，2003年，pp74-77

2. 佐藤　真「資質・能力の明確化で変わる学習指導，『総合的な学習の時間』」文部科学省編『初等教育資料・9月号』東洋館出版社，2006年，pp2-7

3. 佐藤　真「2.資質・能力を育成するために求められる力」「13.総合的な学習の時間」無藤隆編『中教審答申解説2017 ―「社会に開かれた教育課程」で育む資質・能力―』ぎょうせい，2017年，pp34-37，pp212-214

4. 文部科学省『中学校学習指導要領解説　総合的な学習の時間編』東山書房，2018年

5. 佐藤　真「主体的・対話的で深い学びの実現に向けた授業改善」『兵庫教育・3月号（第70巻第12号）』兵庫県教育委員会，2019年，pp4-7

特別活動の記録

参考様式

内　　　容	観　点　　　　　　学　年	1	2	3
学級活動				
生徒会活動				
学校行事				

特　別　活　動　の　記　録

概　説

「特別活動の記録」欄は従来のものと変更がない。ただし、新学習指導要領の趣旨を確認した上で、記入に当たることが必要である。

以下は特別活動の目標である（学習指導要領「第1　目標」）。

> 　集団や社会の形成者としての見方・考え方を働かせ、様々な集団活動に自主的、実践的に取り組み、互いのよさや可能性を発揮しながら集団や自己の生活上の課題を解決することを通して、次のとおり資質・能力を育成することを目指す。
> (1)　多様な他者と協働する様々な集団活動の意義や活動を行う上で必要となることについて理解し、行動の仕方を身に付けるようにする。
> (2)　集団や自己の生活、人間関係の課題を見いだし、解決するために話し合い、合意形成を図ったり、意思決定したりすることができるようにする。
> (3)　自主的、実践的な集団活動を通して身に付けたことを生かして、集団や

社会における生活及び人間関係をよりよく形成するとともに，人間として
　　の生き方についての考えを深め，自己実現を図ろうとする態度を養う。

　指導要録改訂の通知で示された「観点」と「趣旨」は次のとおりである。
観点の数に変更はないが観点名と趣旨は変更された。

観　　点	趣　　　旨
知識・技能	多様な他者と協働する様々な集団活動の意義や，活動を行う上で必要となることについて理解している。 自己の生活の充実・向上や自己実現に必要となる情報及び方法を理解している。 よりよい生活を構築するための話合い活動の進め方，合意形成の図り方などの技能を身に付けている。
思考・判断・表現	所属する様々な集団や自己の生活の充実・向上のため，問題を発見し，解決方法を話し合い，合意形成を図ったり，意思決定をしたりして実践している。
主体的に学習に取り組む態度	生活や社会，人間関係をよりよく構築するために，自主的に自己の役割や責任を果たし，多様な他者と協働して実践しようとしている。 主体的に人間としての生き方について考えを深め，自己実現を図ろうとしている。

　なお，観点の趣旨は，新学習指導要領で示された特別活動における三つの
視点「人間関係形成」「社会参画」「自己実現」が反映されたものである。こ
れらの三つの視点は，特別活動において育成する資質・能力における重要な
要素である。
　人間関係形成とは「集団の中で，人間関係を自主的，実践的によりよいも
のへと形成するという視点」である。
　社会参画は「よりよい学級・学校生活づくりなど，集団や社会に参画し
様々な問題を主体的に解決しようとするという視点」である。
　自己実現は「集団の中で，現在及び将来の自己の生活の課題を発見し，よ
りよく改善しようとする視点」である。

記入欄について

■参考様式への記入例

特　別　活　動　の　記　録		1	2	3
内　　容	観　点 ＼ 学　年	1	2	3
学級活動	よりよい生活を築くための知識・技能	○	○	○
生徒会活動	集団や社会の形成者としての思考・判断・表現		○	○
学校行事	主体的に生活や人間関係をよりよくしようとする態度	○		

　特別活動における生徒の活動について，観点とその趣旨及び各「内容」の目標に照らして，「十分満足できる状況にある」と判断される場合には，その欄に○印を記入する。「学級活動」「生徒会活動」「学校行事」ごとに行う。

　「観点」については通知別紙2に学校独自の観点を設けてもよいとある。

> 　評価の観点については，中学校学習指導要領等に示す特別活動の目標を踏まえ，各学校において別紙4（※）を参考に定める。その際，特別活動の特質や学校として重点化した内容を踏まえ，例えば「主体的に生活や人間関係をよりよくしようとする態度」などのように，より具体的に定めることも考えられる（※編集部注：観点及び趣旨のこと）。

　ただし，全体の目標を踏まえた観点が最良である。教育活動には，すべて目標があり，それを実現するために行われる。そして，評価は，教育が目標を実現している状況をチェックし，目標実現のために十分機能していることが確認できれば，そのまま続けてよしとし，十分機能していない場合には，機能するように改めて，教育をし直し，目標の実現を果たすために行われるのである。

　したがって，評価の観点は，目標の実現状況がチェックできるように，目

標を踏まえ設けられたものでなくてはならない。全体の目標を踏まえた観点でないとせっかくの評価が，特別活動の評価ではないものになってしまう。

評価の方法

学級活動

> 　学級や学校での生活をよりよくするための課題を見いだし，解決するために話し合い，合意形成し，役割を分担して協力して実践したり，学級での話合いを生かして自己の課題の解決及び将来の生き方を描くために意思決定して，実践したりすることに，自主的，実践的に取り組むことを通して，第1の目標（p146，編集部注）に掲げる資質・能力を育成することを目指す。

　以上は新学習指導要領に示された「学級活動」の目標である。特別活動全体の目標と比べてみると，学級活動の目標は全体の目標に即して設けられており，整合性に十分配慮されていることが分かる。

　したがって学級活動の評価に際しては，全体についての観点の「集団」を「学級」に置き換えて，それを観点として評価を行えばよい。具体的には，「よりよい学級活動や生活を築くための知識・技能」「学級や社会の形成者としての思考・判断・表現」「主体的に学級活動や生活をよりよくしようとする態度」といったように設けて行う。

　こうすることによって，「特別活動」の目標が，「学級活動」において実現できている状況を適切に評価できるとともに，「学級活動」そのものについても評価できることになる。

生徒会活動

> 　異年齢の生徒同士で協力し，学校生活の充実と向上を図るための諸問題の解決に向けて，計画を立て役割を分担し，協力して運営することに自主的，実践的に取り組むことを通して，第1の目標（p146）に掲げる資質・能力を育成することを目指す。

　以上は「生徒会活動」の目標である。全体の目標に即して「生徒会活動」の目標は設けられているので，両者の整合性は十分である。

　したがって生徒会活動の評価に際しては，全体についての観点の「集団」

を「生徒会」に置き換えて観点として，評価を行えばよい。具体的には，「よりよい生徒会活動や生活を築くための知識・技能」「生徒会や社会の形成者としての思考・判断・表現」「主体的に生徒会活動や生活をよりよくしようとする態度」という観点を設けて行う。この観点も，全体の目標と生徒会活動の目標と両方を踏まえて設けられているので，「生徒会活動」の評価はもちろん，「特別活動」全体の評価も，同時に行っていることになるのである。

学校行事

> 全校又は学年の生徒で協力し，よりよい学校生活を築くための体験的な活動を通して，集団への所属感や連帯感を深め，公共の精神を養いながら，第1の目標（p146）に掲げる資質・能力を育成することを目指す。

以上は「学校行事」の目標である。全体の目標との整合性は十分である。したがって学校行事の評価に際しては，全体についての観点の一部分を「学校行事」に置き換えて観点として評価を行えばよい。具体的には，「よりよい学校行事や生活についての知識・技能」「学校行事における思考・判断・表現」「主体的に学校行事や生活をよりよくしようとする態度」という観点を設けて行う。「学校行事」の評価を行うのと同時に，全体の評価も行うことになるのである。

　ここまでこの欄の評価のあるべき姿を示してきた。ただし以上の観点は評価の基準（拠り所）として扱うには抽象的である。正確な評価を行うためには，もっと具体的で，だれでも見て確認できるように，生徒の行動の水準で記述された基準が必要である。

　具体的には，内容ごと，学年ごと，観点ごとに基準を設けることである。その基準は，深い生徒理解と後々の指導のためには，「十分満足」「おおむね満足」「努力を要する」の三つ欲しいが，記入のためには「十分満足」だけでよい。

　評価資料の収集は主として観察により，観察法以外にも質問紙法など有効な方法がある。これらについては次節「行動の記録」で詳述する。

学級活動における「十分満足できる状況」の設定例

内　容	観点（例）	十分満足できる状況（例）
(1) 学級や学校の生活づくり	①生活づくりの思考・判断・表現 ②組織づくりや役割の思考・判断・表現 ③集団生活向上の思考・判断・表現	・学級内の話合いでは積極的に発言した ・リーダーシップを発揮し学級をまとめた ・班長として班別活動をリードした ・係活動の仕事に熱心に取り組んだ ・学校行事の委員等に積極的に参画し，学級代表として高い評価を受けた
(2) 適応と成長及び健康安全	①自他の個性理解と尊重の知識・技能 ②よりよい人間関係形成の思考・判断・表現 ③男女相互の理解と協力の知識・技能 ④不安や悩みの解決の知識・技能 ⑤性的発達への適応を図る知識・技能 ⑥主体的に健康で安全な生活を送ろうとする態度 ⑦主体的に望ましい食習慣を形成しようとする態度	・分かりやすい自己紹介図を作成した ・「友達のよい点」を的確にまとめた ・レクリエーション係として，「仲間づくり」年間計画に基づき活動を盛り上げた ・男女間の「対立」の解消に努めた ・学校行事では男女の協力を率先して進めた ・交換日記を定期的に提出し，悩みを解決した ・朝のなわとび時間を活用し健康の増進に努めた ・交通ルールの遵守で，近隣の人から褒められた ・インターネットの危険性について発表し，安全保持のための知識を高めた ・食生活に関心を持ち食事内容を工夫した
(3) キャリア形成と自己実現	①主体的に自己実現に取り組もうとする態度 ②社会の一員としての思考・判断・表現 ③主体的に進路選択に取り組もうとする態度	・地域の職業人にインタビューして，その仕事に必要なスキルをまとめた ・ボランティア活動に参加し助け合いの意識を高めた ・将来の夢にどのように近づいていくか年表を用いて具体的にまとめた

行動の記録

参考様式

行　動　の　記　録								
項目＼学年	1	2	3	項目＼学年	1	2	3	
基本的な生活習慣				思いやり・協力				
健康・体力の向上				生命尊重・自然愛護				
自主・自律				勤労・奉仕				
責任感				公正・公平				
創意工夫				公共心・公徳心				

概　説

改訂のポイント

　「行動の記録」欄については，かつて，「Ⅰ行動の状況」「Ⅱ所見」であったのを，前々回「Ⅰ行動の状況」だけで構成することとし，「Ⅱ所見」は，前々回新しく設けられた「総合所見及び指導上参考となる諸事項」に記入するという大幅な改訂を行った。今回は，それを維持するということで，特別な改訂はなされなかった。

　指導要録の改訂に当たっては，次のような趣旨に基づいて検討が行われた。

　新学習指導要領に対応した指導要録については，新学習指導要領の趣旨を反映していくこと，学校や設置者の創意工夫を生かしていくこと，教師の勤務負担を軽減するようにしている。このような基本的考え方は，学校における多様な教育活動全体における行動の様子を評価するものであるという性格を持つ「行動の記録」の見直しにも十分反映していく必要がある。

　このような趣旨に基づいて検討が行われて，次のような結論が得られた。

これまでの「行動の記録」は，文部科学省の通知において，「各教科，道徳，特別活動，総合的な学習の時間，その他学校生活全体にわたって認められる児童生徒の行動について，各項目の趣旨に照らして十分満足できる状況にあると判断される場合には，○印を記入する」こととされており，今回は，道徳科が加えられただけである。また，各学校や設置者においては「特に必要があれば，項目を追加して記入する」こととされている。新学習指導要領の下においても，こうした基本的な在り方を「維持していくことが重要である」ということで，特に改訂はなされず，所見については，引き続き「総合所見及び指導上参考となる諸事項」欄に記入することになった。

「行動の記録」の意味

　民主教育の信条は個性の尊重であり，個性の伸長である。現在の学校教育がねらっているものは，一人一人の生徒の特性に応じた指導を行い，個人のもっている能力をできるだけ伸ばすことである。そのためには，まず個々の生徒を知ることがきわめて重要なことである。

　「行動の記録」は生徒一人一人の個性の記録であり，パーソナリティの記録である。パーソナリティの理解にはこれを個々の特性項目に分析し，把握していくことが大切である。しかし，パーソナリティは一つの統一体であるから，いくつかの特性項目に分析しつくされるものではない。また，それぞれの項目が他の項目と重複することがなく独立するように分析設定することも，きわめて困難なことである。さらに有意義な特性項目であっても教師が観察しにくいような行動や場面では，評価項目としては適当ではない。あわせて学習指導要領の改訂の趣旨，発達の実情等をも考慮に入れて，項目を精選する必要がある。そうして，評価の項目が決定されたのである。

　しかし，個性やパーソナリティは統一的全体としてとらえなければならないので，これら把握された特性項目の単なる総合ではなく，総合以上のものであることを知り，そこで分析された項目の評定を通して，生徒の全体的なパーソナリティを判断しなければならない。

　次にパーソナリティは環境との適応として捉えられる。パーソナリティが形成される場面は単に学級，学校の場面だけに限定されず，生徒の生活場面全体にわたっている。教師が観察して捉えることのできる場面は，学校生活

を中心とするものとなってしまうが，できる限り学校生活以外の家庭の場面や，学校，家庭以外の社会の場面での資料が多く収集されれば，生徒のパーソナリティの理解に役立つことになる。

　ここで「行動の記録」が，「各教科の学習の記録」「特別の教科　道徳」「総合的な学習の時間の記録」や「特別活動の記録」等と並列するものでないことが理解されよう。したがって，道徳科の評価や記録と直接結びつくものではない。もちろん道徳科の内容や道徳性は，パーソナリティの特性項目と矛盾するものではない。また，特別活動の場面が「行動の記録」の項目の観察場面と重なることがあっても，特別活動の評価は特殊な活動場面での具体的な評価である。それに対し，本欄の評価はもっと一般化された，学校生活全体にわたった行動として評価されることになる。

　ここで，「行動」という用語についてもふれておこう。行動とは生徒の反応のうち外面に表出して，教師が観察することができるような特性について言い，よく言われる「性格」は，むしろ教師が直接に観察しにくいような内面的な傾向性について言うとの考え方があったが，今日では両者は明確に区別されていない。大事なことは，外面的，内面的特性に関わらず，学校生活の中で望ましい方向へ，より価値のある方向へ形成していくことである。

記入欄について

■参考様式への記入例

行　動　の　記　録							
項　目＼学　年	1	2	3	項　目＼学　年	1	2	3
基本的な生活習慣	○	○	○	思いやり・協力	○	○	○
健康・体力の向上				生命尊重・自然愛護			
自主・自律		○	○	勤労・奉仕			
責任感	○		○	公正・公平			
創意工夫				公共心・公徳心		○	○

各学校における評価に当たっては，各項目の趣旨に照らして十分満足でき
る状況にあると判断される場合に，○印を記入する。

評価項目及びその趣旨

　評価項目とその趣旨を示すと，以下のとおりである。

項　　目	学　　年	趣　　　旨
基本的な生活習慣	第１学年，第２学年及び第３学年	自他の安全に努め，礼儀正しく節度を守り節制に心掛け調和のある生活をする。
健康・体力の向上	第１学年，第２学年及び第３学年	活力ある生活を送るための心身の健康の保持増進と体力の向上に努めている。
自主・自律	第１学年，第２学年及び第３学年	自分で考え，的確に判断し，自制心をもって自律的に行動するとともに，より高い目標の実現に向けて計画を立て根気強く努力する。
責任感	第１学年，第２学年及び第３学年	自分の役割を自覚して誠実にやり抜き，その結果に責任を負う。
創意工夫	第１学年，第２学年及び第３学年	探究的な態度をもち，進んで新しい考えや方法を見付け，自らの個性を生かした生活を工夫する。
思いやり・協力	第１学年，第２学年及び第３学年	だれに対しても思いやりと感謝の心をもち，自他を尊重し広い心で共に協力し，よりよく生きていこうとする。
生命尊重・自然愛護	第１学年，第２学年及び第３学年	自他の生命を尊重し，進んで自然を愛護する。
勤労・奉仕	第１学年，第２学年及び第３学年	勤労の尊さや意義を理解して望ましい職業観をもち，進んで仕事や奉仕活動をする。
公正・公平	第１学年，第２学年及び第３学年	正と不正を見極め，誘惑に負けることなく公正な態度がとれ，差別や偏見をもつことなく公平に行動する。
公共心・公徳心	第１学年，第２学年及び第３学年	規則を尊重し，公徳を大切にするとともに，我が国の伝統と文化を大切にし，国際的視野に立って公共のために役に立つことを進んで行う。

項目の空欄について

　項目の最終は，空欄となっている。設定されている項目以外に，特に必要があれば，項目を追加して記入する欄である。これは，学校の実情に応じて，適宜に項目を設定できるように配慮されたものである。なお，この項目の設定の仕方は，他の項目と同じである。この場合，教育委員会が統一的に定めれば，学校間で項目の差が生じないことになる。

評価の方法

　この「評価」の仕方は，項目の趣旨に照らして十分満足できる状況にあると判断される場合には○印を記入する。したがって，評価段階は，２段階である。十分満足できるものだけに○という簡単な符号で記入されていれば，生徒の行動の特徴，とりわけ長所を明確に把握しやすいことになる。

　この評価は，絶対評価によるものであって，学級の者をお互いに比較したり，あらかじめ○の配分の割合などを決めて評価したりするものではない。したがって，評価に当たっては，当該学年における生徒の発達の様相や地域の特殊性などを十分配慮して，あらかじめ基準を設定することが大切である。

　なお，生徒の行動の評価は非常に難しい評価の一つである。教師の先入観や価値観の相違によって評価は大きく左右されることになる。また，数少ない資料・不適切な観察資料からは，不当な誤った評価となりがちである。適切な資料を，多くの場面から，長期にわたって豊富に収集し，その積み重ねから妥当な信頼できる評価が期待されるのである。

　行動の評価の方法は，教師の観察が中心である。観察は日常の場面，あるいは特定の場面における生徒の自然の行動が対象となる。また，質問紙の形式によって生徒に回答を求めて，教師の評価の参考資料とすることができる。前者の方法には逸話記録法，チェック・リスト法，評定尺度法などがある。

　以下，代表的な方法のいくつかについて簡単に述べよう。

⑴　逸話記録法

　生徒が，各項目の評価に役立つと思われる具体的な行動を示したとき，生徒の人格を表す事実として簡潔に記録する。この際，解釈や意見は加えない。

もしその必要があれば，観察事実の記述とは別に記載する。

① 望ましい行動はもちろん，望ましくない行動も記録する。また行動は
生徒の活動の各領域から取り上げる。

② 行動の背景や場面を明確に記入する。

③ 記録の各項ごとに日時を記入しておく。

④ 記入は現に鮮明な印象のあるうちにする。

⑵ チェック・リスト法

下表に示すように，各項目について観察する行動のリストを作り，生徒が
それを示すたびにチェック（✓）する方法である。そして，10回の観察機
会であれば，8回以上示したら「十分満足」，6～7回は「おおむね満足」
と基準を設けて評価を行う。リストがうまくできれば，正確に行える。

責任感	自分の言動に責任をもつ	自分の仕事や役目は誠意をもって果たす	約束をよく守る	
青　木	✓✓✓	✓✓✓	✓✓✓	
池　田	✓	✓	✓	
植　木				

⑶ 評定尺度法

具体的な評価の基準を，項目ごとに，学年に応じて設けて，それに当ては
めて評価する方法である。

【評定尺度を構成する手続き】

① 行動特徴（項目の趣旨）から評価に適した観察の場面を定める。

② 項目，場面について「十分満足できる状況」の基準として具体的な行
動を設定する。

③ 観察場面はできるだけ，各領域から，数多く設定する。

指導のためと所見記入のためには，評価する基準は，「十分満足できる状
況」「おおむね満足できる状況」「努力を要する状況」のそれぞれについて，
具体的な行動の水準（観察できる，指導の仕方が分かる水準）で設ける必要
がある。ただし，この欄の記入のためには，「十分満足できる状況」の基準
だけでもよい。

⑷　質問紙法

　質問紙を用いて生徒に回答させ，評価の参考資料とする方法である。

・あなたは，自分の仕事をしんぼう強くやりとげるほうですか。

　　□　いつもしんぼう強くやりとげる。

　　□　ときには嫌になって途中でやめることもある。

　　□　すぐ嫌になってやめることが多い。

というような形で質問し，一つ選んで回答させる方法である。

　実施法としては，

①　あまり価値的な表現をして生徒に警戒心を起こさせない。質問の順序
　　を変えて，回答しやすくする。

②　一つの質問は一つの評価の視点で提示する。

③　ときどき行い，指導の資料として役立たせる。

　この方法では，行ってほしい行動をしているかどうかを，自己評価，自己チェックさせている。何を行うべきかを示しているので，それを行うようにという指導効果が期待できる。自分の行動のよい点，問題点を自己確認できるので，自己改善も期待できる。うまく使えば，教育上たいへん有効である。

⑸　標準化された検査

　「行動の記録」は，すでに述べたような各種の方法を活用して，できるだけ豊富な資料を収集し，それらの資料を整理，総合して解釈をすれば，妥当性，信頼性の高い評価をすることができる。しかし，教師にとっては，知育における学力，体育における健康と体力に比べると，徳育における行動は，指導も評価も得意とはいえない。それだけに，評価については，資料の収集が不十分で偏っていたり，解釈も教師の主観が強かったりして，妥当性の低い，信頼できないものになりやすい。

　教師の「行動」の評価における不足や偏りを補い，その妥当性，信頼性を高められる方法に，標準化された検査がある。行動，性格，道徳性，社会性，人間関係などについて標準化された検査があり，行動等について広く，偏りのない内容で構成されており，学年ごとに，項目ごとに客観的に解釈できる尺度（基準）を設けている。教師の資料と合わせて行えば，指導にも安心して活用できる。妥当性，信頼性の高い評価となるということである。

6 総合所見及び指導上参考となる諸事項

参考様式

	総 合 所 見 及 び 指 導 上 参 考 と な る 諸 事 項
第 1 学 年	
第 2 学 年	
第 3 学 年	

概　　説

　前々回の改訂において，各教科の学習の記録についての所見，特別活動の記録についての所見，行動の記録についての所見がこの欄に統合され，その後の改訂においても，この欄は継続された。これは，所見欄を統合したことによって生徒の優れている点や長所を全体的に捉えやすくなり，それと同時に指導上参考となる諸事項とも統合されたので，指導に生かしやすい欄となったことが評価されたためと考えられる。

　教科の学習にしても，一人の生徒の持ち味は，興味や性格と密接に結び付いており，特別活動や行動と関連付けて記述したほうがよいことがある。また，興味や性格を標準学力検査の結果等と関連付けることがあってもよく，それによって，より深い生徒理解が可能となり，指導に生きる評価の記録になるであろう。

　この欄は，生徒の可能性などのよさを幅広く把握し，個性を生かす教育の充実に役立てることをねらいとしている。生徒の可能性などのよさは，各教科等の指導の過程や成果などによっても把握できるが，それだけでは十分ではない。それ以外の学校における教育活動等や学校外における社会奉仕体験活動，表彰を受けた行為や活動などにおいて見られる生徒のよさを積極的に見いだし，指導に役立てることが大切である。

　したがって，この欄は生徒の可能性などのよさを幅広く把握し，生徒が自己実現を目指している学習や生活を支援していくことをねらいとしている。

　また，よさだけでなく，生徒の努力を要する点などについても，その後の指導において特に配慮を要する事項をこの欄に記入して次年度の学級担任等へ引き継ぎ，指導に生かされるようにする必要がある。もちろん，その際，学校の実状や生徒の実態を全体的に捉え，記入の仕方などを工夫する必要がある。

　今回の改訂では，通知文にあるように教師の勤務負担軽減の観点から，要点を文章で箇条書き等にして記載事項を必要最小限にとどめること，また，通級による指導を受けている生徒については，個別の指導計画を作成している場合は，指導計画書の写しを指導要録の様式に添付することで指導要録へ

の記入に替えることが可能となった。

記入内容について

この欄の基本的な性格は従来と同様であり，上に述べた趣旨から生徒の特徴や指導上必要な事柄を選び出して書くことになる。内容的には次の六つに分かれるが，個別の記入欄はないので，文章で箇条書き等にして重点的に内容をまとめて書いてもよい。別紙１には下記のように示されている。

中学校等における総合所見及び指導上参考となる諸事項については，生徒の成長の状況を総合的にとらえるため，以下の事項等を文章で箇条書き等により端的に記述すること。特に⑤のうち，生徒の特徴・特技や学校外の活動等については，今後の学習指導等を進めていく上で必要な情報に精選して記述する。
① 各教科や総合的な学習の時間の学習に関する所見
② 特別活動に関する事実及び所見
③ 行動に関する所見
④ 進路指導に関する事項
⑤ 生徒の特徴・特技，部活動，学校内外におけるボランティア活動など社会奉仕体験活動，表彰を受けた行為や活動，学力について標準化された検査の結果等指導上参考となる諸事項
⑥ 生徒の成長の状況にかかわる総合的な所見
記入に際しては，生徒の優れている点や長所，進歩の状況などを取り上げることに留意する。ただし，生徒の努力を要する点などについても，その後の指導において特に配慮を要するものがあれば端的に記入する。
さらに，障害のある生徒や日本語の習得に困難のある生徒のうち，通級による指導を受けている生徒については，通級による指導を受けた学校名，通級による指導の授業時数，指導期間，指導の内容や結果等を端的に記入する。通級による指導の対象となっていない生徒で，教育上特別な支援を必要とする場合については，必要に応じ，効果があったと考えられる指導方法や配慮事項を端的に記入する。なお，これらの生徒について個別の指導計画を作成している場合において当該指導計画に上記にかかわる記載がなされている場合には，その写しを指導要録の様式に添付することをもって指導要録への記入に替えることも可能である。
特別支援学校中学部においては，交流及び共同学習を実施している生徒に

ついて，その相手先の学校名や学級名，実施期間，実施した内容や成果等を端的に記入する。

各教科や総合的な学習の時間の学習に関する所見

この欄は，各教科や総合的な学習の全体を見た場合，生徒にとって重要と思われる特徴的な事柄を記入するのが目的であり，細かく分析された学習の成果を書くのではない。したがって，文章表現になるが，できるだけポイントを押さえた簡潔な表現になるようにしたい。

記入する内容としては，比較的優れている点だけを書くのではなく，努力を要する点についても書く。基本的には生徒一人一人のよさや可能性を積極的に評価しようというのであるが，後の指導において特に配慮が必要なものがあれば，努力を要する点として記入するほうが望ましい。これは，個人内評価の中でも，その個人として優れている点と劣っている点の比較，すなわち横断的比較による個人内評価である。

また，個人の特徴は，時間の経過を追って見ることによって明らかになることもある。したがって，学年の初めから学年末にかけての学習面における経時的な変化を積極的に捉えて記入する。これは個人の縦断的比較による個人内評価である。このとき，観点別学習状況の評価や評定では十分に示しきれないよい点や可能性，進歩の状況等を積極的に記入することが重要である。

記入する内容を大まかにまとめると，下記のようになる。

① 学習全体として見られる個々人の特徴，すなわち横断的比較による個人内評価事項

② 学年初めから学年末にかけて学習面での進歩の状況，すなわち縦断的比較による個人内評価事項

③ 学習に影響を及ぼす健康状況や学校教育法施行規則に従い，生徒の履修困難な教科について，特別の処遇をとった場合，その状況に関すること

④ その他，特に指導が必要である場合には，その事実に関すること

特別活動に関する事実及び所見

この欄に記入する事実としては，学級活動，生徒会活動及び学校行事における係名や委員会名などの役割が主なものであり，さらにそれらの活動状況

や指導に特に必要な事柄である。

　また，所見としては，よさや可能性を重視する立場から，集団でのリーダーシップや活動への意欲などを全体的に見られる特徴を捉えて記入する。さらに進歩や努力の跡が見られる場合や特に指導が必要な場合も記入しておく必要がある。

行動に関する所見

　心の教育の重要性から考えても，生徒の行動に見られる特徴を総合的に捉えて指導に生かすことは，きわめて大切なことである。設定されている10項目には前回の改訂からの変更はなく，いずれも今日の生徒にとって重要な行動に関する項目であり，的確に評価して指導に生かす必要がある。

　ただし，ここには総合所見としての行動の状況を書くべきであり，個々の項目について分析されたものではない。10項目全体の分析の上に立って全体像を捉え，一人一人の特徴を評価することが肝要である。

　記入する内容を大まかにまとめると，下記のようになろう。

① 全体的に捉えた生徒の特徴に関すること（全人的な個性）

② 個人として比較的優れている点や長所など，いわゆる横断的な個人内評価事項

③ 学年初めと学年末とを比較し，行動の状況の進歩が著しい場合，その状況に関すること，いわゆる縦断的な個人内評価事項

④ 指導上特に留意する必要があると認められる生徒の健康状況，その他，特に指導が必要である場合には，その事実に関すること

進路指導に関する事項

　中学校においては，生徒の全体像を捉えるという点から，進路指導の記録が重要な意味を持つ。したがって，生徒の希望や適性などを考慮し，どのような指導が行われ，また生徒自身がどのように判断したかをまとめて記入する必要がある。特に高等学校の教育課程が多様化しているので，生徒の希望や適性について適切な判断や指導が強く求められ，慎重な配慮が望まれる。

　記入する内容を大まかにまとめると，下記の事項に関することになろう。

① 生徒の将来の希望や進学，就職など当面する進路についての希望

② 主体的な進路選択に対する生徒の意欲や態度についての事実

③　自己の将来や進路に関する生徒の学習，活動の状況等についての事実

④　②及び③を通じて把握した生徒の特性等を踏まえつつ，生徒の希望を実現するために行った指導・助言

生徒の特徴・特技，部活動，学校内外におけるボランティア活動など社会奉仕体験活動，表彰を受けた行為や活動，学力について標準化された検査の結果等指導上参考となる諸事項

(1)　生徒の特徴・特技

生徒の特徴や特技，趣味，読書傾向などの中から，生徒のよさを把握する上で重要と思われるものを記入する。

(2)　部活動

部活動を通じた生徒の成長等に関する所見をこの欄へ記入する。

(3)　学校内外におけるボランティア活動など社会奉仕体験活動，表彰を受けた行為や活動

家庭や社会における善行や社会奉仕体験活動，学校内外における表彰を受けた行為や活動等，課外における活動の中から，生徒のよさが現れていると思われるものを記入する。よさとか個性と言われる特徴は，学校内外の多様な活動や生活を通して形成されるものであり，広い視野から理解する必要がある。

善行や奉仕活動としては，困っている友人を助けたり，街の清掃を自発的に行ったり，障害者の支援活動に参加することなどが考えられる。

表彰を受けた行為や活動としては，対外的な運動競技，音楽や絵画等のコンクールなどで入賞したこと，また，社会奉仕や各種の役員としての活動に対して表彰されたことなどである。

課外での活動としては，クラブ活動や趣味の活動など，様々な課外活動の中で，生徒のよさが発揮されていると思われるものである。今回の改訂では，特に生徒の特徴・特技や学校外の活動等については，今後の学習指導等を進めていく上で必要な情報に精選して記述することとなった。

(4)　学力について標準化された検査の結果等指導上参考となる諸事項

生徒の能力や資質の特徴は，外からの観察だけでは捉えることができない面がある。そのため各種の心理検査，すなわち学力検査，知能検査，性格検

査，適性検査，認知能力検査等が開発され，利用されている。学校教育の場においても，これらの標準検査を上手に利用し，個性理解や学習指導に役立てる必要がある。妥当性，信頼性の高い標準検査を正確に実施した場合，検査時期，検査の名称及び検査の結果を記入するのがよい。ただし，標準検査によっては，偏差値等の数値情報ではなく，その後の指導に生かすことができる内容を具体的に文章で記入することが望まれる。

標準検査の結果を教科や総合的な学習，特別活動，行動についての所見と関連付けて解釈し，総合的所見として記入すれば，一人の生徒としての深い理解に標準検査の結果が生かされる。

生徒の成長の状況に関わる総合的な所見

生徒を正しく理解し，指導に生かしていくには，過去から現在に至る成長の過程を知ることも大切である。ある時点の特徴だけでは誤解や無理解に陥る危険性があり，生徒の真の姿を見逃していることもあるからである。そこで，総合所見としては，前の学年からの変化や，当該学年の初めからの変化など，時系列的な過程を視野に入れた事実や解釈を記入するのが望ましい。それによって生徒の成長を援助する指導や支援の手立てが明らかになる。

標準検査の記録について

標準検査と指導要録

（1）　標準検査の記録の意義

標準検査の記録は，以前は「標準検査の記録」欄へ記入されていたが，指導に役立てるために発展的に「指導上参考となる諸事項」欄へ統合された。さらに，その後の改訂において，その欄が他の所見欄とも統合され，よりいっそう標準検査の記録を指導に役立てることが可能となった。

指導要録の作成においては，数値で表現される標準検査の記録だけではなく，その後の指導に生かすことができる内容を具体的に記入することが望まれる。そのためには，標準検査についての理解を深め，検査の利用の仕方をよく心得ておく必要がある。もちろん検査の限界や誤用の可能性もあるので，細心の注意を払って活用するという点にも留意する必要がある。

⑵ 標準検査の機能と活用

標準検査の機能について考えてみる。教育活動を教育システムと捉えるとき，教育指導の前提条件として生徒の能力・適性，人格特性さらに環境特性などを正しく捉えることはきわめて大切なことである。古くから，「教育は子どもの理解に始まり，理解に終わる」という言葉があるが，その理解のための有力な資料が標準検査によって得られる，といってもよいであろう。

また，標準検査には，学力，知能，適性，性格，認知能力など，それぞれ特徴を持った検査が多くあるが，いずれも最終目的は教育的な意思決定にある。例えば，学習指導の計画，カリキュラムの改訂，あるいは進路決定などにおいて，意思決定の有力な資料の一部を標準検査が提供してくれる。そのためには妥当性のある，信頼性の高い標準検査をできるだけ多面的に適用して，いわゆるテストバッテリーとして組み合わせて使用することが望ましい。

標準学力検査の活用

⑴ 基礎・基本の徹底と学力保障

「基礎・基本」と呼ばれるように，学力の中のベーシックな部分はすべての子どもに確実に習得させなければならない。この学力保障の立場から，学習評価において標準学力検査を積極的に活用していくことが重要である。

標準学力検査は，後に述べる標準化という手続きが踏まれているので，学習の到達度や大きな集団内での学力の相対的位置を示す指標を提供してくれる。到達度はCRT（目標基準準拠検査），相対的位置はNRT（集団基準準拠検査）として作成された標準学力検査を使えば正しく評価することができる。

⑵ 目標に準拠した評価が適正に行われているかのチェック

第3章-1「各教科の学習の記録」で解説されているように，目標に準拠した評価を客観性のあるものにするための工夫を行う必要があるが，そこには難しい側面もある。教師の主観による偏向が介入する余地があるからである。この点が目標に準拠した評価の難点であることを心に留め，それをチェックし，補正することを忘れてはならない。チェックや補正のための資料として，標準化された学力検査の結果は非常に有力なものである。教師の評価と標準学力検査の結果との間に生じる小さなずれは許容されるが，評価

が大きくずれた場合には，補正を行うことが必要となろう。

(3)　保護者や地域への説明責任

目標に準拠した評価の教育的な適切性を説明したとしても，保護者の中には学力の相対的位置を知りたいという人が多いであろう。また教師の評価についても疑義を持つ人が出る恐れもある。したがって，標準化の手順をきちんと踏んで作成された検査結果を示すことによって，これらの要望や疑義に応えていくことは，今後ますます重視されることになる。

また，学校が教育活動の成果を，開かれた学校づくりとして地域社会に向けて説明することが求められてくるので，その際，教育活動の成果を客観的に証明できるものとして標準学力検査が利用されることが考えられる。標準学力検査は学習指導を進めるための資料としてだけではなく，教育の効果を検証するためのエビデンスともなる。

標準検査とは何か

(1)　「標準化」の意味

標準検査とは，一人の検査結果を，一つの学級や学校の中だけでなく，より多くの人々から成る大きな集団（母集団と呼ぶ）のデータとの照合によって，比較解釈できる基準尺度が設定されている検査である。標準検査は標準化された検査（standardized test）の意であるが，標準化というのは教育測定の手順に従い，次の手続きを踏んで検査を作成することである。市販の学力検査の中には標準化されていない検査も多数あるので，「標準化」の手続きが踏まれているかどうかについては，特に留意しなければならない。

①　問題内容の標準化

標準検査を作成するには，よい検査問題を作る必要があるが，それには後に述べる方法によって，その妥当性がきびしく吟味されなければならない。

②　実施の方法の標準化

標準検査は，受検者の能力を正しく測定し，しかも全国どこで実施しても一定の条件を保つことができるように，実施の条件が統制されていなければならない。したがって，標準検査を実施する際には，手引書に詳述されている実施方法を守る必要がある。

③　採点の方法の標準化

標準検査の採点の基準や方式が定められており，だれが採点しても一致した結果になるように作成されている。

④　解釈の方法の標準化

検査結果を広い地域にわたって相互に比較可能なものにするためには，基準尺度が構成されていなければならない。検査が適用される地域の全生徒を母集団とし，その中から無作為に選ばれた生徒によって準拠集団を構成する。そして，この集団に検査を実施した結果を統計的に処理して解釈に必要な基準尺度を構成する。これまで多数の基準尺度が考案されているが，主要な基準尺度は後述の「標準検査の結果の表示」に説明するとおりである。

(2)　**標準検査の種類**

通知文によると，標準検査は「学力について標準化された検査の結果等」となっているが，学力以外の標準検査は「等」の中に含まれると解釈できる。標準検査として，学力検査のほかに性格検査，適性検査，認知能力検査，知能検査，また，行動や道徳性，学習や環境への適応性に関する検査なども開発され，その妥当性・信頼性の高いことが検証されているものが多いので，それらを活用することが望ましい。

(3)　**検査の妥当性と信頼性**

①　妥当性

検査の結果を解釈したとき，その正当性が保証される検査は「妥当性がある」と言われる。また，検査が測ろうとしている心理的な特性を実際に測ることができているとき，「妥当性がある」とも言われる。妥当性は単一の概念であるが，検証する手続きに応じて伝統的に次の観点でチェックされる。

内容的妥当性：例えば，中学校3年の数学の検査であれば，中学校3年の数学のカリキュラムの中の重要な内容に対応した問題であるかどうかを調べる。重要な内容が偏りなく出題されているなら，検査の内容的妥当性は高いと判断される。

併存的妥当性：標準学力検査の得点が，教師による数学の評価や他の数学の検査得点と高い正の相関を示すかどうかを調べる。二つの検査得点が期待したとおりの高い相関を示すなら，検査の併存的妥当性は高いと判断される。

この妥当性は基準関連妥当性の一つであるが、妥当性を調べる基準が新たに開発した検査の結果と同時に得られるので、併存的妥当性と呼ばれる。

予測的妥当性：例えば、職業適性検査の結果、とある職種を選んだときの成績を比較して、検査の妥当性を調べる。これも基準関連妥当性の一つであるが、妥当性を確認する基準、つまり就職してからの成績が検査を受けた後に得られるので、予測的妥当性と呼ばれる。

構成概念的妥当性：検査の得点が心理学的な理論に従った要因で説明できるかどうかを相関分析法や因子分析法などによって検証する。現在では、構成概念的妥当性を検証する証拠に応じ、内容的妥当性、基準関連妥当性（併存的妥当性と予測的妥当性）などと呼ばれることがある。

② 信頼性

同一条件下で同一個人へ検査を反復して実施したとき、一貫して同一の結果が得られるならば、検査の「信頼性がある」と言われる。現実には同一個人に対して反復測定はできないので、次の方法で信頼性の高さをチェックする。

内的整合性（一貫性）に基づく方法：検査を構成する諸項目が共通して単一の心理特性を整合的に測定しているかを調べる。整合的に測定しているほど信頼性は高いと判断される。

再検査法：同一の被検者集団に同じ検査を2回実施して、得点間の相関係数から信頼性を調べる。相関係数が大きいほど信頼性は高いと判断される。

折半法：一つの検査を二つに分割し、得点間の相関係数から信頼性を調べる。相関係数が大きいほど信頼性は高いと判断される。

標準検査の手引書には妥当性と信頼性についての検証結果が示されているので、標準検査を選ぶときには、これらを調べることを忘れてはならない。

結果の記入について

(1) 標準検査の結果の表示

標準検査の結果は、次に示すような表示法によって示される。

① 標準得点（偏差値）

受検者母集団における平均値を基準として得点を変換した値を標準得点と言い、その代表として偏差値がある。検査の得点が平均値と等しいとき偏差

値は 50，平均よりも大きい（小さい）ときは 50 を超える（に届かない）。偏差値に理論的な上限と下限はないが，おおよそ 25 から 75 程度の範囲に分布する。NRT（集団基準準拠検査）では偏差値が利用されることが多い。なお，偏差値以外の標準得点があるので，標準検査を利用する際は，変換式とその意味を手引き書で確認しておくことが望ましい。

② パーセンタイル順位（百分段階点，百分率順位）

最も簡単であり，分かりやすい換算点である。得点を低いほうから順に並べたとき，その得点の者の下に何パーセントの者がいるかによって検査の結果を表示する方法である。例えば，20 パーセンタイル順位とは，その得点よりも下に全体の 20 パーセントの者がいること，逆に，その得点よりも上に 80 パーセントの者がいることを表している。

③ 達成度基準

目標の達成度または到達度を調べようとする標準学力検査においては，基準として正答率が用いられる。例えば，80％以上の正答率の場合は十分達成，60％〜79％の場合はおおむね達成，59％以下の場合は努力を要するという利用方法である。これは「観点別学習状況」で用いられる基準の一例であり，このような基準を「達成度基準」と言うが，「到達度基準」「達成度尺度」「到達度尺度」などとも言い，CRT（目標基準準拠検査）で設けられている基準である。

(2) 結果の記入

標準検査を利用するには，①使用する検査の手引書に掲げられた実施要領に忠実に従って実施し，②結果は採点の仕方に指示してあるとおりに処理し，③結果の解釈は手引に示されている基準尺度に照らして偏差値などに換算することを守らなければならない。

ただし，標準検査と言っても，個別式認知能力検査や知能検査のように，実施，採点，解釈に専門的知識と技術を必要とする検査があり，これらの検査を一般の者が施行するのが難しい。

記入する内容は検査時期，検査の名称及び検査の結果である。検査の結果については，偏差値またはパーセンタイル順位等のほか，その後の指導に生かすことができる内容を具体的に文章で記入する。その基本には，よさや個

性を捉え指導に生かすようにという考え方があり，検査結果を丁寧に記録して，個性理解や指導の有力な資料とすべきである。現在，標準検査については，研究と改善が進み，テストバッテリーを組むことにより，これまで以上に一人一人の生徒について分析的・診断的な詳しい情報を提供できるようになっている。したがって，これらを記入しておけば，生徒のよさや個性などの特徴をよく理解でき，指導に役立つことになるであろう。それでも，この欄への記入についてはスペースに限りがあるので端的に記入することになるので，その詳細については，生徒個人票のような補助簿を用い，それに詳しく記入して活用するのが望ましい。

用　語　例

各教科や総合的な学習の時間の学習に関する所見

◆　個人としての特徴に関すること

・課題解決の学習場面で提案・発表を積極的に行う。

・教科で学んだことを総合的な学習の時間で応用しようとする。

・日ごろから本をよく読み，文章を書くことを得意とする。

◆　学習の進歩の状況に関すること

・コツコツと学習を積み重ねて基礎が身に付いてきた。

・夏休み以降は読書量が増えて読解力が高まってきた。

・球技大会で活躍してから体育に積極的に取り組むようになった。

◆　履修困難な教科について特別の処置をとった場合

・心臓に疾患がある。激しい運動を医者から止められている。

・授業中に歩き回る傾向がある。教育研究所の教育相談を続けている。

・車椅子を使用している。体育はボール拾いなどできる範囲で参加させた。

◆　その他，特に指導が必要である場合

・聴力が弱い。補聴器を使用。座席や指示に配慮を要する。

・文字が乱雑で読み取れない。ていねいに書けるよう個別指導が必要。

・計算が苦手。基礎基本の定着を図る個別指導を要する。

特別活動に関する事実及び所見

◆　学級活動に関すること

・人間関係の調整能力が高く，リーダーシップを発揮した。

・ディベート，ロールプレイングなどの体験活動に積極的に参加した。

・進路相談室を積極的に活用し，進路選択を主体的に行った。

◆　生徒会活動に関すること

・生徒総会で公平かつ建設的な発言をすることができた。

・実行委員に立候補して文化祭の運営と調整に献身的に取り組んだ。

・ボランティア活動に積極的に参加し，級友や下級生の手本となった。

◆ 学校行事に関すること

・入学式で新入生の誘導係を自ら引き受け，上級生の自覚が高まった。

・二泊三日の夏季施設での集団生活を通して仲間と人間関係を深めた。

・「○○川一斉清掃」では自ら清掃用具を用意して主体的に参加した。

行動に関する所見

◆ 全体的な特徴に関すること

・だれに対しても礼儀正しく，公平で，親切に接することができる。

・積極的な態度と包容力を発揮し，クラスの中心的存在である。

・何事もまじめに粘り強くやり遂げる根気強さがある。

◆ 個人として比較的優れている点や長所

・身の回りが整理整頓されており，忘れ物がほとんどない。

・目立たないところでも協調性や思いやりを発揮することができた。

・友達と信頼し合い理解し合いながら学校生活を送ることができた。

◆ 行動の状況の進歩が著しい場合

・自分の考えをよく練り，判断し行動できるようになってきた。

・ゴミ拾い活動に参加してから，他人のための行動が増えてきた。

・エンカウンターで自他の理解を深め，生活態度が意欲的になってきた。

◆ 指導上留意が必要な健康状況

・ぜんそくがある。運動後や急激な環境変化のときは発作の確認を要する。

・疲れやすく，貧血を起こすことがある。

・食物アレルギーがあり，給食は実施せず，弁当と水筒を持参している。

進路指導に関する事項

・人の役に立ちたいという気持ちから，警察官になりたいと考えている。

・普通科高校への進学を希望。進路についてのアドバイスを自ら求めにくる。

・進路について本人と両親の希望が異なる。家族と話し合うことを勧めた。

生徒の特徴・特技，部活動，学校内外におけるボランティア活動など社会奉仕体験活動，表彰を受けた行為や活動，学力について標準化された検査の結果等指導上参考となる諸事項

◆ 特徴・特技

・サッカーに詳しい。よく観戦に行き，選手の動向も調べている。

・読書家。図書館に通う習慣がある。最近は伝記物を読んでいる。

・書道を特技とする。○○○展覧会では○○賞を受賞している。

◆ 部活動に関すること

・野球部。休まず練習に参加し，秋の新人戦では中心打者として活躍した。

・陸上部。新たな種目にも果敢に挑戦し，市内大会で入賞した。

・吹奏楽部。トランペットを担当。当初は苦戦していたが夏に努力を重ね，秋の市内の演奏会には自信を持って臨むことができた。

◆ ボランティア活動，表彰を受けた行為や活動に関すること

・PTA主催のリサイクル運動に参加している。

・下校時に火災を発見し，初期消火に協力し，消防署から表彰を受けた。

・絵画が得意。ポスター作品が県大会に出品されて会長賞を受賞した。

◆ 学力について標準化された検査の結果

・4月18日。教研式標準学力検査NRT，国語SS53，数学SS43，英語SS48。教研式知能検査サポートSS 58。新成就値－10のアンダー・アチーバー。NRTの結果からは数学の基礎学習が必要である。

・2月6日。教研式標準学力検査CRT，得点率国語75％，社会68％，数学65％，理科60％，英語72％。社会，数学，理科の思考・判断・表現が努力を要する状況。総合的な学習の時間で課題解決的な学習を課したり，思考力を高める指導が必要である。

・学力が伸び悩んでいる。教研式学習適応性検査AAIによると，原因は，精神・身体の健康，とくに自主的態度，根気強さの不足にある。自信を持たせる言葉かけを心がけた。

生徒の成長の状況にかかわる総合的な所見

・環境問題に興味を持ち，図書館やインターネットで情報を収集し，レポートを作成した。その後，生徒会やPTAの協力を得て，資源ゴミや有価物の回収，廃棄物の減少化の活動を行っている。

・修学旅行先の広島で被爆者から戦争体験を聞いたことがきっかけとなり，世界平和に関する学習やユニセフ募金の呼びかけを自ら続けている。

・英語が苦手で，夏休みの学習教室に積極的に参加した。基礎から学び直したところ，顕著な成果が見られた。

特別な配慮を必要とする生徒

・自閉症と診断。本校併設の通級指導教室に週2回（月・木曜日の午後）通っている。単語程度ではあるが友達との会話ができるようになってきた。

・入学当初より不登校傾向。9月から本市の適応指導教室に通級。○月○日からは保健室登校ができるようになり，適応指導教室へは週2日通うかたちになった。○月○日からは無欠席で1学年を終えた。

・1月にアメリカの学校から編入。週1回（木曜日），本市の○○中学校併設の日本語学級に通っている。当初は日本語が話せなかったが，簡単な会話ができるようになってきた。

[標準検査一覧表]

◆標準学力検査◆

検査名	適用範囲	監修・編著者名	発行所名
教研式 標準学力検査 NRT（集団基準準拠検査）	中新1～中3	辰野千壽・石田恒好・ 服部環・筑波大学附属 小学校各教科官	図書文化社
教研式 標準学力検査 CRT（目標基準準拠検査）	中新1～中3	北尾倫彦・筑波大学附 属小学校各教科官	図書文化社
教研式 読書力診断検査 Reading-Test	中1～中3	福沢周亮・平山祐一郎	図書文化社
TK式 領域別標準学力検査	新入時 中1～中3	田中教育研究所	田研出版
TK式 観点別標準学力検査 DRT	中1～中3	田中教育研究所	田研出版

◆知能検査◆

検査名	適用範囲	監修・編著者名	発行所名
教研式 新学年別知能検査 サポート	中1～中3	岡本奎六・渋谷憲一・ 石田恒好・坂野雄二	図書文化社
教研式 新訂学年別知能検査	中1～中3	榊原清・平沼良・ 斉藤寛治	図書文化社
教研式 認知能力検査 NINO	中1～中3	石田恒好・櫻井茂男・ 服部環・平山祐一郎	図書文化社
TK式 学年別 田中S式知能検査	中1～中3	間宮武・加賀秀夫	田研出版
TK式 最新中学用B式知能検査	中1～中3	田崎仁	田研出版
東大A-S知能検査 　H版，H版II型，S版	中1～中3	東京大学教育心理学研 究会・肥田野直	東京心理

◆行動・性格・適性検査ほか◆

検査名	適用範囲	監修・編著者名	発行所名
Q-U 楽しい学校生活を送るための アンケート	中1～中3	田上不二夫・河村茂雄	図書文化社
hyper-QU よりよい学校生活と友達づく りのためのアンケート	中1～中3	河村茂雄	図書文化社
教研式AAI 学習適応性検査	中1～中3	辰野千壽	図書文化社
教研式SET 自己向上支援検査	中1～中3	北尾倫彦	図書文化社
教研式M-G 本明・ギルフォード性格検査	中1～中3	本明寛・久米稔・ 織田正美	図書文化社

教研式 PUPIL 生徒指導検査	中 1 ～中 3	真仁田昭・堀内聰・ 小玉正博	図書文化社
教研式道徳性アセスメント HUMAN	中 1 ～中 3	押谷由夫	図書文化社
教研式道徳教育アセスメント BEING	中 1 ～中 3	押谷由夫	図書文化社
教研式 PAS カード 学年別進路適性診断システム	中 1 ～中 3	石田恒好・吉田辰雄・ 佃直毅・坂野雄二・ 服部環・原田悦子	図書文化社
MULTI 生徒理解の多面的調査	中 1 ～中 3	教育臨床研究所	大阪心理出版
STEP 生徒理解の綜合調査	中 1 ～中 3	教育臨床研究所	大阪心理出版
一般職業適性検査 [進路指導・職業指導用]	中 2 ～中 3	厚生労働省	雇用問題研究会
興味検査 VRT 職業レディネス・テスト 〔第 3 版〕	中 2 ～中 3	労働政策研究・研修機 構	雇用問題研究会
菅野純の KJQ 調査	中 1 ～中 3	菅野純グループ	実務教育出版
TK 式 診断的新親子関係検査	親・中 1 ～中 3	品川不二郎・ 品川孝子・森上史郎・ 河井芳文	田研出版
	子・中 1 ～中 3		
TK 式中 TMT 道徳性診断検査	中 1 ～中 3	田中教育研究所	田研出版
HEART 道徳性診断検査（S 版）	中 1 ～中 3	古畑和孝ほか	東京心理

◆個別検査◆

検査名	適用範囲	監修・編著者名	発行所名
KABC- Ⅱ 個別式心理教育アセスメント バッテリー	2 歳 6 か月～ 18 歳 11 か月	日本版 KABC- Ⅱ制作 委員会 藤田和弘・石隈利紀・ 青山眞二・服部環・ 熊谷恵子・小野純平	丸善出版
田中ビネー知能検査Ⅴ	2 歳～成人	田中教育研究所	田研出版
箱庭療法用具	幼児～成人	秋山達子	千葉テストセン ター
WISC- Ⅳ 児童向けウェクスラー知能検 査	5 歳 0 か月～ 16 歳 11 か月	日本版 WISC- Ⅳ刊行 委員会 上野一彦・藤田和弘・ 前川久男・石隈利紀・ 大六一志・松田修	日本文化科学社
PRS LD 児・ADHD 児診断のた めのスクリーニング・テスト	5 歳～中学	日本版著者 森永良子・隠岐忠彦	文教資料協会

7

出欠の記録

参考様式

出　欠　の　記　録						
区分＼学年	授業日数	出席停止・忌引等の日数	出席しなければならない日数	欠席日数	出席日数	備　　考
1						
2						
3						

　この欄は，従来どおり，「授業日数」「出席停止・忌引等の日数」「出席しなければならない日数」「欠席日数」「出席日数」「備考」について記録する欄である。この欄においては，学校として生徒の属する学年について授業を実施した「授業日数」を基礎として，個人的事情による日数を順に引き算をしていけば，出席日数が出てくるようになっている。

授業日数

　生徒の属する学年について授業を実施した年間の総日数を記入する。学校保健安全法第 20 条の規定に基づき，臨時に，学校の全部又は学年の全部の休業を行うこととした日数は授業日数には含めない。

　この授業日数は，原則として，同一学年のすべての生徒につき同日数とすることが適当である。ただし，転学又は退学等をした生徒については，転学のため学校を去った日又は退学等をした日までの授業日数を記入し，転入学又は編入学等をした生徒については，転入学又は編入学等をした日以後の授業日数を記入する。

　授業日数は，学校の所定の教育課程を実施した日のことである。したがって，例えば，夏季休業期間中における生徒の出校日等も，それが教育課程と

して実施されたものでない限りは授業日とはみなされない。また，夏季休業中に臨海学校，林間学校を特別活動の一環として計画する場合は，あらかじめ教育課程の編成に当たって指導目標，実施時期等をよく検討し，教育課程の実施としてふさわしい内容を持っているならば，授業日数として計算することとなる。

　休業日を振り替えて授業日とすることは，学校教育法施行規則第 61 条の規定や，教育委員会の学校管理規則の定めに従ってできることになっているが，この場合は，正規の授業日として計算することとなる。

　学校保健安全法第 20 条の規定に基づき，臨時に，学校の全部又は学年の全部の休業を行うこととした日数は授業日数に含めない。

　同じ学年の生徒については，転学や退学等をした生徒を除いて，同一日数とすることが適当である。転学又は退学していった生徒については，転・退学までの日数が記録されるし，転入学又は編入学等をした生徒については，受け入れ校で新たに作成した指導要録に，転入学，編入学の日以後の日数が記録される。この場合，編入学等や退学等には，児童自立支援施設から移ってきたり，そちらへ入所したりしたような場合など就学義務の猶予・免除またはその解除のような場合を含むから，「学籍に関する記録」の記入上の注意の項をよく理解し，その記録と照合するようにしなければならない。

出席停止・忌引等の日数

　　以下の日数を合算して記入する。
(1)　学校教育法第 35 条による出席停止日数，学校保健安全法第 19 条による出席停止日数並びに感染症の予防並びに感染症の患者に対する医療に関する法律第 19 条，第 20 条，第 26 条及び第 46 条による入院の場合の日数
(2)　学校保健安全法第 20 条により，臨時に学年の中の一部の休業を行った場合の日数
(3)　忌引日数
(4)　非常変災等生徒又は保護者の責任に帰すことのできない事由で欠席した場合などで，校長が出席しなくてもよいと認めた日数
(5)　選抜のための学力検査の受検その他教育上特に必要な場合で，校長が出席しなくてもよいと認めた日数

　(1)の場合は，次の日数となる。

学校教育法第35条においては「性行不良であつて他の児童の教育に妨げがあると認める児童があるときは」（中学校に準用），市町村の教育委員会が，その保護者に対して出席停止を命ずることができることとなっており，その出席停止を命じられた日数である。

　学校保健安全法第19条は，「感染症にかかつており，かかつている疑いがあり，又はかかるおそれのある児童生徒等があるときは」，校長は出席停止をそれぞれの基準に従って（同法施行規則第19条に詳細に示されている。），命ずることができることとなっており，その出席停止を命じられた日数である。

　感染症の予防及び感染症の患者に対する医療に関する法律に基づく入院の日数とは，生徒がペスト，コレラ，新感染症などの患者となり，都道府県知事から勧告を受けて，自主的に又は強制的に指定医療機関に入院した日数を指している。

　これらの場合は，本人に出校の意思があっても出校させられない場合で，出席しなければならない日数に入らないことになる。

　(2)は，感染症予防上の必要から，臨時休業を行う場合で，市町村の教育委員会が決めることとなっている。このうち，全校閉鎖は授業日数に入らないが，学年の一部の休業，いわゆる学級閉鎖の場合が，この出席停止等の日数として計算されることになる。

　(1)，(2)に関する関係法令は，pp190～192を参照のこと。

　(3)の忌引日数は，生徒の忌引日数等の基準としては全国的基準はないが，教育委員会によっては定めをしているところもある。基準のない場合も，慣習的に出席しなくてよいと認めている場合が多いので，その認められている日数を記入する。

　(4)は，校長の判断に委ねられており，校長が出席しなくてもよいと認めた日数である。非常変災等の場合は，一地域の生徒だけ橋の流失等によって登校できないような例が考えられる。また感染症流行期に，用心して保護者が欠席させたような場合も，校長の判断によって欠席とはしないことができることとしているが，この判断は微妙な問題を含む場合があるので，校長は，校医等と相談して公平な決定をするよう配慮することが大切である。

(3)，(4)については，［質疑応答］に示されている人事院規則（p187）が参考となろう。

(5)は，教育上特に必要な場合で，校長の裁量によって出席しなくてもよいと認めた日数である。例えば，生徒が入学試験などで登校できない場合がこれに該当する。このような場合に必要と認めた日数を記入する。

出席しなければならない日数

授業日数から出席停止・忌引等の日数を差し引いた日数を記入する。

「出席しなければならない日数」は，「授業日数」から「出席停止・忌引等の日数」を差し引いた日数であり，その日数が記入されることになる。「出席停止・忌引等の日数」がゼロの生徒については，出席しなければならない日数は授業日数と同一の日数となる。

欠席日数

出席しなければならない日数のうち病気又はその他の事故で生徒が欠席した日数を記入する。

上記の，「出席しなければならない日数」のうち，病気欠席や事故欠席をした日数を記入する。「出席停止・忌引等の日数」以外の欠席日数であることは当然である。

出席日数

出席しなければならない日数から欠席日数を差し引いた日数を記入する。
なお，学校の教育活動の一環として生徒が運動や文化などにかかわる行事等に参加したものと校長が認める場合には，指導要録の出欠の記録においては出席扱いとすることができる。

「出席日数」は，「出席しなければならない日数」から，「欠席日数」を差し引いた日数で，実際に学校に出席した日数である。これらの関係を示せば，次のようになる。

（授業日数）−（出席停止・忌引等の日数）＝（出席しなければならない日数）

（出席しなければならない日数）−（欠席日数）＝（出席日数）

なお書きにおいては，対外運動競技や国民文化祭，コンクールなどに参加した場合，学校の教育活動の一環，すなわち学校が直接計画し，実施したも

のであるならば，指導要録の出欠の記録においては出席扱いとすることができる。

　出席扱いとするかどうかは，校長の判断に委ねられている。なお，出席扱いとしない場合には，出席停止・忌引等の事由の⑸に該当するものとして取り扱うこともできる。

　指導要録上，出席扱いとすることができる場合については，文部科学省の様々な通知の中で具体的な内容が示されているものが複数ある。平成22年の指導要録の改善についての通知ではそれらの具体的内容をまとめて指導要録の記載事項の中に示されていた。その後，文部科学省の諸通知の中で出席扱いとすることができる旨を示したものの数が増えたこともあって，平成31年の指導要録の改善についての通知では，指導要録の記載事項からそれらの記述を省き，「［参考2］指導要録に関連して文部科学省が発出した主な通知等」の中に，出席扱いとすることができる旨を示した関係諸通知を添付するよう改められている。

（http://www.mext.go.jp/a_menu/shotou/new-cs/senseiouen/1414600.htm）

　したがって，教育委員会が指導要録の様式等を定めたり管下の学校に指導したりする際や，各学校で実際に指導要録上の出席扱いを決定する際には，こうした諸通知の内容を見落とさないよう留意し，それぞれの趣旨に沿った取扱いをするよう努めることが必要である。

　文部科学省の諸通知において，中学校生徒について一定の要件を満たした場合に出席扱いとすることができる旨が示されているものは，次のとおりである。それぞれの要件については，各通知で確認する必要がある。

○　**不登校の生徒が教育支援センター等の学校外の施設において相談・指導を受けている場合**

　「不登校への対応の在り方について」（平成15年5月16日付け，15文科初第255号，各都道府県・指定都市教育委員会教育長等あて，初等中等教育局長通知）

　「不登校児童生徒への支援の在り方について」（平成28年9月14日付け，28文科初第770号，各都道府県教育委員会教育長等あて，初等中等教育局長通知）

○ 不登校の生徒が自宅において教育委員会，学校，学校外の公的機関又は民間事業者が提供するIT等を活用した学習活動を行った場合

「不登校児童生徒が自宅においてIT等を活用した学習活動を行った場合の指導要録上の出欠の取扱い等について」（平成17年7月6日付け，17文科初第437号，各都道府県教育委員会教育長等あて，初等中等教育局長通知）

○ 生徒が児童相談所の一時保護所等で一時保護されており学習を行っている場合（※学習を行っていない場合は「出席停止・忌引き等の日数」に含めることが適当とされている。）

「一時保護等が行われている児童生徒の指導要録に係る適切な対応及び児童虐待防止対策に係る対応について」（平成27年7月31日付け，27文科初第335号，各都道府県教育委員会等あて，初等中等教育局長通知）

○ 生徒がオリンピック競技大会及びパラリンピック競技大会並びにこれらの大会に向けた選手強化合宿等への参加が当該生徒の心身の発育・発達の状況，学校教育への影響等を総合的に勘案し，教育上有意義であると認めて校長が学校教育の一環として参加させる場合

「児童生徒のオリンピック・パラリンピック競技大会等への参加について」（平成27年10月30日付け，27ス庁第142号，各都道府県教育委員会教育長等あて，スポーツ庁次長・初等中等教育局長通知）

出席扱いとした場合には，その内容がわかるようにしておくことが求められる。「備考」の欄に，出席日数の内数として出席扱いした日数，生徒が通所又は入所した学校外の施設名，自宅においてIT等を活用した学習活動を行ったこと又は当該施設において学習活動を行ったことなどを記入することが考えられる。

備考欄

> 出席停止・忌引等の日数に関する特記事項，欠席理由の主なもの，遅刻，早退等の状況その他の出欠に関する特記事項等を記入する。

「出席停止・忌引等の日数」欄に数字を記入した生徒については，その理由やそれぞれの日数などを記入する。

欠席の多い者などについては，その欠席理由や日数の内訳などを記入する。

遅刻・早退等は，この「出欠の記録」には具体的な回数等を記録する欄がないが，出席簿に記録されている。その回数が著しく多いなど，指導上注意を要する生徒については，その状況や理由等を記録する。

出欠に関する特記事項等としては，出欠に関し指導上特に参考となると考えられる事項を記入する。例えば，転学の場合は，転入学の受け入れ校で，前の在学校における出欠状況を通覧したい場合は，前の学校から送付を受けた指導要録の写しによって，前の学校における出欠状況の要点をこの欄に記入することなどが考えられる。

日数の書き方

「出欠の記録」欄に記入する日数で，該当する日数がない場合は，空白のままに残しておかないで，正確を期するため数字の0を記入するのが適当である。

■参考様式の記入例

出　欠　の　記　録						
区分＼学年	授業日数	出席停止・忌引等の日数	出席しなければならない日数	欠席日数	出席日数	備　　考
1	208	5	203	1	202	忌引（父死亡）5 法事のため欠席1 父死亡後遅刻しがち
2	209	4	205	3	202	家族に赤痢患者発生出停4 欠席は風邪2，腹痛1
3	204	11	193	0	193	本人風疹のため出停9 高校受験2 早退6（通院のため）

インフルエンザ等での学級閉鎖と出欠の記録について

問 インフルエンザ等により次のような措置を実施した場合,「出欠の記録」はどのように記載したらよいか。
① 学校全体を臨時休業にした場合
② ある学年の全学級を閉鎖した場合
③ 学年のうち一部の学級を閉鎖した場合
④ 午前中は授業を行ったが,午後から学年や学級の全生徒を帰宅させた場合

答「出欠の記録」の欄の「授業日数」の捉え方がポイントになる。
　「授業日数」は,生徒の属する学年について授業を実施した年間の総日数を記入する。生徒が属する学級を含め,その学年のすべての学級で授業を行わなかった場合は,その日は「授業日数」には含めない。生徒が属する学級が閉鎖されても,その学年の他の学級で授業を行った場合は,その日は学年全体として「授業日数」に含める。このように処理することで,転退学した生徒の場合を除き,原則として,同一学年のすべての生徒につき「授業日数」は同じ日数となる。
　このように考えると,問のそれぞれの場合について,「出欠の記録」は次のように記載することになる。
① 学校全体を臨時休業にした場合は,まったく授業を行わないのであるから,その日数は「授業日数」に含めない。
② ある学年の全学級を閉鎖(学年閉鎖)した場合は,当該学年についてはまったく授業を行わないのであるから,その日数は「授業日数」に含めない。
　学年に学級が一つ(学年単学級)の場合にその学級を閉鎖すれば,学年閉鎖と同じなので,その日数は「授業日数」に含めない。
③ 学年のうち一部の学級を閉鎖した場合は,閉鎖していない学級では授業を実施しているのであるから,その日数は学年全体として「授業日数」に含める。
　その上で,学級閉鎖を行った学級については,その日数を「出席停止・忌引等の日数」に算入する。
　同一学年の複数の学級が日をずらして学級閉鎖を行った場合は,例えば,次の表(p186)のように取り扱う。

〔ある月の１日～５日の第３学年Ａ組，Ｂ組，Ｃ組の状況〕

３年	１日	２日	３日	４日	５日	扱い
Ａ組			閉鎖	閉鎖	閉鎖	出席停止等１
Ｂ組	閉鎖	閉鎖	閉鎖	閉鎖		出席停止等２
Ｃ組		閉鎖	閉鎖	閉鎖		出席停止等１

※３日と４日は，どの学級でも授業を実施していないので，「授業日数」に含めない。

④ 午前中は授業を行ったが，午後から学年や学級の全生徒を帰宅させた場合は，１日のうちの一部であるが授業を実施しているので，「授業日数」に含める。午後から生徒を帰宅させる措置は，出欠の日数の問題ではないので，特に教育委員会から例えば「備考」欄に記載するといった指示や指導がなければ，「出欠の記録」に記載する必要はないと考えられる。

転学または転入学に伴う旅行日数と授業日数の関係について

(問) 転学または転入学した生徒の，転学のための旅行日数は授業日数に計上されるか。

(答) 転学した生徒については，学校を去った日までの授業日数を，また，転入学した生徒については，転入学した日以後の授業日数を記入することになっている。したがって，転学あるいは転入学のための旅行日数は，この「授業日数」には含めないし，「出席しなければならない日数」にも考慮されないので，「出欠の記録」からは計算外の数字となる。

感染症で欠席した場合の，医師の診断期日までの期間の扱いについて

(問) 感染症にかかって欠席した場合，医師の診断期日まで数日の期間があったとき，その期間を「出席停止・忌引等の日数」の中に入れることは校長の裁量でできるか。

(答) 校長の独断ではなく，医師とよく相談して，法定の感染症であることが明確な場合は，その欄の日数に入れてよい。

感染症の疑似の段階の処理について

(問) 感染症らしいという疑似の段階における処理はどうすればよいか。

(答) 学校保健安全法施行規則第19条（p191）に，出席停止の期間の基準が詳細に規定されているので，これらをもとに医師とよく相談しながら対応すべきである。

忌引日数の基準について

問 生徒の忌引の日数の取扱いについて，準拠すべき適当な基準はないか。

答 先に述べたとおり，生徒の忌引についての全国的な基準というものはないが，参考までに「人事院規則15-14（職員の勤務時間，休日及び休暇）」第22条第13号別表第二に示している国家公務員一般職の場合の取扱いは，次のとおりである。

（死亡した者）　　　　　　　　　　　　　　　　（日数）
- 配偶者……………………………………………… 7日
- 父母………………………………………………… 7日
- 子…………………………………………………… 5日
- 祖父母……………………………………………… 3日
  （職員が代襲相続し，かつ祭具等の継承を受ける場合にあっては，7日）
- 孫…………………………………………………… 1日
- 兄弟姉妹…………………………………………… 3日
- おじ又はおば……………………………………… 1日（同上，7日）
- 父母の配偶者又は配偶者の父母……………… 3日
  （職員と生計を一にしていた場合にあっては，7日）
- 子の配偶者又は配偶者の子…………………… 1日（同上，5日）
- 祖父母の配偶者又は配偶者の祖父母………… 1日（同上，3日）
- 兄弟姉妹の配偶者又は配偶者の兄弟姉妹…… 1日（同上，3日）
- おじ又はおばの配偶者………………………… 1日

※葬祭のため遠隔の地に赴く場合にあっては，往復に要する日数を加えた日数。

非常変災等の基準について

問 非常変災等で，校長が出なくてよいと認める日数については，何か基準はあるか。

答 非常変災等の場合の出席できない日数は，保護者の請求によって具体的日数を判断するのが適当であるので，どの程度の日数を妥当として認めるかについて，参考として国家公務員の場合の「非常変災等」に関する例を掲げておく。「人事院規則15-14（職員の勤務時間，休日及び休暇）」第22条第16号，第17号及び18号を示す。

　　⒃　地震，水害，火災その他の災害により次のいずれかに該当する場合その他これらに準ずる場合で，職員が勤務しないことが相当であると認められるとき　七日の範囲内の期間
　　　イ　職員の現住居が滅失し，又は損壊した場合で，当該職員がその

復旧作業等を行い，又は一時的に避難しているとき。

ロ　職員及び当該職員と同一の世帯に属する者の生活に必要な水，食料等が著しく不足している場合で，当該職員以外にはそれらの確保を行うことができないとき。

(17)　地震，水害，火災その他の災害又は交通機関の事故等により出勤することが著しく困難であると認められる場合　必要と認められる期間

(18)　地震，水害，火災その他の災害又は交通機関の事故等に際して，職員が退勤途上における身体の危険を回避するため勤務しないことがやむを得ないと認められる場合　必要と認められる期間

対外運動競技，コンクール，国民文化祭等への参加の扱いについて

問　生徒が対外運動競技やコンクール，国民文化祭などに参加するために出校できない場合は，どう扱ったらよいか。

答　学校の教育活動の一環として，生徒が運動や文化などにかかわる行事等に参加した場合には，指導要録の出欠の記録においては出席扱いとすることができる。したがって，それらへの参加が学校により直接計画，実施されたものであれば，学校教育活動の一環と考えて出席扱いとしてよい。

入学試験で出校しなかった場合の扱いについて

問　生徒が入学試験のために出校しなかった場合の扱いは，どのようになるか。

答　教育上特に必要な場合で，校長が出席しなくてもよいと認めた日数は，出席停止・忌引等の日数に含まれる。生徒が入学試験に行くことはこの「教育上特に必要な場合」に該当し，校長が出席しなくてもよいと認めたときは，出席停止・忌引等の日数として扱うことになる。

適応指導教室に通っている場合の扱いについて

問　不登校の生徒が教育支援センター（適応指導教室）等の学校外の施設に通っている場合の取扱いはどのようになるか。

答　このような場合の出欠の取扱いについては，平成15年の文部科学省の通知「不登校への対応の在り方について」及び平成28年の文部科学省の通知「不登校児童生徒への支援の在り方について」において一定の要件のもとに指導要録の出欠の記録においては出席扱いとすることができることとしている。平成28年の通知では，不登校児童生徒が学校外の施設において相談・指導を受けるとき，一定の要件を満たすとともに，「当該施設への通所又は入所が学校への復帰を前提とし，かつ，不登校児童生徒の自立を助けるうえで有効・適切であると判断される

場合」には，校長は指導要録上出席扱いとすることができるとされている。要件としては，次の3点が挙げられている。

① 保護者と学校との間に十分な連携・協力関係が保たれていること。

② 当該施設は，教育委員会等が設置する教育支援センター等の公的機関とするが，公的機関での指導の機会が得られないあるいは公的機関に通うことが困難な場合で本人や保護者の希望もあり適切と判断される場合は，民間の相談・指導施設も考慮されてよいこと。（※別途，ガイドラインが示されている。）

③ 当該施設に通所又は入所して相談・指導を受ける場合を前提とすること。

　出席扱いとした場合には，「出席日数の内数として出席扱いとした日数及び生徒が通所又は入所した学校外の施設名を記入する」ことになる。

関係法令

★学校教育法第 35 条第 1 項(児童の出席停止)

　市町村の教育委員会は，次に掲げる行為の1又は2以上を繰り返し行う等性行不良であつて他の児童の教育に妨げがあると認める児童があるときは，その保護者に対して，児童の出席停止を命ずることができる。
　(1)　他の児童に傷害，心身の苦痛又は財産上の損失を与える行為
　(2)　職員に傷害又は心身の苦痛を与える行為
　(3)　施設又は設備を損壊する行為
　(4)　授業その他の教育活動の実施を妨げる行為

★学校教育法施行規則第 61 条(公立小学校における休業日)

　公立小学校における休業日は，次のとおりとする。ただし，第3号に掲げる日を除き，当該学校を設置する地方公共団体の教育委員会が必要と認める場合は，この限りでない。
　(1)　国民の祝日に関する法律(昭和23年法律第178号)に規定する日
　(2)　日曜日及び土曜日
　(3)　学校教育法施行令第29条第1項の規定により教育委員会が定める日

★学校教育法施行規則第 62 条(私立小学校における学期・休業日)

　私立小学校における学期及び休業日は，当該学校の学則で定める。

★学校保健安全法第 19 条(出席停止)

　校長は，感染症にかかつており，かかつている疑いがあり，又はかかるおそれのある児童生徒等があるときは，政令で定めるところにより，出席を停止させることができる。

★学校保健安全法第 20 条(臨時休業)

　学校の設置者は，感染症の予防上必要があるときは，臨時に，学校の全部又は一部の休業を行うことができる。

★学校保健安全法施行規則第 18 条(感染症の種類)

　学校において予防すべき感染症の種類は，次のとおりとする。
　(1)　第一種　エボラ出血熱，クリミア・コンゴ出血熱，痘そう，南米出血熱，ペスト，マールブルグ病，ラッサ熱，急性灰白髄炎，ジフテリア，重症急性呼吸器症候群(病原体がベータコロナウイルス属SARSコロナウイルスであるものに限る。)，中東呼吸器症候群(病原体がベータコロナウイルス属MERSコロナウイルスであるものに限る。)及び特定鳥インフルエンザ(感染症の予防及び感染症の患者に対する医療に関する法律(平成10年法律第114号)第6条第3項第6号に規定する特定鳥インフルエンザをいう。次号及び第19条第2号イにおいて同じ。)
　(2)　第二種　インフルエンザ(特定鳥インフルエンザを除く。)，百日咳，麻しん，

流行性耳下腺炎，風しん，水痘，咽頭結膜熱，結核及び髄膜炎菌性髄膜炎

(3) 第三種　コレラ，細菌性赤痢，腸管出血性大腸菌感染症，腸チフス，パラチフス，流行性角結膜炎，急性出血性結膜炎その他の感染症

2　感染症の予防及び感染症の患者に対する医療に関する法律第6条第7項から第9項までに規定する新型インフルエンザ等感染症，指定感染症及び新感染症は，前項の規定にかかわらず，第一種の感染症とみなす。

★学校保健安全法施行規則第19条 （出席停止の期間の基準）

令第6条第2項の出席停止の期間の基準は，前条の感染症の種類に従い，次のとおりとする。

(1) 第一種の感染症にかかつた者については，治癒するまで。

(2) 第二種の感染症（結核及び髄膜炎菌性髄膜炎を除く。）にかかつた者については，次の期間。ただし，病状により学校医その他の医師において感染のおそれがないと認めたときは，この限りでない。

　イ　インフルエンザ（特定鳥インフルエンザ及び新型インフルエンザ等感染症を除く。）にあつては，発症した後5日を経過し，かつ，解熱した後2日（幼児にあつては，3日）を経過するまで。

　ロ　百日咳にあつては，特有の咳が消失するまで又は5日間の適正な抗菌性物質製剤による治療が終了するまで。

　ハ　麻しんにあつては，解熱した後3日を経過するまで。

　ニ　流行性耳下腺炎にあつては，耳下腺，顎下腺又は舌下腺の腫脹が発現した後5日を経過し，かつ，全身状態が良好になるまで。

　ホ　風しんにあつては，発しんが消失するまで。

　ヘ　水痘にあつては，すべての発しんが痂皮化するまで。

　ト　咽頭結膜熱にあつては，主要症状が消退した後2日を経過するまで。

(3) 結核，髄膜炎菌性髄膜炎及び第三種の感染症にかかつた者については，病状により学校医その他の医師において感染のおそれがないと認めるまで。

(4) 第一種若しくは第二種の感染症患者のある家に居住する者又はこれらの感染症にかかつている疑いがある者については，予防処置の施行の状況その他の事情により学校医その他の医師において感染のおそれがないと認めるまで。

(5) 第一種又は第二種の感染症が発生した地域から通学する者については，その発生状況により必要と認めたとき，学校医の意見を聞いて適当と認める期間。

(6) 第一種又は第二種の感染症の流行地を旅行した者については，その状況により必要と認めたとき，学校医の意見を聞いて適当と認める期間。

★感染症の予防及び感染症の患者に対する医療に関する法律 （関係部分抄）

（入院）

第19条　都道府県知事は，一類感染症のまん延を防止するため必要があると認めるときは，当該感染症の患者に対し特定感染症指定医療機関若しくは第一種感染症指定医療機関に入院し，又はその保護者に対し当該患者を入院させるべきことを勧告することができる。

3　都道府県知事は，第1項の規定による勧告を受けた者が当該勧告に従わないとき

は，当該勧告に係る患者を特定感染症指定医療機関又は第一種感染症指定医療機関に入院させることができる。

4　第1項及び前項の規定に係る入院の期間は，72時間を超えてはならない。

第20条　都道府県知事は，一類感染症のまん延を防止するため必要があると認めるときは，当該感染症の患者であって前条の規定により入院しているものに対し10日以内の期間を定めて特定感染症指定医療機関若しくは第一種感染症指定医療機関に入院し，又はその保護者に対し当該入院に係る患者を入院させるべきことを勧告することができる。

2　都道府県知事は，前項の規定による勧告を受けた者が当該勧告に従わないときは，10日以内の期間を定めて，当該勧告に係る患者を特定感染症指定医療機関又は第一種感染症指定医療機関に入院させることができる。

（準用）

第26条　第19条から第23条まで，第24条の2及び前条の規定は，二類感染症及び新型インフルエンザ等感染症の患者について準用する。

（この法律において「二類感染症」とは，急性灰白髄炎，結核，ジフテリア，重症急性呼吸器症候群，中東呼吸器症候群，鳥インフルエンザをいう。）

（新感染症の所見がある者の入院）

第46条　都道府県知事は，新感染症のまん延を防止するため必要があると認めるときは，新感染症の所見がある者に対し10日以内の期間を定めて特定感染症指定医療機関に入院し，又はその保護者に対し当該新感染症の所見がある者を入院させるべきことを勧告することができる。

2　都道府県知事は，前項の規定による勧告を受けた者が当該勧告に従わないときは，10日以内の期間を定めて，当該勧告に係る新感染症の所見がある者を特定感染症指定医療機関に入院させることができる。

（この法律において「新感染症」とは，人から人に伝染すると認められる疾病であって，既に知られている感染性の疾病とその病状又は治療の結果が明らかに異なるもので，当該疾病にかかった場合の病状の程度が重篤であり，かつ，当該疾病のまん延により国民の生命及び健康に重大な影響を与えるおそれがあると認められるものをいう。）

第**4**章
障害のある生徒に係る学習評価の在り方

1 障害のある生徒に係る学習評価の基本的な考え方 … 194

2 障害のある生徒の指導要録の取扱い
学籍に関する記録 … 196
指導に関する記録 … 196

3 指導要録記入上の留意事項
特別支援学級に在籍する生徒 … 198
通級による指導を受けている生徒 … 201
通級による指導の対象となっていないが，教育上特別な配慮を
必要とする生徒 … 202

4 評価方法・資料収集の工夫 … 203

障害のある生徒に係る
学習評価の基本的な考え方

1

　障害のある生徒の学習評価の考え方は，基本的に障害のない生徒の学習評価の考え方と同じである。中央教育審議会の「児童生徒の学習評価の在り方について（報告）」（平成 31 年 1 月）や「小学校，中学校，高等学校及び特別支援学校等における児童生徒の学習評価及び指導要録の改善等について（通知）」（平成 31 年 3 月）において，次のことが示されている。

- 「学習指導」と「学習評価」は学校の教育活動の根幹であり，教育課程に基づいて組織的かつ計画的に教育活動の質の向上を図る「カリキュラム・マネジメント」の中核的な役割を担っていること
- 指導と評価の一体化の観点から，新学習指導要領で重視している「主体的・対話的で深い学び」の視点からの授業改善を通して各教科等における資質・能力を確実に育成する上で，学習評価は重要な役割を担っていること

　これらは障害のある生徒の学習評価においても同様である。さらに，各教科等の目標及び内容を「知識及び技能」，「思考力，判断力，表現力等」，「学びに向かう力，人間性等」の資質・能力の三つの柱で再整理した新学習指導要領の下での指導と評価の一体化を推進する観点から，観点別学習状況の評価の観点についても，これらの資質・能力に関わる「知識・技能」，「思考・判断・表現」，「主体的に学習に取り組む態度」の 3 観点に整理して示してあり，障害のある生徒においても各教科において観点別学習状況の評価を行うこととなっている。

　障害のある生徒の場合，一人一人の発達や障害の状態に対応する必要があることから，学ぶ場については，通常の学級，通級による指導，特別支援学級がある。そして，特別支援学級の場合は，対応した障害種別の特別支援学校の教育課程を参考に特別な教育課程を編成することができる。中学校学習指導要領には特別支援学級の特別な教育課程について，次のように記載されている。

（ア）　障害による学習上又は生活上の困難を克服し自立を図るため，特別支援学校小学部・中学部学習指導要領第7章に示す自立活動を取り入れること。
（イ）　生徒の障害の程度や学級の実態等を考慮の上，各教科の目標や内容を下学年の教科の目標や内容に替えたり，各教科を，知的障害者である生徒に対する教育を行う特別支援学校の各教科に替えたりするなどして，実態に応じた教育課程を編成すること。
（中学校学習指導要領第1章第4の2（1）のイ）

　また，障害が重複している，あるいはその障害が重度である生徒の場合には，特別支援学校学習指導要領に基づいて，次のような教育課程の取扱いもできる。

　重複障害者のうち，障害の状態により特に必要がある場合には，各教科，道徳科，外国語活動若しくは特別活動の目標及び内容に関する事項の一部又は各教科，外国語活動若しくは総合的な学習の時間に替えて，自立活動を主として指導を行うことができるものとする。
（特別支援学校小学部・中学部学習指導要領第1章第8節4）

　一人一人の発達や障害の状態に対応するために特別支援学校においては個別の指導計画の作成が義務付けられている。中学校においては義務付けられてはいないが，学習指導要領では次のように記載されている。

　……各教科等の指導に当たって，個々の生徒の実態を的確に把握し，個別の指導計画を作成し活用することに努めるものとする。特に，特別支援学級に在籍する生徒や通級による指導を受ける生徒については，個々の生徒の実態を的確に把握し，個別の教育支援計画や個別の指導計画を作成し，効果的に活用するものとする。
（中学校学習指導要領第1章第4の2（1）のエ）

　このように障害のある生徒の学習評価については，考え方は基本的に障害のない生徒の場合と同じであるが，学ぶ場や教育課程編成における工夫が可能となっていることから，学習評価の実際についても様々な工夫が必要となってくる。

2

障害のある生徒の指導要録の取扱い

　障害のある生徒の指導要録に記載する事項は，障害のない生徒の場合と同じであるが，特別支援学級に在籍する生徒の場合は，指導に関する記録において，自立活動の記録があることや入学時の障害の状態について記載することとなっている。

　加えて，知的障害のある生徒の場合は，知的障害者である生徒を教育する特別支援学校の各教科（知的障害教科）の目標や内容を取り扱うことから，各教科の学習の記録の方法が異なってくる。

　以下，指導要録に記載する事項について見ていく。

学籍に関する記録

　特別支援学級に在籍している場合も，障害のない生徒の場合と同様に次の事項について記録する。①生徒の氏名，性別，生年月日及び現住所，②保護者の氏名及び現住所，③入学前の経歴，④入学・編入学等，⑤転入学，⑥転学・退学等，⑦卒業，⑧進学先・就職先等，⑨学校名及び所在地，⑩校長氏名印，学級担任者氏名印。

指導に関する記録

　特別支援学級における指導に関する記録については，小学校あるいは中学校における指導に関する記録に記載する事項に加えて，自立活動の記録について学年ごとに作成するほか，入学時の障害の状態について作成する。

　特別支援学級に在籍する生徒については，個別の指導計画を作成する必要があることから，指導に関する記録を作成するに当たって，個別の指導計画における指導の目標，指導内容等を踏まえた記述となるよう留意する。

また，知的障害のある生徒の場合，障害の状態等に即して，学校教育法施行規則第130条の規定に基づき，各教科の全部若しくは一部について合わせて授業を行った場合又は各教科，道徳科，外国語活動，特別活動及び自立活動の全部若しくは一部について合わせて授業を行った場合並びに特別支援学校小学部・中学部学習指導要領（平成29年告示）第1章第8節の規定（重複障害者等に関する教育課程の取扱い）を適用した場合にあっては，その教育課程や観点別学習状況を考慮し，必要に応じて様式等を工夫して，その状況を適切に端的に記入する。

　特別支援学級に在籍する生徒の指導に関する記録については，必要がある場合，特別支援学校小学部・中学部の指導要録に準じて作成する。

　なお，障害のある生徒について作成する個別の指導計画に指導要録の指導に関する記録と共通する記載事項がある場合には，当該個別の指導計画の写しを指導要録の様式に添付することをもって指導要録への記入に替えることも可能である。

3

指導要録記入上の留意事項

特別支援学級に在籍する生徒

　特別支援学級は，学校教育法第81条第2項の規定による障害のある児童生徒を対象とする学級である。対象となる児童生徒の障害の種類や程度によっては，障害のない児童生徒の教育課程をそのまま適用することが必ずしも適切でない場合がある。

　そのため学校教育法施行規則第138条によって，特別の教育課程によることができることとなっている。特別支援学級において特別の教育課程を編成する場合には，学級の実態や児童生徒の障害の程度等を考慮の上，特別支援学校小学部・中学部学習指導要領を参考として編成することになる。その際，先に述べたように自立活動は必ず取り入れることとなっている。

　その他，各教科の目標や内容を下学年の教科の目標や内容に替えたり，各教科を知的障害教科に替えたりするなどして，実態に応じた教育課程を編成する必要がある。

知的障害がない場合

　指導に関する記録のうち，各教科の学習の記録，特別の教科道徳，外国語活動の記録，総合的な学習の時間の記録，及び特別活動の記録については，中学校，特別支援学校（視覚障害，聴覚障害，肢体不自由又は病弱）中学部の指導要録に準じて作成する。

　各教科の学習の記録については，中学校及び特別支援学校（視覚障害，聴覚障害，肢体不自由又は病弱）中学部における観点別学習状況に基づいて，中学校学習指導要領及び特別支援学校小学部・中学部学習指導要領に示す各教科の目標に照らして，その実現状況を観点ごとに評価し記入する。その際，「十分満足できる」状況と判断されるものをA，「おおむね満足できる」状況と判断されるものをB，「努力を要する」状況と判断されるものをC，のよ

198

うに区別して評価を記入する。

　中学校及び特別支援学校（視覚障害，聴覚障害，肢体不自由又は病弱）中学部における各教科の評価の観点について，設置者は，中学校学習指導要領等を踏まえ，設定することとなっている。各教科の目標や内容を下学年の教科の目標や内容に替えた場合には，そのことがわかるように付表等を付ける必要がある。

知的障害のある場合

　各教科を，知的障害教科に替えた場合の各教科の学習の記録については，特別支援学校小学部・中学部学習指導要領（平成29年告示）に示す中学部の各教科の目標，内容に照らし，各教科の評価の観点及びその趣旨を踏まえ，具体的に定めた指導内容，実現状況等を箇条書き等により文章で端的に記述することになっている。

　これまで，知的障害教科では，学校教育法施行規則130条の2に基づいて領域や教科を合わせた指導を行うことが可能であることから，観点別評価を行っていなかった。新学習指導要領では，知的障害教科が中学校の各教科と同様に，「知識及び技能」「思考力，判断力，表現力等」「学びに向かう力，人間性等」の三つの柱から目標と内容が整理されたことから，観点別評価を行うこととなった。

　ただし，知的障害の状態が個々の児童生徒によって異なることから，指導要録においては，教科ごとに観点別に生徒の学習の状況を文章によって記述する。指導要録の様式は設置者が適切に定めることとなっているため，これまでも特別支援学校における知的障害教科の指導要録の様式については，都道府県によって異なっている場合もあり，新学習指導要領においても同様である。

　したがって特別支援学級の指導要録においても知的障害教科の場合は，各教科の学習の記録の様式が設置者によって異なると考えられる。図（p200）に，知的障害教科の場合の学習の記録の様式を例示した。ここでは各教科において，3観点別の欄を設けているが，3観点を踏まえて箇条書きにすることもある。

　なお，特別支援学校（知的障害）中学部における「行動の記録」について

は，中学校及び特別支援学校（視覚障害，聴覚障害，肢体不自由又は病弱）中学部における行動の記録に関する考え方を参考としながら文章で端的に記述することとなっていることから，特別支援学級の場合も同様である。

教科＼観点 ＼学年	1
国語　日常生活や社会生活に必要な国語の知識や技能を身に付けるとともに，我が国の言語文化に親しむことができるようにする。	
順序立てて考える力や感じたり想像したりする力を養い，日常生活や社会生活における人との関わりの中で伝え合う力を高め，自分の思いや考えもつことができるようにする。	
言葉がもつよさに気付くとともに，図書に親しみ，国語で考えたり伝え合ったりしようとする態度を養う。	

図　知的障害教科の場合の各教科の学習の記録の例

特別支援学級に共通する事項

（1）「自立活動の記録」については，個別の指導計画を踏まえ，以下の事項等を端的に記入する。

① 指導目標，指導内容，指導の成果の概要に関すること

② 障害の状態等に変化が見られた場合，その状況に関すること

③ 障害の状態を把握するため又は自立活動の成果を評価するために検査を行った場合，その検査結果に関すること

（2）合科，領域や教科を合わせた指導を行った場合，重複障害者等に関する教育課程の取扱いを適用した場合も，各教科の目標，内容に照らし，各教科の評価の観点及びその趣旨を踏まえ，具体的に定めた指導内容，実現状況等を箇条書き等により文章で端的に記述する。

（3）「入学時の障害の状態」については，障害の種類及び程度等を記入することとなっている。特別支援学級においても必要な場合は，様式を準用し，診断名，身体障害者手帳，療育手帳等の等級等を簡潔に記載する。

（4）「総合所見及び指導上参考となる諸事項」については，通常の学級に
準じて作成するほか，交流及び共同学習を実施した生徒について，相手先
の学級，実施期間，実施した内容や成果等を記入する。

通級による指導を受けている生徒

通級による指導は，学校教育法施行規則第140条の規定にある障害のあ
る生徒を対象とするもので，主として各教科等の指導を通常の学級で行いな
がら，当該生徒の障害に応じた特別の指導を特別の場（通級指導教室）で行
う教育形態である。

この特別の指導については，中学校学習指導要領第1章第4の2（1）の
ウには，「障害のある生徒に対して，通級による指導を行い，特別の教育課
程を編成する場合には，特別支援学校小学部・中学部学習指導要領第7章に
示す自立活動の内容を参考とし，具体的な目標や内容を定め，指導を行うも
のとする。その際，効果的な指導が行われるよう，各教科等と通級による指
導との関連を図るなど，教師間の連携に努めるものとする」と述べられてい
る。

指導要録では，通級による指導を受けている生徒については，「総合所見
及び指導上参考となる諸事項」の欄に通級による指導を受けた学校名，通級
による指導の授業時数，指導期間，指導の内容や結果等を端的に記入するこ
ととなっている。個別の指導計画を作成している場合において当該指導計画
に上記に関わる記載がなされている場合には，その写しを指導要録の様式に
添付することをもって指導要録への記入に替えることも可能である。

通級による指導を受けている生徒は，通常の学級に在籍していることから，
学習評価は在籍学校で行うことになる。そのため，通級指導教室における評
価について，通級指導担当の教師と在籍学級の担任教師との間で連携を密に
して，指導内容やその結果等を十分に把握し，指導要領に適切に記載する必
要がある。

通級による指導の対象となっていないが，
教育上特別な配慮を必要とする生徒

　通級による指導の対象となっていない生徒で，教育上特別な配慮を必要とする場合については，必要に応じ，効果があったと考えられる指導方法や配慮事項を「総合所見及び指導上参考となる諸事項」の欄に端的に記入する。なお，通級による指導を受けている生徒と同様に個別の指導計画を作成している場合において当該指導計画に上記にかかわる記載がなされている場合には，その写しを指導要録の様式に添付することをもって指導要録への記入に替えることも可能である。

　教育上特別な配慮を必要とする生徒の中には，通級による指導の対象となる程度の困難のある場合ばかりではなく，学級担任や校内での指導上の配慮を行うことにより学習上，生活上の困難を軽減・克服することができる場合も少なくない。また，発達障害等の診断はなされていないが，学習上，生活上の困難のある場合もある。このような場合，通常の学級で行った指導方法の工夫や配慮の中で，学年を越えて引き継いでいくべき効果があったと考えられる事項があれば，個別の指導計画に記載するとともに指導要録にも記述し，指導や援助が一貫性を持つように引き継ぐことが重要である。

4 評価方法・資料収集の工夫

　障害のある生徒の障害の状態等は，一人一人異なるため，特別支援学級や通級による指導においては，生徒の実態を踏まえて個別の指導計画を作成し，個々の指導目標を明確にし，その目標を達成するための指導方法を工夫しなくてはならない。

　各教科に関する個別の指導計画については，特別支援学校小学部・中学部学習指導要領（第1章第3節の3の（3）のイ）に「各教科等の指導に当たっては，個々の児童又は生徒の実態を的確に把握し，次の事項に配慮しながら，個別の指導計画を作成すること」と記載されている。各教科において作成する個別の指導計画は，生徒一人一人の各教科の習得状況や既習事項を確認するための実態把握が必要である。また，生徒が卒業するまでに各教科等の指導を通してどのような資質・能力の育成を目指すのか，各教科の指導内容の発展性を踏まえ，指導目標を明確にすることが大切である。さらに，指導内容を習得し指導目標を達成するために，生徒一人一人に対する指導上の配慮事項を付記するなど，生徒の実態や各教科等の特質等を踏まえて，様式を工夫して作成することが大切である。

　また，自立活動に関する個別の指導計画については，特別支援学校小学部・中学部学習指導要領（第7章自立活動の第3の1）に，「自立活動の指導に当たっては，個々の児童又は生徒の障害の状態や特性及び心身の発達の段階等の的確な把握に基づき，指導すべき課題を明確にすることによって，指導目標及び指導内容を設定し，個別の指導計画を作成するものとする。その際，第2に示す内容の中からそれぞれに必要とする項目を選定し，それらを相互に関連付け，具体的に指導内容を設定するものとする」と記載されている。自立活動の内容は，各教科のようにその全てを取り扱うものではなく，個々の生徒の実態に即した指導目標を達成するために必要な項目を選定して取り扱うものである。そのため，自立活動の個別の指導計画を作成するに当

たっては，まず，個々の生徒の実態把握に基づき，指導すべき課題を整理し，指導目標を明らかにした上で，第7章の第2に示す内容の中から必要な項目を選定し，それらを相互に関連付けて具体的な指導内容を設定することが必要である。また，個別の指導計画に基づく系統的な指導を展開するためには，個別の指導計画の作成担当者は，なぜその指導目標を設定したのかなど，その設定に至るまでの考え方（指導仮説）について記述し，次の担当者に引き継ぐような工夫も大切である。なお，自立活動の指導における個別の指導計画の作成については，「特別支援学校学習指導要領解説－自立活動編－」において詳述されているので参照されたい。

　このように，個別の指導計画は，各教職員の共通の理解の下に，一人一人に応じた指導をいっそう進めるためのものである。よって，個別の指導計画の作成の手順や様式は，それぞれの学校が生徒の実態や各教科や自立活動等の特質を踏まえて，指導上最も効果が上がるように工夫して作成することが大切である。

　個別の指導計画は，生徒の実態を把握した上で作成されたものであるが，生徒にとって適切な計画であるかどうかは，実際の指導を通して明らかになるものである。したがって，計画（Plan）－実践（Do）－評価（Check）－改善（Action）のサイクルにおいて，適宜評価を行い，指導目標や指導内容，指導方法を改善し，より効果的な指導を行う必要がある。

　評価に当たっては，指導目標や手立てや配慮や工夫などに対応して観点を決めて，指導記録をつけていくことが重要である。記録は，たとえば学習面，生活・行動面に大きく分け，どのような場面で，どのような手立てや配慮や工夫が行われ，どのようにできたのか，などについて具体的に記述することが望ましい。学習状況を把握するには，テストのほか，観察，ノートや提出物の確認，授業中の発言や態度など多様な方法を組み合わせ，よりきめ細かい記録となるようにする。標準化された知能検査や心理検査などを行って，発達の状況や認知特性などを客観的に把握することも重要である。

　個別の指導計画の作成，指導の記録，心理検査の解釈，そして評価は，担任一人だけで行うことは限界がある。当該生徒に係る複数の教員で協議をしながら進めることが重要である。

第**5**章

補助簿・通知表・調査書

1 補助簿――指導記録――
指導要録，補助簿，通知表及び調査書の関係 … 206
補助簿の意義と機能 … 207
補助簿の内容と様式 … 209
取扱い上の注意 … 212

2 通知表と指導要録
機能上の相違 … 213
評価の内容・方法上の異同 … 213

3 調査書と指導要録
目的上の相違 … 215
高等学校入学者選抜での利用をめぐって … 215

1 補助簿——指導記録——

指導要録，補助簿，通知表及び調査書の関係

　指導要録，補助簿，通知表，調査書，この四つは，その目的と性格は互いに異なっているが，その間にはかなり密接な関連がある（上図参照）。

　時系列で見ると，まずはじめに補助簿があって，これに基づいて通知表が作成されて，次に指導要録が作成される。そして，指導要録に基づき調査書（内申書）が作成される，といった順序であり，関係である。

　通知表と指導要録では，指導要録は学年末に作成され，それに先行して通知表は各学期末に作成されて児童生徒に渡される。どちらが原本的性格が強いかというと，それは指導要録である。指導要録は，「通知表のもと」とよく言われるように，多くの学校が，通知表の内容や様式を決定するときに，指導要録の様式や評価法をよりどころにすることが多い。例えば，指導要録で，「各教科の学習の記録」が，観点別学習状況と評定で示されると，通知表でも，これに類似した様式がとられる傾向がある。これは，通知表の様式や評価法が，指導要録のそれとまったく無関係であっては，二元的となり，理論上もおかしなものであるし，教師の実務上も二重の手数となり，厄介だからである。

　調査書（内申書）は，記録様式はともかくとしても，その評価・記録の内容は，指導要録に記録されているところに即している必要がある。指導要録の機能の一つである証明機能は，具体的にはこの調査書で果たされている場

合が多い。もし調査書の記録が，指導要録のそれを離れているということであれば，その妥当性，信頼性を失うことになる。

このように補助簿，通知表，調査書は，指導要録と関係が深い。しかし，その目的や機能は違うので，記録の様式や評価法に微妙に異なるところもある。そこで，それぞれについて，もう少し詳しく述べてみることにする。

補助簿の意義と機能

教師は，平常，児童生徒の学習指導や生活指導を行いながら，並行して児童生徒の態度や行動や学習成果などを観察したり，テストしたりする。そして，それを記録しておき，必要に応じて後の指導や外部への証明に役立てるための記録簿が必要である。この種の記録簿は，以前から補助簿と呼ばれていた。元来，「補助簿」とは「指導要録補助簿」の略称であるから，指導要録作成のための補助的帳簿ということになる。学年末に指導要録を作成するためには，平常から，個々の児童生徒について，できるだけ多くの資料を収集し，記録しておいて，学年末に困らないようにしなければならない。これらの平常の評価資料を記憶しておくので補助簿というのである。しかし，個々の教師にとっては，一人一人の児童生徒をよく理解し，より適切な指導をしていくための，最も大切な帳簿ということになる。指導にとっても評価にとっても補助的な帳簿ではなく，主たる帳簿ということである。したがって，補助簿との名称は必ずしも適切ではない。児童（生徒）指導簿，児童（生徒）カルテ，児童（生徒）指導記録，指導の記録，個人指導票，個人指導記録，教務手帳，学級経営簿など，いろいろと呼ばれているのは，そのためである。

この記録を，教師の指導のための資料の宝庫とするためには，各児童生徒の過去の指導要録の内容も含めて，今後の指導上特に重要と思われる情報を転記しておくことである。

なお，補助簿のおもな目的・機能は，①指導要録や通知表作成のための基礎資料と，②児童生徒の理解と指導のための資料，の二つである。

指導要録や通知表作成のための基礎資料

　時間的には，補助簿の記録が先にできて，通知表は各学期末，指導要録は学年末というように後に作成される。通知表や指導要録は，詳細かつ具体的に記録されている補助簿の記録を整理し，要約して作成されるということである。すなわち補助簿の記録が，通知表と指導要録の基礎であり，証拠であって，その信頼性・妥当性は補助簿によって保証されている。「通知表・指導要録の台帳」とでも言うべきものである。

　したがって，これがいい加減であれば，通知表，指導要録，調査書は信憑性がないことになる。教師は，補助簿の記録の質を高めるために，各児童生徒について，平常の観察・評価の妥当性，信頼性，客観性を高めることに努めるとともに，その観察や評価の回数を多くすることに配慮しなければならない。

児童生徒の理解と指導のための資料

　指導要録は，指導機能と証明機能の二つの機能を持っている。指導要録の指導機能は，各児童生徒の次学年以降の担任教師に対して，指導のための参考資料を提供するという意味での指導機能である。これに対して，補助簿の指導機能は，現在の担任教師のための一年間にわたる日々の指導の記録とふり返りという意味での指導機能である。指導要録の指導機能よりもはるかに大きく，重要なことは，だれの目にも明らかである。

　教師は，担任している児童生徒の理解と指導には資料や情報を必要とし，その大きな情報源として二つの記録簿が考えられる。第一は，担任自身が現在記録累積しつつある補助簿（指導記録簿）である。第二は，過去に関する記録簿である指導要録である。この二つの記録資料を，十分利用してはじめて，一人一人を十分理解し，最適の指導計画を立てることができよう。

　これからの教育では，児童生徒一人一人の興味や関心，発達や学習の課題等を踏まえ，それぞれの個性に応じた学びを引き出し，一人一人の資質・能力を高めていくことが重要となる。その実現のためには，各児童生徒について，豊富な資料を収集し，蓄積する必要があり，補助簿の整備が肝要である。

補助簿の内容と様式

　補助簿の内容としては，指導要録の内容やその学校の通知表の内容が含まれることは言うまでもないが，さらに，期待されている児童生徒の理解と指導の機能を十分果たすに足るだけの内容を含んでいなければならない。文部科学省編「生徒指導提要」（平成 22 年 3 月）や，実際の補助簿等も参考にして検討してみると，次のような内容が考えられよう。

(1)　児童生徒の生年月日，保護者，住所，及び家庭環境・生育歴・学校歴等における特記すべき事項についての記録（学籍に関する記録）

(2)　児童生徒の過去における指導要録から，今後の指導上特に参考にすべき事項の転記。ただし，これは独立して一括しないで，以下の(4)～(9)の内容のそれぞれに分けて記入するのが望ましいであろう。

(3)　出欠席，遅刻等の記録

(4)　各教科の学習の記録

(5)　「特別の教科　道徳」の評価（学習状況及び道徳性に係る成長の様子）

(6)　外国語活動の記録（小学校のみ）

(7)　総合的な学習の時間の記録

(8)　特別活動の記録

(9)　行動の記録

(10)　進路指導の記録（中学校のみ）

(11)　学力等に関する標準検査の記録等指導上参考となる諸事項，その他

　以上のような内容であるが，どのような様式（表簿）にするかについては，各学校で工夫する必要がある。例えば，教科別の学習一覧表といったように，内容別に学級全員について記録表にする様式がある。一冊の帳簿に全部の内容について全児童生徒の記録を集める様式もある。児童生徒別の個人票の形式にする様式もあるが，新しい教育課程では，児童生徒の一人一人の発達をどのように支援するかが重視されているので，一人一人についてのファイルを考えるのが最善であろう。

　病院の患者別のファイルのように，いろいろな資料もはさみこめ，記録の個別化，蓄積に便利である。さらに，学校としての保存，管理もしやすく，

209

担任以外の教員も，閲覧，活用しやすい。次の担任へも渡しやすい優れた様式である。なお，こうした利便性は，電子化によって一層の向上が期待できる。

ファイルすべき内容ごとの様式を，次に考えてみることにする。

(1)　学籍に関するもの

ファイルの1枚目は，表に指導要録の「学籍に関する記録」と同じものを入れる。裏には，児童生徒の家から学校までの案内図，緊急時の連絡方法，近所の同級生名簿等，学校にとって必要と思われるものを入れるとよい。

(2)　過去の指導要録からの転記，前担任からの申し継ぎ

ファイルの2枚目は，指導要録の「指導に関する記録」の様式をそのまま用いてもよい。指導要録の記録で，指導の参考となるものの転記がしやすく，そして，申し継がれたことも，関係ある欄に分類，整理して記入しやすい。

(3)　出欠席，遅刻等の記録

ファイルの3枚目は，これから述べる内容のすべての欄を1枚の表，裏に入れた4月分の記入用である。それぞれの欄を，表，裏のどこに置くかは，どこに置けば記入しやすいかで考えればよい。「出欠の記録」欄の内容，区分は，指導要録と同じで，記入欄は4月分だけの1段にする。

(4)　各教科の学習の記録

指導要録の観点別学習状況を，次の例のように，教科，観点はそのまま，学年のところを空欄として，テスト等の結果や「総合所見及び指導上参考となる諸事項」に記入することになっている「所見」の素材を，ここに記入する。そのほうが，指導に活用しやすい。補助簿が，指導にとっては主たる帳簿といわれるゆえんである。なお，7月分，12月分，3月分という学期末分，学年末分には，評定欄を入れる必要がある。

教科	観　点	
国語	知識・技能	
	思考・判断・表現	
	主体的に学習に取り組む態度	

⑸　外国語活動の記録（小学校 3・4 年のみ）

指導要録の欄を用い，観点はそのままで，学年の欄を一つにして，学年という表示をなくせばよい。「所見」についての素材も，この欄に記入する。

⑹　総合的な学習の時間の記録

指導要録の欄をそのまま用いる。ただし，それぞれの月のためには，学年ごとに欄を分ける必要はなく，一つでよい。学習活動，観点，評価はそのままで，学年を消して 1 マスにすればよい。他の欄と同様に，「所見」についての素材は，ここに記入する。

⑺　特別活動の記録

指導要録の欄を，内容はそのまま，観点は学校として設けたものを入れ，学年のところには欄の名称はなくして内容ごとに一つの欄にする。事実及び所見にかかわる素材もここに記入する。

⑻　行動の記録

指導要録の欄を，項目はそのままにする。目のつけどころを絶えず念頭に置いて記入するためである。学年の欄は項目ごと，学年ごとの線をなくして，全体を一つにして記入しやすくする。そして，行動の特質（特に優れている点），問題のある行動とその処置，相談の経過，交友関係等に関する資料などを記入する。これら以外でも，「所見」の記入に必要な素材があれば記入する。

⑼　進路指導の記録（中学校のみ）

指導要録には独立した欄はないが，中学校では，補助簿には必要な欄である。空欄一つでよい。模擬テストの結果，進路適性検査の結果，進路相談の経過，「所見」の素材などを記入する。

⑽　指導上参考となる諸事項

「所見」についての素材は，関係のある各欄に記入する。指導に活用するのに便利だからである。したがって，補助簿では，「指導上参考となる諸事項」を記入する欄を設けることになる。大きな空欄一つでもよい。

しかし，個に応じた指導のためには，標準化された検査，なかでも知能検査（認知能力検査）の結果は重要なので，活用しやすくするために，標準化された検査とその他は別々の欄にすべきだとの意見がある。二つに分けるの

211

も一つの考え方である。

　特徴・特技，学校内外におけるボランティア活動など社会奉仕体験活動，表彰を受けた行為や活動，学力について標準化された検査の結果等を記入する。標準化された検査については，検査月日，名称，結果などを記入するが，結果は指導に活用できるよう詳細なものがよい。

　現在では，検査結果は個票で示されることが多いので，そのままファイルにはさみこむのも一つの方法である。なお，総合所見は，年度末の3月のこの欄に記入すればよい。

　以上のように，ファイルは，1枚目は「学籍に関する記録」，2枚目は過去の指導要録からの転記と前担任からの申し継ぎ，3枚目は，「指導に関する記録」と「出欠の記録」の4月分，4枚目以下は，その5月分〜3月分ということで，合計14枚で構成する。そして，答案，作品等必要と思われるものは，はさみこんだり，記録したものを加えたりするとよい。

取扱い上の注意

　補助簿は公簿ではなく，担任教師の私的帳簿の性格が強いだけに，成績，日常の行動，問題点等が赤裸々に記録されている。取扱いによっては，プライバシーの侵害の危険性がある。マル秘扱いにするのが適当なほどであるので，取扱いには慎重を期したい。電子化した際は，いっそうの注意が必要である。取扱いで迷うような場合は，必ず管理職と相談することである。

2 通知表と指導要録

機能上の相違

　指導要録は指導のための情報源としての指導機能と，進学・就職の場合等における証明原簿としての証明機能との二つの機能を持っている。通知表の機能や目的は，もっぱら指導のためであって，証明や管理の目的はほとんど持っていない。その学期における学習状況や成績等を保護者や本人に知らせ，進歩の状況や長所・短所などを確認させ，今後の学習を動機付けたり，家庭での指導の参考にしてもらう。

　通知表の指導機能は，さらに，現在の教育の在り方，学校や学級の教育目標や努力事項，各教科の学習における着眼点，生活指導の目標等まで保護者や本人に認識させることもできる。指導要録は，保護者や本人にとっては影の存在であって，直接に関わりを持つのは通知表なのである。

　また，指導要録は法律で定められており，校長はこれを作成し，一定期間保存する義務を負っている。これに対し，通知表は法定簿ではないので，発行するかしないか，また発行するとした場合，どんな名称で，どんな内容で発行するかなどは，学校の自由である。ただ，現実には，教育上必要であるから，全国ほとんどの学校でこれを発行している。

評価の内容・方法上の異同

　指導要録と通知表は，その目的・機能が同一ではないので，記載内容が同一である必要はない。今回の通知では，域内の各学校において，指導要録の「指導に関する記録」に記載する事項を全て満たす通知表を作成するような場合には，指導要録と通知表の様式を共通のものとしてもよいことを明記している。また，教師の勤務負担軽減のためにも，統合型校務支援システム等

213

による電子化を進め，両者のデータの連動を図ることを推奨している。

　評価の方法についても，その目的・機能の違い等の理由から，両者には当然違いがあってもよい。しかし，違うのがよいということではない。

　このことで一番問題になるのは，教科の学習の評価の方法である。指導要録の証明機能は，主として「評定」によっており，その指導機能は，主として「観点別学習状況」と「所見」によっている。「観点別学習状況」の目標準拠評価（絶対評価）によって，指導要録の指導機能は強化された。しかし，その実施状況は必ずしも正確，適切ではなく，趣旨は普及徹底していない。

　指導要録の「各教科の学習の記録」の「評定」には，証明機能を果たす役割がある関係上，その評価法は，従来，比較的信頼性・客観性の高い相対評価を中心として用いていた。現在では，信頼性・客観性への不安を解消しないまま，教育上望ましいということから，目標準拠評価（絶対評価）を用いている。信頼性・客観性を確保する策を立て，実行を急ぐことが必要である。

　先述のとおり，通知表は法定簿ではないので，児童生徒が努力をする気になる情報，保護者が児童生徒の状況や学校教育が目指しているところを理解し，信頼して協力できる情報となるように，各学校で，次のような工夫をする。

① 　欄の順序や内容を，現在の教育の考え方や学校の教育方針に沿って構成し，現在の教育の考え方や学校の教育方針を理解し，協力してもらう。

② 　児童生徒の学習状況，進歩の状況，優れているところと劣っているところ，学年・クラスの評定の分布などを知らせ，保護者に関心と協力を求める。

③ 　児童生徒が記入する欄を設けるなど，学習状況，進歩の状況，長所や改善点を自己評価する機会を与え，今後の努力を動機付ける。

④ 　保護者から，教育についての質問，要望，児童生徒の家庭における状況，家庭での教育の考え方などを連絡する機会とし，密接な協力関係をつくる。

　いろいろな意見はあるが，指導要録は，専門家会議で，評価の現状と傾向を検討し，評価の在り方を示した国の基準である。したがって，通知表は，指導要録と大筋では一致し，一貫するように作成するのがよいということである。

3 調査書と指導要録

目的上の相違

　調査書（内申書ともいう）は，高等学校や大学等における入学者選抜の資料であるから，その目的・機能は，管理的な証明機能であり，指導機能はほとんどない。高等学校や大学等が，選抜資料として重視すればするほど，その証明機能は大きくなり，これを作成する学校の責任もまた，ますます大きくなる。したがって，教師が平常十分信頼性・妥当性のある評価を行い，資料を集積しておくことが大切である。

高等学校入学者選抜での利用をめぐって

　調査書は，在学中の本人の状態を，必要な項目ごとに記入し，進学先，就職先へあらかじめ届けるものである。その在学中の状態を記録してあるのが指導要録であるから，それに基づいて記入することになる。指導要録のすべての内容を調査書に写すのではないが，写した部分については原則として指導要録に忠実に従うべきで，勝手に改めてはならない。指導要録の証明機能を最も代表しているのが調査書であり，その記載内容については，高い信頼性・客観性が要求される。

　今回の指導要録の改訂について検討した報告によれば，高等学校入学者選抜において調査書に基づき中学校の学習評価を利用することについては，主に以下のメリットがあるとされる。

　　①　学力検査を実施しない教科等の学力を把握することができること。
　　②　学力検査当日の一時点での成績だけでなく，中学校の一定期間における学習評価を踏まえることで，当該生徒の学力をより正確・公平に把握することができること。

③　学力検査では把握することが難しい観点も含め，「知識・技能」，「思考・判断・表現」，「主体的に学習に取り組む態度」の各観点をバランスよく把握することができること。

　一方では，中学校の通常の授業で行われる日常的な評価が，厳格な公平性が求められる入学者選抜に利用されると，教師が評価材料の収集や記録，保護者への説明責任を果たすことに労力を費やす一方で，学習評価を生徒の学習改善や教師の指導の改善につなげていくという点がおろそかになる，といった課題も指摘されている。

　中学校における学習評価は，学習や指導の改善を目的として行われているものであり，高等学校入学者選抜に用いることを一義的な目的として行われるものではない。しかしながら，高等学校入学者選抜において調査書が大きな比重を占めていることから，これが中学校における学習評価やひいては学習活動に大きな影響を与えているという。

　以上は，調査書を作成する側だけでなく，それを利用する側にとっても課題である。今回の通知では，高等学校及びその設置者に対して，入学者選抜について次の改善を求めている。

①　新学習指導要領の趣旨を踏まえた各高等学校の教育目標の実現に向け，入学者選抜の質的改善を図るため，改めて入学者選抜の方針や選抜方法の組合せ，調査書の利用方法，学力検査の内容等について見直すこと。
②　調査書の利用に当たっては，そのねらいを明らかにし，学力検査の成績との比重や，学年ごとの学習評価の重み付け等について検討すること。例えば都道府県教育委員会等において，所管の高等学校に一律の比重で調査書の利用を義務付けているような場合には，各高等学校の入学者選抜の方針に基づいた適切な調査書の利用となるよう改善を図ること。
③　入学者選抜の改善に当たっては，新学習指導要領の趣旨等も踏まえつつ，学校における働き方改革の観点から，調査書の作成のために中学校の教職員に過重な負担がかかったり，生徒の主体的な学習活動に悪影響を及ぼしたりすることのないよう，入学者選抜のために必要な情報の整理や市区町村教育委員会及び中学校等との情報共有・連携を図ること。

付録

小学校，中学校，高等学校及び特別支援学校等における
　　児童生徒の学習評価及び指導要録の改善等について（通知）… 218
中学校及び特別支援学校中学部の指導要録に記載する
　　事項等 [別紙 2] … 225
各教科等・各学年等の評価の観点等及びその趣旨（中学校）… 232
◆中学校生徒指導要録（参考様式）… 242
◆小学校児童指導要録（参考様式）… 245
◆高等学校（全日制の課程・定時制の課程）
　　生徒指導要録（参考様式）… 248

30 文科初第 1845 号
平成 31 年 3 月 29 日

各都道府県教育委員会教育長殿
各指定都市教育委員会教育長殿
各都道府県知事殿
附属学校を置く各国公立大学長殿
小中高等学校を設置する学校設置会社
を所轄する構造改革特別区域法第 12 条
第 1 項の認定を受けた各地方公共団体の長殿

文部科学省初等中等教育局長
永 山 賀 久

小学校，中学校，高等学校及び特別支援学校等における児童生徒の学習評価及び指導要録の改善等について（通知）

　この度，中央教育審議会初等中等教育分科会教育課程部会において，「児童生徒の学習評価の在り方について（報告）」（平成 31 年 1 月 21 日）（以下「報告」という。）がとりまとめられました。

　報告においては，新学習指導要領の下での学習評価の重要性を踏まえた上で，その基本的な考え方や具体的な改善の方向性についてまとめられています。

　文部科学省においては，報告を受け，新学習指導要領の下での学習評価が適切に行われるとともに，各設置者による指導要録の様式の決定や各学校における指導要録の作成の参考となるよう，学習評価を行うに当たっての配慮事項，指導要録に記載する事項及び各学校における指導要録作成に当たっての配慮事項等を別紙 1〜5 及び参考様式のとおりとりまとめました。

　ついては，下記に示す学習評価を行うに当たっての配慮事項及び指導要録に記載する事項の見直しの要点並びに別紙について十分に御了知の上，各都道府県教育委員会におかれては，所管の学校及び域内の市区町村教育委員会に対し，各指定都市教育委員会におかれては，所管の学校に対し，各都道府県知事及び小中高等学校を設置する学校設置会社を所轄する構造改革特別区域法第 12 条第 1 項の認定を受けた各地方公共団体の長におかれては，所轄の学校及び学校法人等に対し，附属学校を置く各国公立大学長におかれては，その管下の学校に対し，新学習指導要領の下で，報告の趣旨を踏まえた学習指導及び学習評価並びに指導要録の様式の設定等が適切に行われるよう，これらの十分な周知及び必要な指導等をお願いします。さらに，幼稚園，特別支援学校幼稚部，保育所及び幼保連携型認定こども園（以下「幼稚園等」という。）と小学校（義務教育学校の前期課程を含む。以下同じ。）及び特別支援学校小学部との緊密な連携を図る観点から，幼稚園等においてもこの通知の趣旨の理解が図られるようお願いします。

なお，平成 22 年 5 月 11 日付け 22 文科初第 1 号「小学校，中学校，高等学校及び特別支援学校等における児童生徒の学習評価及び指導要録の改善等について」のうち，小学校及び特別支援学校小学部に関する部分は 2020 年 3 月 31 日をもって，中学校（義務教育学校の後期課程及び中等教育学校の前期課程を含む。以下同じ。）及び特別支援学校中学部に関する部分は 2021 年 3 月 31 日をもって廃止することとし，また高等学校（中等教育学校の後期課程を含む。以下同じ。）及び特別支援学校高等部に関する部分は 2022 年 4 月 1 日以降に高等学校及び特別支援学校高等部に入学する生徒（編入学による場合を除く。）について順次廃止することとします。

なお，本通知に記載するところのほか，小学校，中学校及び特別支援学校小学部・中学部における特別の教科である道徳（以下「道徳科」という。）の学習評価等については，引き続き平成 28 年 7 月 29 日付け 28 文科初第 604 号「学習指導要領の一部改正に伴う小学校，中学校及び特別支援学校小学部・中学部における児童生徒の学習評価及び指導要録の改善等について」によるところとし，特別支援学校（知的障害）高等部における道徳科の学習評価等については，同通知に準ずるものとします。

記

1．学習評価についての基本的な考え方

(1)　カリキュラム・マネジメントの一環としての指導と評価

「学習指導」と「学習評価」は学校の教育活動の根幹であり，教育課程に基づいて組織的かつ計画的に教育活動の質の向上を図る「カリキュラム・マネジメント」の中核的な役割を担っていること。

(2)　主体的・対話的で深い学びの視点からの授業改善と評価

指導と評価の一体化の観点から，新学習指導要領で重視している「主体的・対話的で深い学び」の視点からの授業改善を通して各教科等における資質・能力を確実に育成する上で，学習評価は重要な役割を担っていること。

(3)　学習評価について指摘されている課題

学習評価の現状としては，(1)及び(2)で述べたような教育課程の改善や授業改善の一連の過程に学習評価を適切に位置付けた学校運営の取組がなされる一方で，例えば，学校や教師の状況によっては，

・学期末や学年末などの事後での評価に終始してしまうことが多く，評価の結果が児童生徒の具体的な学習改善につながっていない，

・現行の「関心・意欲・態度」の観点について，挙手の回数や毎時間ノートをとっているかなど，性格や行動面の傾向が一時的に表出された場面を捉える評価であるような誤解が払拭しきれていない，

・教師によって評価の方針が異なり，学習改善につなげにくい，

・教師が評価のための「記録」に労力を割かれて，指導に注力できない，

・相当な労力をかけて記述した指導要録が，次の学年や学校段階において十分に活用

されていない,

といった課題が指摘されていること。

(4) 学習評価の改善の基本的な方向性

(3)で述べた課題に応えるとともに,学校における働き方改革が喫緊の課題となっていることも踏まえ,次の基本的な考え方に立って,学習評価を真に意味のあるものとすることが重要であること。

【1】児童生徒の学習改善につながるものにしていくこと

【2】教師の指導改善につながるものにしていくこと

【3】これまで慣行として行われてきたことでも,必要性・妥当性が認められないものは見直していくこと

これに基づく主な改善点は次項以降に示すところによること。

2. 学習評価の主な改善点について

(1) 各教科等の目標及び内容を「知識及び技能」,「思考力,判断力,表現力等」,「学びに向かう力,人間性等」の資質・能力の三つの柱で再整理した新学習指導要領の下での指導と評価の一体化を推進する観点から,観点別学習状況の評価の観点についても,これらの資質・能力に関わる「知識・技能」,「思考・判断・表現」,「主体的に学習に取り組む態度」の3観点に整理して示し,設置者において,これに基づく適切な観点を設定することとしたこと。その際,「学びに向かう力,人間性等」については,「主体的に学習に取り組む態度」として観点別学習状況の評価を通じて見取ることができる部分と観点別学習状況の評価にはなじまず,個人内評価等を通じて見取る部分があることに留意する必要があることを明確にしたこと。

(2) 「主体的に学習に取り組む態度」については,各教科等の観点の趣旨に照らし,知識及び技能を獲得したり,思考力,判断力,表現力等を身に付けたりすることに向けた粘り強い取組の中で,自らの学習を調整しようとしているかどうかを含めて評価することとしたこと(各教科等の観点の趣旨は,本通知の別紙4及び別紙5に示している)。

(3) 学習評価の結果の活用に際しては,各教科等の児童生徒の学習状況を観点別に捉え,各教科等における学習状況を分析的に把握することが可能な観点別学習状況の評価と,各教科等の児童生徒の学習状況を総括的に捉え,教育課程全体における各教科等の学習状況を把握することが可能な評定の双方の特長を踏まえつつ,その後の指導の改善等を図ることが重要であることを明確にしたこと。

(4) 特に高等学校及び特別支援学校(視覚障害,聴覚障害,肢体不自由又は病弱)高等部における各教科・科目の評価について,学習状況を分析的に捉える観点別学習状況の評価と,これらを総括的に捉える評定の両方について,学習指導要領に示す各教科・科目の目標に基づき学校が地域や生徒の実態に即して定めた当該教科・科目の目標や内容に照らし,その実現状況を評価する,目標に準拠した評価として実施するこ

とを明確にしたこと。

3. 指導要録の主な改善点について

　指導要録の改善点は以下に示すほか，別紙1から別紙3まで及び参考様式に示すとおりであること。設置者や各学校においては，それらを参考に指導要録の様式の設定や作成に当たることが求められること。

　⑴　小学校及び特別支援学校（視覚障害，聴覚障害，肢体不自由又は病弱）小学部における「外国語活動の記録」については，従来，観点別に設けていた文章記述欄を一本化した上で，評価の観点に即して，児童の学習状況に顕著な事項がある場合にその特徴を記入することとしたこと。

　⑵　高等学校及び特別支援学校（視覚障害，聴覚障害，肢体不自由又は病弱）高等部における「各教科・科目等の学習の記録」については，観点別学習状況の評価を充実する観点から，各教科・科目の観点別学習状況を記載することとしたこと。

　⑶　高等学校及び特別支援学校（視覚障害，聴覚障害，肢体不自由又は病弱）高等部における「特別活動の記録」については，教師の勤務負担軽減を図り，観点別学習状況の評価を充実する観点から，文章記述を改め，各学校が設定した観点を記入した上で，各活動・学校行事ごとに，評価の観点に照らして十分満足できる活動の状況にあると判断される場合に，○印を記入することとしたこと。

　⑷　特別支援学校（知的障害）各教科については，特別支援学校の新学習指導要領において，小・中・高等学校等との学びの連続性を重視する観点から小・中・高等学校の各教科と同様に育成を目指す資質・能力の三つの柱で目標及び内容が整理されたことを踏まえ，その学習評価においても観点別学習状況を踏まえて文章記述を行うこととしたこと。

　⑸　教師の勤務負担軽減の観点から，【1】「総合所見及び指導上参考となる諸事項」については，要点を箇条書きとするなど，その記載事項を必要最小限にとどめるとともに，【2】通級による指導を受けている児童生徒について，個別の指導計画を作成しており，通級による指導に関して記載すべき事項が当該指導計画に記載されている場合には，その写しを指導要録の様式に添付することをもって指導要録への記入に替えることも可能とするなど，その記述の簡素化を図ることとしたこと。

4. 学習評価の円滑な実施に向けた取組について

　⑴　各学校においては，教師の勤務負担軽減を図りながら学習評価の妥当性や信頼性が高められるよう，学校全体としての組織的かつ計画的な取組を行うことが重要であること。具体的には，例えば以下の取組が考えられること。

　・評価規準や評価方法を事前に教師同士で検討し明確化することや評価に関する実践事例を蓄積し共有すること。

　・評価結果の検討等を通じて評価に関する教師の力量の向上を図ること。

・教務主任や研究主任を中心として学年会や教科等部会等の校内組織を活用すること。

(2)　学習評価については，日々の授業の中で児童生徒の学習状況を適宜把握して指導の改善に生かすことに重点を置くことが重要であること。したがって観点別学習状況の評価の記録に用いる評価については，毎回の授業ではなく原則として単元や題材など内容や時間のまとまりごとに，それぞれの実現状況を把握できる段階で行うなど，その場面を精選することが重要であること。

(3)　観点別学習状況の評価になじまず個人内評価の対象となるものについては，児童生徒が学習したことの意義や価値を実感できるよう，日々の教育活動等の中で児童生徒に伝えることが重要であること。特に「学びに向かう力，人間性等」のうち「感性や思いやり」など児童生徒一人一人のよい点や可能性，進歩の状況などを積極的に評価し児童生徒に伝えることが重要であること。

(4)　言語能力，情報活用能力や問題発見・解決能力など教科等横断的な視点で育成を目指すこととされた資質・能力は，各教科等における「知識・技能」，「思考・判断・表現」，「主体的に学習に取り組む態度」の評価に反映することとし，各教科等の学習の文脈の中で，これらの資質・能力が横断的に育成・発揮されることが重要であること。

(5)　学習評価の方針を事前に児童生徒と共有する場面を必要に応じて設けることは，学習評価の妥当性や信頼性を高めるとともに，児童生徒自身に学習の見通しをもたせる上で重要であること。その際，児童生徒の発達の段階等を踏まえ，適切な工夫が求められること。

(6)　全国学力・学習状況調査や高校生のための学びの基礎診断の認定を受けた測定ツールなどの外部試験や検定等の結果は，児童生徒の学習状況を把握するために用いることで，教師が自らの評価を補完したり，必要に応じて修正したりしていく上で重要であること。

　　このような外部試験や検定等の結果の利用に際しては，それらが学習指導要領に示す目標に準拠したものでない場合や，学習指導要領に示す各教科の内容を網羅的に扱うものではない場合があることから，これらの結果は教師が行う学習評価の補完材料であることに十分留意が必要であること。

(7)　法令に基づく文書である指導要録について，書面の作成，保存，送付を情報通信技術を用いて行うことは現行の制度上も可能であり，その活用を通して指導要録等に係る事務の改善を推進することが重要であること。特に，統合型校務支援システムの整備により文章記述欄などの記載事項が共通する指導要録といわゆる通知表のデータの連動を図ることは教師の勤務負担軽減に不可欠であり，設置者等においては統合型校務支援システムの導入を積極的に推進すること。仮に統合型校務支援システムの整備が直ちに困難な場合であっても，校務用端末を利用して指導要録等に係る事務を電磁的に処理することも効率的であること。

　　これらの方法によらない場合であっても，域内の学校が定めるいわゆる通知表の記

載事項が，当該学校の設置者が様式を定める指導要録の「指導に関する記録」に記載する事項を全て満たす場合には，設置者の判断により，指導要録の様式を通知表の様式と共通のものとすることが現行の制度上も可能であること。その際，例えば次のような工夫が考えられるが，様式を共通のものとする際には，指導要録と通知表のそれぞれの役割を踏まえることも重要であること。

・通知表に，学期ごとの学習評価の結果の記録に加え，年度末の評価結果を追記することとすること。

・通知表の文章記述の評価について，指導要録と同様に，学期ごとにではなく年間を通じた学習状況をまとめて記載することとすること。

・指導要録の「指導に関する記録」の様式を，通知表と同様に学年ごとに記録する様式とすること。

(8) 今後，国においても学習評価の参考となる資料を作成することとしているが，都道府県教育委員会等においても，学習評価に関する研究を進め，学習評価に関する参考となる資料を示すとともに，具体的な事例の収集・提示を行うことが重要であること。特に高等学校については，今般の指導要録の改善において，観点別学習状況の評価が一層重視されたこと等を踏まえ，教員研修の充実など学習評価の改善に向けた取組に一層，重点を置くことが求められること。国が作成する高等学校の参考資料についても，例えば，定期考査や実技など現在の高等学校で取り組んでいる学習評価の場面で活用可能な事例を盛り込むなど，高等学校の実態や教師の勤務負担軽減に配慮しつつ学習評価の充実を図ることを可能とする内容とする予定であること。

5．学習評価の改善を受けた高等学校入学者選抜，大学入学者選抜の改善について

「1．学習評価についての基本的な考え方」に示すとおり，学習評価は，学習や指導の改善を目的として行われているものであり，入学者選抜に用いることを一義的な目的として行われるものではないこと。したがって，学習評価の結果を入学者選抜に用いる際には，このような学習評価の特性を踏まえつつ適切に行うことが重要であること。

(1) 高等学校入学者選抜の改善について

報告を踏まえ，高等学校及びその設置者において今般の学習評価の改善を受けた入学者選抜の在り方について検討を行う際には，以下に留意すること。

・新学習指導要領の趣旨を踏まえた各高等学校の教育目標の実現に向け，入学者選抜の質的改善を図るため，改めて入学者選抜の方針や選抜方法の組合せ，調査書の利用方法，学力検査の内容等について見直すこと。

・調査書の利用に当たっては，そのねらいを明らかにし，学力検査の成績との比重や，学年ごとの学習評価の重み付け等について検討すること。例えば都道府県教育委員会等において，所管の高等学校に一律の比重で調査書の利用を義務付けているような場合には，各高等学校の入学者選抜の方針に基づいた適切な調査書の利用となるよう改善を図ること。

・入学者選抜の改善に当たっては，新学習指導要領の趣旨等も踏まえつつ，学校における働き方改革の観点から，調査書の作成のために中学校の教職員に過重な負担がかかったり，生徒の主体的な学習活動に悪影響を及ぼしたりすることのないよう，入学者選抜のために必要な情報の整理や市区町村教育委員会及び中学校等との情報共有・連携を図ること。

⑵　**大学入学者選抜の改善について**

　国においては新高等学校学習指導要領の下で学んだ生徒に係る「2025年度大学入学者選抜実施要項」の内容について2021年度に予告することとしており，予告に向けた検討に際しては，報告及び本通知の趣旨を踏まえ以下に留意して検討を行う予定であること。

・各大学において，特に学校外で行う多様な活動については，調査書に過度に依存することなく，それぞれのアドミッション・ポリシーに基づいて，生徒一人一人の多面的・多角的な評価が行われるよう，各学校が作成する調査書や志願者本人の記載する資料，申告等を適切に組み合わせるなどの利用方法を検討すること。

・学校における働き方改革の観点から，指導要録を基に作成される調査書についても，観点別学習状況の評価の活用を含めて，入学者選抜で必要となる情報を整理した上で検討すること。

中学校及び特別支援学校中学部の指導要録に記載する事項等【別紙2】

〔1〕 学籍に関する記録

　学籍に関する記録については，原則として学齢簿の記載に基づき，学年当初及び異動の生じたときに記入する。

1　生徒の氏名，性別，生年月日及び現住所

2　保護者の氏名及び現住所

3　入学前の経歴

　中学校及び特別支援学校中学部（以下「中学校等」という。）に入学するまでの教育関係の略歴（在籍していた小学校又は特別支援学校小学部の学校名及び卒業時期等）を記入する。なお，外国において受けた教育の実情なども記入する。

4　入学・編入学等

⑴　入学

　生徒が第1学年に入学した年月日を記入する。

⑵　編入学等

　第1学年の中途又は第2学年以上の学年に，在外教育施設や外国の学校等から編入学した場合，又は就学義務の猶予・免除の事由の消滅により就学義務が発生した場合について，その年月日，学年及び事由等を記入する。

5　転入学

　他の中学校等から転入学してきた生徒について，転入学年月日，転入学年，前に在学していた学校名，所在地及び転入学の事由等を記入する。

6　転学・退学等

　他の中学校等に転学する場合には，転学先の学校が受け入れた日の前日に当たる年月日，転学先の学校名，所在地，転入学年及びその事由等を記入する。また，学校を去った年月日についても併記する。

　在外教育施設や外国の学校に入るために退学する場合又は学齢（満15歳に達した日の属する学年の終わり）を超過している生徒が退学する場合は，校長が退学を認めた年月日及びその事由等を記入する。

　なお，就学義務が猶予・免除される場合又は生徒の居所が1年以上不明である場合は，在学しない者として取り扱い，在学しない者と認めた年月日及びその事由等を記入する。

7　卒業

校長が卒業を認定した年月日を記入する。

8　進学先・就職先等

進学先の学校名及び所在地，就職先の事業所名及び所在地等を記入する。

9　学校名及び所在地

分校の場合は，本校名及び所在地を記入するとともに，分校名，所在地及び在学した学年を併記する。

10　校長氏名印，学級担任者氏名印

各年度に，校長の氏名，学級担任者の氏名を記入し，それぞれ押印する。（同一年度内に校長又は学級担任者が代わった場合には，その都度後任者の氏名を併記する。）

なお，氏名の記入及び押印については，電子署名（電子署名及び認証業務に関する法律（平成12年法律第102号）第2条第1項に定義する「電子署名」をいう。）を行うことで替えることも可能である。

〔2〕　指導に関する記録

中学校における指導に関する記録については，以下に示す記載することが適当な事項に留意しながら，各教科の学習の記録（観点別学習状況及び評定），道徳科の記録，総合的な学習の時間の記録，特別活動の記録，行動の記録，総合所見及び指導上参考となる諸事項並びに出欠の記録について学年ごとに作成する。

特別支援学校（視覚障害，聴覚障害，肢体不自由又は病弱）中学部における指導に関する記録については，中学校における指導に関する記録に記載する事項に加えて，自立活動の記録について学年ごとに作成するほか，入学時の障害の状態について作成する。

特別支援学校（知的障害）中学部における指導に関する記録については，各教科の学習の記録，特別活動の記録，自立活動の記録，道徳科の記録，総合的な学習の時間の記録，行動の記録，総合所見及び指導上参考となる諸事項並びに出欠の記録について学年ごとに作成するほか，入学時の障害の状態について作成する。

特別支援学校中学部に在籍する生徒については，個別の指導計画を作成する必要があることから，指導に関する記録を作成するに当たって，個別の指導計画における指導の目標，指導内容等を踏まえた記述となるよう留意する。また，生徒の障害の状態等に即して，学校教育法施行規則第130条の規定に基づき各教科の全部若しくは一部について合わせて授業を行った場合又は各教科，道徳科，特別活動及び自立活動の全部若しくは一部について合わせて授業を行った場合並びに特別支援学校小学部・中学部学習指導要領（平成29年文部科学省告示第73号）第1章第8節の規定（重複障害者等に関する教育課程の取扱い）を適用した場合にあっては，その教育課程や観点別学習状況を考

慮し，必要に応じて様式等を工夫して，その状況を適切に端的に記入する。

　特別支援学級に在籍する生徒の指導に関する記録については，必要がある場合，特別支援学校中学部の指導要録に準じて作成する。

　なお，障害のある生徒について作成する個別の指導計画に指導要録の指導に関する記録と共通する記載事項がある場合には，当該個別の指導計画の写しを指導要録の様式に添付することをもって指導要録への記入に替えることも可能である。

1　各教科の学習の記録

　中学校及び特別支援学校（視覚障害，聴覚障害，肢体不自由又は病弱）中学部における各教科の学習の記録については，観点別学習状況及び評定について記入する。

　特別支援学校（知的障害）中学部における各教科の学習の記録については，特別支援学校小学部・中学部学習指導要領（平成29年文部科学省告示第73号）に示す中学部の各教科の目標，内容に照らし，別紙4（※）の各教科の評価の観点及びその趣旨を踏まえ，具体的に定めた指導内容，実現状況等を箇条書き等により文章で端的に記述する。（※編集部注：各教科等・各学年等の評価の観点等及びその趣旨）

(1)　観点別学習状況

　中学校及び特別支援学校（視覚障害，聴覚障害，肢体不自由又は病弱）中学部における観点別学習状況については，中学校学習指導要領（平成29年文部科学省告示第64号）及び特別支援学校小学部・中学部学習指導要領（平成29年文部科学省告示第73号）（以下「中学校学習指導要領等」という。）に示す各教科の目標に照らして，その実現状況を観点ごとに評価し記入する。その際，「十分満足できる」状況と判断されるものをA，「おおむね満足できる」状況と判断されるものをB，「努力を要する」状況と判断されるものをCのように区別して評価を記入する。

　中学校及び特別支援学校（視覚障害，聴覚障害，肢体不自由又は病弱）中学部における各教科の評価の観点について，設置者は，中学校学習指導要領等を踏まえ，別紙4を参考に設定する。

選択教科を実施する場合は，各学校において観点を定め，記入する。

(2)　評定

　中学校及び特別支援学校（視覚障害，聴覚障害，肢体不自由又は病弱）中学部における評定については，各学年における各教科の学習の状況について，中学校学習指導要領等に示す各教科の目標に照らして，その実現状況を総括的に評価し記入する。

　必修教科の評定は，中学校学習指導要領等に示す各教科の目標に照らして，その実現状況を「十分満足できるもののうち，特に程度が高い」状況と判断されるものを5，「十分満足できる」状況と判断されるものを4，「おおむね満足できる」状況と判断されるものを3，「努力を要する」状況と判断されるものを2，「一層努力を要する」状況と判断されるものを1のように区別して評価を記入する。

　選択教科を実施する場合は，各学校が評定の段階を決定し記入する。

評定に当たっては，評定は各教科の学習の状況を総括的に評価するものであり，「(1)観点別学習状況」において掲げられた観点は，分析的な評価を行うものとして，各教科の評定を行う場合において基本的な要素となるものであることに十分留意する。その際，評定の適切な決定方法等については，各学校において定める。

2　特別の教科　道徳

中学校等における道徳科の評価については，28 文科初第 604 号「学習指導要領の一部改正に伴う小学校，中学校及び特別支援学校小学部・中学部における児童生徒の学習評価及び指導要録の改善等について（通知）」に基づき，学習活動における生徒の学習状況や道徳性に係る成長の様子を個人内評価として文章で端的に記述する。

3　総合的な学習の時間の記録

中学校等における総合的な学習の時間の記録については，この時間に行った学習活動及び各学校が自ら定めた評価の観点を記入した上で，それらの観点のうち，生徒の学習状況に顕著な事項がある場合などにその特徴を記入する等，生徒にどのような力が身に付いたかを文章で端的に記述する。

評価の観点については，中学校学習指導要領等に示す総合的な学習の時間の目標を踏まえ，各学校において具体的に定めた目標，内容に基づいて別紙 4 を参考に定める。

4　特別活動の記録

中学校及び特別支援学校（視覚障害，聴覚障害，肢体不自由又は病弱）中学部における特別活動の記録については，各学校が自ら定めた特別活動全体に係る評価の観点を記入した上で，各活動・学校行事ごとに，評価の観点に照らして十分満足できる活動の状況にあると判断される場合に，○印を記入する。

評価の観点については，中学校学習指導要領等に示す特別活動の目標を踏まえ，各学校において別紙 4 を参考に定める。その際，特別活動の特質や学校として重点化した内容を踏まえ，例えば「主体的に生活や人間関係をよりよくしようとする態度」などのように，より具体的に定めることも考えられる。記入に当たっては，特別活動の学習が学校や学級における集団活動や生活を対象に行われるという特質に留意する。

特別支援学校（知的障害）中学部における特別活動の記録については，中学校及び特別支援学校（視覚障害，聴覚障害，肢体不自由又は病弱）中学部における特別活動の記録に関する考え方を参考としながら文章で端的に記述する。

5　自立活動の記録

特別支援学校中学部における自立活動の記録については，個別の指導計画を踏まえ，以下の事項等を端的に記入する。

【1】指導目標，指導内容，指導の成果の概要に関すること

【2】障害の状態等に変化が見られた場合，その状況に関すること

【3】障害の状態を把握するため又は自立活動の成果を評価するために検査を行った場合，その検査結果に関すること

6　行動の記録

　中学校及び特別支援学校（視覚障害，聴覚障害，肢体不自由又は病弱）中学部における行動の記録については，各教科，道徳科，総合的な学習の時間，特別活動やその他学校生活全体にわたって認められる生徒の行動について，設置者は，中学校学習指導要領等の総則及び道徳科の目標や内容，内容の取扱いで重点化を図ることとしている事項等を踏まえて示している別紙4を参考にして，項目を適切に設定する。また，各学校において，自らの教育目標に沿って項目を追加できるようにする。

　各学校における評価に当たっては，各項目の趣旨に照らして十分満足できる状況にあると判断される場合に，○印を記入する。

　特別支援学校（知的障害）中学部における行動の記録については，中学校及び特別支援学校（視覚障害，聴覚障害，肢体不自由又は病弱）中学部における行動の記録に関する考え方を参考にしながら文章で端的に記述する。

7　総合所見及び指導上参考となる諸事項

　中学校等における総合所見及び指導上参考となる諸事項については，生徒の成長の状況を総合的にとらえるため，以下の事項等を文章で箇条書き等により端的に記述すること。特に【5】のうち，生徒の特徴・特技や学校外の活動等については，今後の学習指導等を進めていく上で必要な情報に精選して記述する。

【1】各教科や総合的な学習の時間の学習に関する所見

【2】特別活動に関する事実及び所見

【3】行動に関する所見

【4】進路指導に関する事項

【5】生徒の特徴・特技，部活動，学校内外におけるボランティア活動など社会奉仕体験活動，表彰を受けた行為や活動，学力について標準化された検査の結果等指導上参考となる諸事項

【6】生徒の成長の状況にかかわる総合的な所見

　記入に際しては，生徒の優れている点や長所，進歩の状況などを取り上げることに留意する。ただし，生徒の努力を要する点などについても，その後の指導において特に配慮を要するものがあれば端的に記入する。

　さらに，障害のある生徒や日本語の習得に困難のある生徒のうち，通級による指導を受けている生徒については，通級による指導を受けた学校名，通級による指導の授業時数，指導期間，指導の内容や結果等を端的に記入する。通級による指導の対象となっていない生徒で，教育上特別な支援を必要とする場合については，必要に応じ，

効果があったと考えられる指導方法や配慮事項を端的に記入する。なお，これらの生徒について個別の指導計画を作成している場合において当該指導計画に上記にかかわる記載がなされている場合には，その写しを指導要録の様式に添付することをもって指導要録への記入に替えることも可能である。

特別支援学校中学部においては，交流及び共同学習を実施している生徒について，その相手先の学校名や学級名，実施期間，実施した内容や成果等を端的に記入する。

8　入学時の障害の状態

特別支援学校中学部における入学時の障害の状態について，障害の種類及び程度等を記入する。

9　出欠の記録

以下の事項を記入する。

(1)　授業日数

生徒の属する学年について授業を実施した年間の総日数を記入する。学校保健安全法第20条の規定に基づき，臨時に，学校の全部又は学年の全部の休業を行うこととした日数は授業日数には含めない。

この授業日数は，原則として，同一学年のすべての生徒につき同日数とすることが適当である。ただし，転学又は退学等をした生徒については，転学のため学校を去った日又は退学等をした日までの授業日数を記入し，転入学又は編入学等をした生徒については，転入学又は編入学等をした日以後の授業日数を記入する。

(2)　出席停止・忌引等の日数

以下の日数を合算して記入する。

【1】学校教育法第35条による出席停止日数，学校保健安全法第19条による出席停止日数並びに感染症の予防及び感染症の患者に対する医療に関する法律第19条，第20条，第26条及び第46条による入院の場合の日数

【2】学校保健安全法第20条により，臨時に学年の中の一部の休業を行った場合の日数

【3】忌引日数

【4】非常変災等生徒又は保護者の責任に帰すことのできない事由で欠席した場合などで，校長が出席しなくてもよいと認めた日数

【5】選抜のための学力検査の受検その他教育上特に必要な場合で，校長が出席しなくてもよいと認めた日数

(3)　出席しなければならない日数

授業日数から出席停止・忌引等の日数を差し引いた日数を記入する。

(4)　欠席日数

出席しなければならない日数のうち病気又はその他の事故で生徒が欠席した日数を

記入する。

⑸　出席日数

　出席しなければならない日数から欠席日数を差し引いた日数を記入する。

　なお，学校の教育活動の一環として生徒が運動や文化などにかかわる行事等に参加したものと校長が認める場合には，指導要録の出欠の記録においては出席扱いとすることができる。

⑹　備考

　出席停止・忌引等の日数に関する特記事項，欠席理由の主なもの，遅刻，早退等の状況その他の出欠に関する特記事項等を記入する。

各教科等・各学年等の評価の観点等及びその趣旨（中学校）

国 語

	知識・技能	思考・判断・表現	主体的に学習に取り組む態度
観点の趣旨	社会生活に必要な国語について，その特質を理解し適切に使っている。	「話すこと・聞くこと」，「書くこと」，「読むこと」の各領域において，社会生活における人との関わりの中で伝え合う力を高め，自分の思いや考えを広げたり深めたりしている。	言葉を通じて積極的に人と関わったり，思いや考えを深めたりしながら，言葉がもつ価値を認識しようとしているとともに，言語感覚を豊かにし，言葉を適切に使おうとしている。
第1学年	社会生活に必要な国語の知識や技能を身に付けているとともに，我が国の言語文化に親しんだり理解したりしている。	「話すこと・聞くこと」，「書くこと」，「読むこと」の各領域において，筋道立てて考える力や豊かに感じたり想像したりする力を養い，日常生活における人との関わりの中で伝え合う力を高め，自分の思いや考えを確かなものにしている。	言葉を通じて積極的に人と関わったり，思いや考えを確かなものにしたりしながら，言葉がもつ価値に気付こうとしているとともに，進んで読書をし，言葉を適切に使おうとしている。
第2学年	社会生活に必要な国語の知識や技能を身に付けているとともに，我が国の言語文化に親しんだり理解したりしている。	「話すこと・聞くこと」，「書くこと」，「読むこと」の各領域において，論理的に考える力や共感したり想像したりする力を養い，社会生活における人との関わりの中で伝え合う力を高め，自分の思いや考えを広げたり深めたりしている。	言葉を通じて積極的に人と関わったり，思いや考えを広げたり深めたりしながら，言葉がもつ価値を認識しようとしているとともに，読書を生活に役立て，言葉を適切に使おうとしている。
第3学年	社会生活に必要な国語の知識や技能を身に付けているとともに，我が国の言語文化に親しんだり理解したりしている。	「話すこと・聞くこと」，「書くこと」，「読むこと」の各領域において，論理的に考える力や深く共感したり豊かに想像したりする力を養い，社会生活における人との関わりの中で伝え合う力を高め，自分の思いや考えを広げたり深めたりしている。	言葉を通じて積極的に人と関わったり，思いや考えを広げたり深めたりしながら，言葉がもつ価値を認識しようとしているとともに，読書を通して自己を向上させ，言葉を適切に使おうとしている。

社 会

	知識・技能	思考・判断・表現	主体的に学習に取り組む態度
観点の趣旨	我が国の国土と歴史，現代の政治，経済，国際関係等に関して理解しているとともに，調査や諸資料から様々な情報を効果的に調べまとめている。	社会的事象の意味や意義，特色や相互の関連を多面的・多角的に考察したり，社会に見られる課題の解決に向けて選択・判断したり，思考・判断したことを説明したり，それらを基に議論したりしている。	社会的事象について，国家及び社会の担い手として，よりよい社会の実現を視野に課題を主体的に解決しようとしている。
地理的分野	我が国の国土及び世界の諸地域に関して，地域の諸事象や地域的特色を理解しているとともに，調査や諸資料から地理に関する様々な情報を効果的に調べまとめている。	地理に関わる事象の意味や意義，特色や相互の関連を，位置や分布，場所，人間と自然環境との相互依存関係，空間的相互依存作用，地域などに着目して，多面的・多角的に考察したり，地理的な課題の解決に向けて公正に選択・判断したり，思考・判断したことを説明したり，それらを基に議論したりしている。	日本や世界の地域に関わる諸事象について，国家及び社会の担い手として，よりよい社会の実現を視野にそこで見られる課題を主体的に追究，解決しようとしている。
歴史的分野	我が国の歴史の大きな流れを，世界の歴史を背景に，各時代の特色を踏まえて理解しているとともに，諸資料から歴史に関する様々な情報を効果的に調べまとめている。	歴史に関わる事象の意味や意義，伝統と文化の特色などを，時期や年代，推移，比較，相互の関連や現在とのつながりなどに着目して多面的・多角的に考察したり，歴史に見られる課題を把握し複数の立場や意見を踏まえて公正に選択・判断したり，思考・判断したことを説明したり，それらを基に議論したりしている。	歴史に関わる諸事象について，国家及び社会の担い手として，よりよい社会の実現を視野にそこで見られる課題を主体的に追究，解決しようとしている。
公民的分野	個人の尊厳と人権の尊重の意義，特に自由・権利と責任・義務との関係を広い視野から正しく認識し，民主主義，民主政治の意義，国民の生活の向上と経済活動との関わり，現代の社会生活及び国際関係などについて，個人と社会との関わりを中心に理解を深めているとともに，諸資料から現代の社会的事象に関する情報を効果的に調べまとめている。	社会的事象の意味や意義，特色や相互の関連を現代の社会生活と関連付けて多面的・多角的に考察したり，現代社会に見られる課題について公正に判断したり，思考・判断したことを説明したり，それらを基に議論したりしている。	現代の社会的事象について，国家及び社会の担い手として，現代社会に見られる課題の解決を視野に主体的に社会に関わろうとしている。

数　学

	知識・技能	思考・判断・表現	主体的に学習に取り組む態度
観点の趣旨	・数量や図形などについての基礎的な概念や原理・法則などを理解している。 ・事象を数学化したり，数学的に解釈したり，数学的に表現・処理したりする技能を身に付けている。	数学を活用して事象を論理的に考察する力，数量や図形などの性質を見いだし統合的・発展的に考察する力，数学的な表現を用いて事象を簡潔・明瞭・的確に表現する力を身に付けている。	数学的活動の楽しさや数学のよさを実感して粘り強く考え，数学を生活や学習に生かそうとしたり，問題解決の過程を振り返って評価・改善しようとしたりしている。
第1学年	・正の数と負の数，文字を用いた式と一元一次方程式，平面図形と空間図形，比例と反比例，データの分布と確率などについての基礎的な概念や原理・法則などを理解している。 ・事象を数理的に捉えたり，数学的に解釈したり，数学的に表現・処理したりする技能を身に付けている。	数の範囲を拡張し，数の性質や計算について考察したり，文字を用いて数量の関係や法則などを考察したりする力，図形の構成要素や構成の仕方に着目し，図形の性質や関係を直観的に捉え論理的に考察する力，数量の変化や対応に着目して関数関係を見いだし，その特徴を表，式，グラフなどで考察する力，データの分布に着目し，その傾向を読み取り批判的に考察して判断したり，不確定な事象の起こりやすさについて考察したりする力を身に付けている。	数学的活動の楽しさや数学のよさに気付いて粘り強く考え，数学を生活や学習に生かそうとしたり，問題解決の過程を振り返って検討しようとしたり，多面的に捉え考えようとしたりしている。
第2学年	・文字を用いた式と連立二元一次方程式，平面図形と数学的な推論，一次関数，データの分布と確率などについての基礎的な概念や原理・法則などを理解している。 ・事象を数学化したり，数学的に解釈したり，数学的に表現・処理したりする技能を身に付けている。	文字を用いて数量の関係や法則などを考察する力，数学的な推論の過程に着目し，図形の性質や関係を論理的に考察し表現する力，関数関係に着目し，その特徴を表，式，グラフを相互に関連付けて考察する力，複数の集団のデータの分布に着目し，その傾向を比較して読み取り批判的に考察して判断したり，不確定な事象の起こりやすさについて考察したりする力を身に付けている。	数学的活動の楽しさや数学のよさを実感して粘り強く考え，数学を生活や学習に生かそうとしたり，問題解決の過程を振り返って評価・改善しようとしたり，多様な考えを認め，よりよく問題解決しようとしたりしている。
第3学年	・数の平方根，多項式と二次方程式，図形の相似，円周角と中心角の関係，三平方の定理，関数 y = ax2，標本調査などについての基礎的な概念や原理・法則などを理解している。 ・事象を数学化したり，数学的に解釈したり，数学的に表現・処理したりする技能を身に付けている。	数の範囲に着目し，数の性質や計算について考察したり，文字を用いて数量の関係や法則などを考察したりする力，図形の構成要素の関係に着目し，図形の性質や計量について論理的に考察し表現する力，関数関係に着目し，その特徴を表，式，グラフを相互に関連付けて考察する力，標本と母集団の関係に着目し，母集団の傾向を推定し判断したり，調査の方法や結果を批判的に考察したりする力を身に付けている。	数学的活動の楽しさや数学のよさを実感して粘り強く考え，数学を生活や学習に生かそうとしたり，問題解決の過程を振り返って評価・改善しようとしたり，多様な考えを認め，よりよく問題解決しようとしたりしている。

234

理　科

	知識・技能	思考・判断・表現	主体的に学習に取り組む態度
観点の趣旨	自然の事物・現象についての基本的な概念や原理・法則などを理解しているとともに，科学的に探究するために必要な観察，実験などに関する基本操作や記録などの基本的な技能を身に付けている。	自然の事物・現象から問題を見いだし，見通しをもって観察，実験などを行い，得られた結果を分析して解釈し，表現するなど，科学的に探究している。	自然の事物・現象に進んで関わり，見通しをもったり振り返ったりするなど，科学的に探究しようとしている。
第1分野	物質やエネルギーに関する事物・現象についての基本的な概念や原理・法則などを理解しているとともに，科学的に探究するために必要な観察，実験などに関する基本操作や記録などの基本的な技能を身に付けている。	物質やエネルギーに関する事物・現象から問題を見いだし，見通しをもって観察，実験などを行い，得られた結果を分析して解釈し，表現するなど，科学的に探究している。	物質やエネルギーに関する事物・現象に進んで関わり，見通しをもったり振り返ったりするなど，科学的に探究しようとしている。
第2分野	生命や地球に関する事物・現象についての基本的な概念や原理・法則などを理解しているとともに，科学的に探究するために必要な観察，実験などに関する基本操作や記録などの基本的な技能を身に付けている。	生命や地球に関する事物・現象から問題を見いだし，見通しをもって観察，実験などを行い，得られた結果を分析して解釈し，表現するなど，科学的に探究している。	生命や地球に関する事物・現象に進んで関わり，見通しをもったり振り返ったりするなど，科学的に探究しようとしている。

音　楽

	知識・技能	思考・判断・表現	主体的に学習に取り組む態度
観点の趣旨	・曲想と音楽の構造や背景などとの関わり及び音楽の多様性について理解している。 ・創意工夫を生かした音楽表現をするために必要な技能を身に付け，歌唱，器楽，創作で表している。	音楽を形づくっている要素や要素同士の関連を知覚し，それらの働きが生み出す特質や雰囲気を感受しながら，知覚したことと感受したこととの関わりについて考え，どのように表すかについて思いや意図をもったり，音楽を評価しながらよさや美しさを味わって聴いたりしている。	音や音楽，音楽文化に親しむことができるよう，音楽活動的に表現及び鑑賞の学習活動に取り組もうとしている。
第1学年	・曲想と音楽の構造などとの関わり及び音楽の多様性について理解している。 ・創意工夫を生かした音楽表現をするために必要な技能を身に付け，歌唱，器楽，創作で表している。	音楽を形づくっている要素や要素同士の関連を知覚し，それらの働きが生み出す特質や雰囲気を感受しながら，知覚したことと感受したこととの関わりについて考え，どのように表すかについて思いや意図をもったり，音楽を自分なりに評価しながらよさや美しさを味わって聴いたりしている。	音や音楽，音楽文化に親しむことができるよう，音楽活動を楽しみながら主体的・協働的に表現及び鑑賞の学習活動に取り組もうとしている。
第2学年及び第3学年	・曲想と音楽の構造や背景などとの関わり及び音楽の多様性について理解している。 ・創意工夫を生かした音楽表現をするために必要な技能を身に付け，歌唱，器楽，創作で表している。	音楽を形づくっている要素や要素同士の関連を知覚し，それらの働きが生み出す特質や雰囲気を感受しながら，知覚したことと感受したこととの関わりについて考え，曲にふさわしい音楽表現としてどのように表すかについて思いや意図をもったり，音楽を評価しながらよさや美しさを味わって聴いたりしている。	音や音楽，音楽文化に親しむことができるよう，音楽活動を楽しみながら主体的・協働的に表現及び鑑賞の学習活動に取り組もうとしている。

美　術

	知識・技能	思考・判断・表現	主体的に学習に取り組む態度
観点の趣旨	・対象や事象を捉える造形的な視点について理解している。 ・表現方法を創意工夫し，創造的に表している。	造形的なよさや美しさ，表現の意図と工夫，美術の働きなどについて考えるとともに，主題を生み出し豊かに発想し構想を練ったり，美術や美術文化に対する見方や感じ方を深めたりしている。	美術の創造活動の喜びを味わい主体的に表現及び鑑賞の幅広い学習活動に取り組もうとしている。
第1学年	・対象や事象を捉える造形的な視点について理解している。 ・意図に応じて表現方法を工夫して表している。	自然の造形や美術作品などの造形的なよさや美しさ，表現の意図と工夫，機能性と美しさとの調和，美術の働きなどについて考えるとともに，主題を生み出し豊かに発想し構想を練ったり，美術や美術文化に対する見方や感じ方を広げたりしている。	美術の創造活動の喜びを味わい楽しく表現及び鑑賞の学習活動に取り組もうとしている。
第2学年及び第3学年	・対象や事象を捉える造形的な視点について理解している。 ・意図に応じて自分の表現方法を追求し，創造的に表している。	自然の造形や美術作品などの造形的なよさや美しさ，表現の意図と創造的な工夫，機能性と洗練された美しさとの調和，美術の働きなどについて独創的・総合的に考えるとともに，主題を生み出し豊かに発想し構想を練ったり，美術や美術文化に対する見方や感じ方を深めたりしている。	美術の創造活動の喜びを味わい主体的に表現及び鑑賞の学習活動に取り組もうとしている。

技術・家庭

	知識・技能	思考・判断・表現	主体的に学習に取り組む態度
観点の趣旨	生活と技術について理解しているとともに，それらに係る技能を身に付けている。	生活や社会の中から問題を見いだして課題を設定し，解決策を構想し，実践を評価・改善し，表現するなどして課題を解決する力を身に付けている。	よりよい生活の実現や持続可能な社会の構築に向けて，課題の解決に主体的に取り組んだり，振り返って改善したりして，生活を工夫し創造し，実践しようとしている。
技術分野	生活や社会で利用されている技術について理解しているとともに，それらに係る技能を身に付け，技術と生活や社会，環境との関わりについて理解している。	生活や社会の中から技術に関わる問題を見いだして課題を設定し，解決策を構想し，実践を評価・改善し，表現するなどして課題を解決する力を身に付けている。	よりよい生活や持続可能な社会の構築に向けて，課題の解決に主体的に取り組んだり，振り返って改善したりして，技術を工夫し創造しようとしている。
家庭分野	家族・家庭の基本的な機能について理解を深め，生活の自立に必要な家族・家庭，衣食住，消費や環境などについて理解しているとともに，それらに係る技能を身に付けている。	これからの生活を展望し，家族・家庭や地域における生活の中から問題を見いだして課題を設定し，解決策を構想し，実践を評価・改善し，考察したことを論理的に表現するなどして課題を解決する力を身に付けている。	家族や地域の人々と協働し，よりよい生活の実現に向けて，課題の解決に主体的に取り組んだり，振り返って改善したりして，生活を工夫し創造し，実践しようとしている。

保健体育

	知識・技能	思考・判断・表現	主体的に学習に取り組む態度
観点の趣旨	運動の合理的な実践に関する具体的な事項や生涯にわたって運動を豊かに実践するための理論について理解しているとともに、運動の特性に応じた基本的な技能を身に付けている。また、個人生活における健康・安全について科学的に理解しているとともに、基本的な技能を身に付けている。	自己や仲間の課題を発見し、合理的な解決に向けて、課題に応じた運動の取り組み方や目的に応じた運動の組み合わせ方を工夫しているとともに、それらを他者に伝えている。また、個人生活における健康に関する課題を発見し、その解決を目指して科学的に思考し判断しているとともに、それらを他者に伝えている。	運動の楽しさや喜びを味わうことができるよう、運動の合理的な実践に自主的に取り組もうとしている。また、健康を大切にし、自他の健康の保持増進や回復についての学習に自主的に取り組もうとしている。
体育分野第1学年及び第2学年	各運動の特性や成り立ち、技の名称や行い方、伝統的な考え方、各領域に関連して高まる体力、健康・安全の留意点についての具体的な方法及び運動やスポーツの多様性、運動やスポーツの意義や効果と学び方や安全な行い方についての考え方を理解しているとともに、各領域の運動の特性に応じた基本的な技能を身に付けている。	運動を豊かに実践するための自己の課題を発見し、合理的な解決に向けて、課題に応じた運動の取り組み方や目的に応じた運動の組み合わせ方を工夫しているとともに、自己や仲間の考えたことを他者に伝えている。	運動の楽しさや喜びを味わうことができるよう、公正、協力、責任、共生などに対する意欲をもち、健康・安全に留意して、学習に積極的に取り組もうとしている。
体育分野第3学年	選択した運動の技の名称や行い方、体力の高め方、運動観察の方法、スポーツを行う際の健康・安全の確保の仕方についての具体的な方法及び文化としてのスポーツの意義についての考え方を理解しているとともに、選択した領域の運動の特性に応じた基本的な技能を身に付けている。	生涯にわたって運動を豊かに実践するための自己や仲間の課題を発見し、合理的な解決に向けて、課題に応じた運動の取り組み方や目的に応じた運動の組み合わせ方を工夫しているとともに、自己や仲間の考えたことを他者に伝えている。	運動の楽しさや喜びを味わうことができるよう、公正、協力、責任、参画、共生などに対する意欲をもち、健康・安全を確保して、学習に自主的に取り組もうとしている。
保健分野	健康な生活と疾病の予防、心身の機能の発達と心の健康、傷害の防止、健康と環境について、科学的に理解しているとともに、基本的な技能を身に付けている。	健康な生活と疾病の予防、心身の機能の発達と心の健康、傷害の防止、健康と環境について、個人生活における健康に関する課題を発見し、その解決を目指して科学的に思考し判断しているとともに、それらを他者に伝えている。	健康な生活と疾病の予防、心身の機能の発達と心の健康、傷害の防止、健康と環境について、自他の健康の保持増進や回復についての学習に自主的に取り組もうとしている。

外国語

	知識・技能	思考・判断・表現	主体的に学習に取り組む態度
観点の趣旨	・外国語の音声や語彙，表現，文法，言語の働きなどを理解している。 ・外国語の音声や語彙，表現，文法，言語の働きなどの知識を，聞くこと，読むこと，話すこと，書くことによる実際のコミュニケーションにおいて活用できる技能を身に付けている。	コミュニケーションを行う目的や場面，状況などに応じて，日常的な話題や社会的な話題について，外国語で簡単な情報や考えなどを理解したり，これらを活用して表現したり伝え合ったりしている。	外国語の背景にある文化に対する理解を深め，聞き手，読み手，話し手，書き手に配慮しながら，主体的に外国語を用いてコミュニケーションを図ろうとしている。

総合的な学習の時間の記録

	知識・技能	思考・判断・表現	主体的に学習に取り組む態度
観点の趣旨	探究的な学習の過程において，課題の解決に必要な知識や技能を身に付け，課題に関わる概念を形成し，探究的な学習のよさを理解している。	実社会や実生活の中から問いを見いだし，自分で課題を立て，情報を集め，整理・分析して，まとめ・表現している。	探究的な学習に主体的・協働的に取り組もうとしているとともに，互いのよさを生かしながら，積極的に社会に参画しようとしている。

特別活動の記録

	知識・技能	思考・判断・表現	主体的に学習に取り組む態度
観点の趣旨	多様な他者と協働する様々な集団活動の意義や，活動を行う上で必要となることについて理解している。 自己の生活の充実・向上や自己実現に必要となる情報及び方法を理解している。 よりよい生活を構築するための話合い活動の進め方，合意形成の図り方などの技能を身に付けている。	所属する様々な集団や自己の生活の充実・向上のため，問題を発見し，解決方法を話し合い，合意形成を図ったり，意思決定をしたりして実践している。	生活や社会，人間関係をよりよく構築するために，自主的に自己の役割や責任を果たし，多様な他者と協働して実践しようとしている。 主体的に人間としての生き方について考えを深め，自己実現を図ろうとしている。

行動の記録

基本的な生活習慣	第1学年，第2学年及び第3学年	自他の安全に努め，礼儀正しく節度を守り節制に心掛け調和のある生活をする。
健康・体力の向上	第1学年，第2学年及び第3学年	活力ある生活を送るための心身の健康の保持増進と体力の向上に努めている。
自主・自律	第1学年，第2学年及び第3学年	自分で考え，的確に判断し，自制心をもって自律的に行動するとともに，より高い目標の実現に向けて計画を立て根気強く努力する。
責任感	第1学年，第2学年及び第3学年	自分の役割を自覚して誠実にやり抜き，その結果に責任を負う。
創意工夫	第1学年，第2学年及び第3学年	探究的な態度をもち，進んで新しい考えや方法を見付け，自らの個性を生かした生活を工夫する。
思いやり・協力	第1学年，第2学年及び第3学年	だれに対しても思いやりと感謝の心をもち，自他を尊重し広い心で共に協力し，よりよく生きていこうとする。
生命尊重・自然愛護	第1学年，第2学年及び第3学年	自他の生命を尊重し，進んで自然を愛護する。
勤労・奉仕	第1学年，第2学年及び第3学年	勤労の尊さや意義を理解して望ましい職業観をもち，進んで仕事や奉仕活動をする。
公正・公平	第1学年，第2学年及び第3学年	正と不正を見極め，誘惑に負けることなく公正な態度がとれ，差別や偏見をもつことなく公平に行動する。
公共心・公徳心	第1学年，第2学年及び第3学年	規則を尊重し，公徳を大切にするとともに，我が国の伝統と文化を大切にし，国際的視野に立って公共のために役に立つことを進んで行う。

付録 観点及びその趣旨

中 学 校 生 徒 指 導 要 録 （参 考 様 式）

様式1（学籍に関する記録）

区分＼学年	1	2	3
学　級			
整理番号			

学　籍　の　記　録

	ふりがな		性別	入学・編入学等	年　　月　　日　第1学年　入学 　　　　　　　　　　第　学年編入学
生徒	氏　名				
	生年月日	年　　月　　日生		転　入　学	年　　月　　日　第　学年転入学
	現住所				
保護者	ふりがな			転学・退学等	（　　　年　　月　　　日） 　　　年　　月　　　日
	氏　名				
	現住所			卒　　業	年　　月　　　日
	入学前の経歴			進　学　先 就　職　先　等	

学　校　名 及　　　び 所　在　地 （分校名・所在地等）	

年　度	年度	年度	年度
区分＼学年	1	2	3
校長氏名印			
学級担任者 氏　名　印			

242

様式2（指導に関する記録）

生 徒 氏 名		学 校 名	区分＼学年	1	2	3
			学 級			
			整理番号			

各 教 科 の 学 習 の 記 録

教科	観　点　＼　学　年	1	2	3	教科	観　点　＼　学　年	1	2	3
国語	知識・技能					知識・技能			
	思考・判断・表現					思考・判断・表現			
	主体的に学習に取り組む態度					主体的に学習に取り組む態度			
	評定					評定			
社会	知識・技能								
	思考・判断・表現								
	主体的に学習に取り組む態度								
	評定								

特 別 の 教 科 道 徳

学年	学習状況及び道徳性に係る成長の様子
1	
2	
3	

教科	観点	1	2	3
数学	知識・技能			
	思考・判断・表現			
	主体的に学習に取り組む態度			
	評定			

総 合 的 な 学 習 の 時 間 の 記 録

学年	学 習 活 動	観　点	評　価
1			
2			
3			

教科	観点	1	2	3
理科	知識・技能			
	思考・判断・表現			
	主体的に学習に取り組む態度			
	評定			
音楽	知識・技能			
	思考・判断・表現			
	主体的に学習に取り組む態度			
	評定			
美術	知識・技能			
	思考・判断・表現			
	主体的に学習に取り組む態度			
	評定			
保健体育	知識・技能			
	思考・判断・表現			
	主体的に学習に取り組む態度			
	評定			

特 別 活 動 の 記 録

内　容	観点　＼　学　年	1	2	3
学級活動				
生徒会活動				
学校行事				

教科	観点	1	2	3
技術・家庭	知識・技能			
	思考・判断・表現			
	主体的に学習に取り組む態度			
	評定			
外国語	知識・技能			
	思考・判断・表現			
	主体的に学習に取り組む態度			
	評定			

付録

参考様式

生　徒　氏　名

行　動　の　記　録

項　　目＼学　　年	1	2	3	項　　目＼学　　年	1	2	3
基本的な生活習慣				思いやり・協力			
健康・体力の向上				生命尊重・自然愛護			
自主・自律				勤労・奉仕			
責任感				公正・公平			
創意工夫				公共心・公徳心			

総　合　所　見　及　び　指　導　上　参　考　と　な　る　諸　事　項

第1学年	
第2学年	
第3学年	

出　欠　の　記　録

区分＼学年	授業日数	出席停止・忌引等の日数	出席しなければならない日数	欠席日数	出席日数	備　　　　考
1						
2						
3						

小 学 校 児 童 指 導 要 録 （参 考 様 式）

様式1 （学籍に関する記録）

区分＼学年	1	2	3	4	5	6
学　級						
整理番号						

学　籍　の　記　録

	ふりがな		性別	入学・編入学等	年　　月　　日　第1学年　入学 　　　　　　　　　　第　学年編入学
児童	氏　名				
	生年月日	年　　月　　日生		転　入　学	年　　月　　日　第　学年転入学
	現住所				
保護者	ふりがな			転学・退学等	（　　年　　月　　日） 　　年　　月　　日
	氏　名				
	現住所			卒　業	年　　月　　日
入学前の経歴				進　学　先	

学　校　名 及　　び 所　在　地 （分校名・所在地等）	

年　度	年度	年度	年度
区分＼学年	1	2	3
校長氏名印			
学級担任者 氏　名　印			

年　度	年度	年度	年度
区分＼学年	4	5	6
校長氏名印			
学級担任者 氏　名　印			

付　録

参考様式

様式2（指導に関する記録）

児 童 氏 名	学 校 名	区分 学年	1	2	3	4	5	6
		学 級						
		整理番号						

各 教 科 の 学 習 の 記 録

教科	観 点 　　　　学 年	1	2	3	4	5	6
国語	知識・技能						
	思考・判断・表現						
	主体的に学習に取り組む態度						
	評定						
社会	知識・技能						
	思考・判断・表現						
	主体的に学習に取り組む態度						
	評定						
算数	知識・技能						
	思考・判断・表現						
	主体的に学習に取り組む態度						
	評定						
理科	知識・技能						
	思考・判断・表現						
	主体的に学習に取り組む態度						
	評定						
生活	知識・技能						
	思考・判断・表現						
	主体的に学習に取り組む態度						
	評定						
音楽	知識・技能						
	思考・判断・表現						
	主体的に学習に取り組む態度						
	評定						
図画工作	知識・技能						
	思考・判断・表現						
	主体的に学習に取り組む態度						
	評定						
家庭	知識・技能						
	思考・判断・表現						
	主体的に学習に取り組む態度						
	評定						
体育	知識・技能						
	思考・判断・表現						
	主体的に学習に取り組む態度						
	評定						
外国語	知識・技能						
	思考・判断・表現						
	主体的に学習に取り組む態度						
	評定						

特 別 の 教 科 　道 徳

学年	学習状況及び道徳性に係る成長の様子
1	
2	
3	
4	
5	
6	

外 国 語 活 動 の 記 録

学年	知識・技能	思考・判断・表現	主体的に学習に取り組む態度
3			
4			

総 合 的 な 学 習 の 時 間 の 記 録

学年	学 習 活 動	観 点	評 価
3			
4			
5			
6			

特 別 活 動 の 記 録

内 容	観点 　　　学 年	1	2	3	4	5	6
学級活動							
児童会活動							
クラブ活動							
学校行事							

児　童　氏　名

行　動　の　記　録

項　　目　　　　　　　学　年	1	2	3	4	5	6	項　　目　　　　　　　学　年	1	2	3	4	5	6
基本的な生活習慣							思いやり・協力						
健康・体力の向上							生命尊重・自然愛護						
自主・自律							勤労・奉仕						
責任感							公正・公平						
創意工夫							公共心・公徳心						

総　合　所　見　及　び　指　導　上　参　考　と　な　る　諸　事　項

第1学年		第4学年	
第2学年		第5学年	
第3学年		第6学年	

出　欠　の　記　録

区分　　　学年	授業日数	出席停止・忌引等の日数	出席しなければならない日数	欠席日数	出席日数	備　　　　考
1						
2						
3						
4						
5						
6						

付　録

参考様式

高等学校（全日制の課程・定時制の課程）生徒指導要録（参考様式）

様式1（学籍に関する記録）

区分＼学年	1	2	3	4
ホームルーム				
整理番号				

学　籍　の　記　録

生徒	ふりがな		性別	入学・編入学	年　　月　　日　第1学年　入学 　　　　　　　　　　第　学年編入学
	氏　名				
	生年月日	年　　月　　日生		転　入　学	年　　月　　日
	現住所			転学・退学	年　　月　　日
保護者	ふりがな			留　学　等	年　　月　　日 〜　　年　　月　　日
	氏　名				
	現住所			卒　　業	年　　月　　日
入学前の経歴	年　　　　　中学校卒業			進　学　先 就　職　先　等	

学　校　名 及　　　び 所　在　地 （分校名・所在地等） 課程名・学科名	

年　　度	年度	年度	年度	年度
区分＼学年	1	2	3	4
校長氏名印				
ホームルーム 担任者氏名印				

（様式1裏面）

各教科・科目等の修得単位数の記録

各学科に共通する各教科・科目

教科	科目	修得単位数の計
国語	現代の国語	
	略	
	〃	
地理歴史	〃	
	〃	
	〃	
公民	〃	
	〃	
	〃	
数学	〃	
	〃	
	〃	
理科	〃	
	〃	
	〃	
保健体育	〃	
	〃	
芸術	〃	
	〃	
	〃	
外国語	〃	
	〃	
	〃	

教科	科目	修得単位数の計
家庭	〃	
	〃	
情報	〃	
	〃	
理数	〃	
	〃	
学校設定教科	〃	
	〃	
	〃	
	〃	

主として専門学科に

教科	科目	修得単位数の計
農業	〃	
	〃	
工業	〃	
	〃	
商業	〃	
	〃	
水産	〃	
	〃	
家庭	〃	
	〃	
看護	〃	
	〃	

において開設される各教科・科目

教科	科目	修得単位数の計
情報	〃	
	〃	
福祉	〃	
	〃	
理数	〃	
	〃	
体育	〃	
	〃	
音楽	〃	
	〃	
美術	〃	
	〃	
英語	〃	
	〃	
学校設定教科	〃	
	〃	
	〃	
	〃	

総合的な探究の時間	

留学	

様式2 （指導に関する記録）

生 徒 氏 名		学 校 名	区分＼学年	1	2	3	4
			ホームルーム				
			整理番号				

各 教 科 ・ 科 目 等 の 学 習 の 記 録

各 教 科 ・ 科 目 等		第1学年			第2学年			第3学年			第4学年			修得単位数の計	備　　　考
教科等	科 目 等	観点別学習状況	評定	修得単位数	観点別学習状況	評定	修得単位数	観点別学習状況	評定	修得単位数	観点別学習状況	評定	修得単位数		
各学科に共通する各教科・科目	国語 現代の国語														
	〃 略														
	地理歴史 〃														
	公民 〃														
	数学 〃														
	理科 〃														
	保健体育 〃														
	芸術 〃														
	外国語 〃														
	家庭 〃														
	情報 〃														
	理数 〃														
	学校設定教科 〃														
主として専門学科において開設される各教科・科目	農業 〃														
	工業 〃														
	商業 〃														
	水産 〃														
	家庭 〃														
	看護 〃														
	情報 〃														
	福祉 〃														
	理数 〃														
	体育 〃														
	音楽 〃														
	美術 〃														
	英語 〃														
	学校設定教科 〃														
総合的な探究の時間															
小　計															
留　学															
合　計															

※「観点別学習状況」欄には、左から「知識・技能」（職業に関する各教科については「知識・技術」）、「思考・判断・表現」、「主体的に学習に取り組む態度」の評価を記入

生 徒 氏 名	

総 合 的 な 探 究 の 時 間 の 記 録

学 習 活 動	観 点	評 価

特 別 活 動 の 記 録

内 容	観 点	学 年	1	2	3	4
ホームルーム活動						
生徒会活動						
学校行事						

総 合 所 見 及 び 指 導 上 参 考 と な る 諸 事 項

第1学年	
第2学年	
第3学年	
第4学年	

出 欠 の 記 録

区分 学年	授業日数	出席停止・忌引等の日数	留学中の授業日数	出席しなければならない日数	欠席日数	出席日数	備　　考
1							
2							
3							
4							

■編著者一覧（2019 年 8 月現在）

無藤　隆 （むとう たかし）白梅学園大学大学院特任教授　1 章 1・2 節

石田恒好 （いしだ つねよし）文教大学学園長　3 章 4・5 節

吉冨芳正 （よしとみ よしまさ）明星大学教授　1 章 3 節，3 章 7 節

石塚　等 （いしづか ひとし）横浜国立大学教授　1 章 4・5・6 節，2 章

服部　環 （はっとり たまき）法政大学教授　3 章 6 節

宮本友弘 （みやもと ともひろ）東北大学准教授　5 章

鈴木秀幸 （すずき ひでゆき）一般社団法人教育評価総合研究所代表理事

3 章 1 節（各教科の学習の記録）

■著者一覧（執筆順，2019 年 8 月現在）

島田康行 （しまだ やすゆき）筑波大学教授　3 章 1 節（国語）

館　潤二 （たち じゅんじ）元・大正大学教授　3 章 1 節（社会）

藤井斉亮 （ふじい としあきら）東京学芸大学名誉教授　3 章 1 節（数学）

田代直幸 （たしろ なおゆき）常葉大学大学院教授　3 章 1 節（理科）

宮下俊也 （みやした としや）奈良教育大学理事・副学長　3 章 1 節（音楽）

村上尚徳 （むらかみ ひさのり）IPU・環太平洋大学副学長　3 章 1 節（美術）

森　良一 （もり りょういち）東海大学教授　3 章 1 節（保健体育〈保健分野〉）

佐藤　豊 （さとう ゆたか）桐蔭横浜大学教授　3 章 1 節（保健体育〈体育分野〉）

藤木　卓 （ふじき たかし）長崎大学理事　3 章 1 節（技術家庭〈技術分野〉）

鈴木明子 （すずき あきこ）広島大学教授　3 章 1 節（技術家庭〈家庭分野〉）

酒井英樹 （さかい ひでき）信州大学教授　3 章 1 節（外国語）

押谷由夫 （おしたに よしお）武庫川女子大学大学院教授　3 章 2 節

佐藤　真 （さとう しん）関西学院大学教授　3 章 3 節

川間健之介 （かわま けんのすけ）筑波大学教授　4 章

新指導要録の解説と実務 中学校

2019 年 11 月 20 日　初版第 1 刷発行［検印省略］

編著者　ⓒ無藤隆・石田恒好・吉冨芳正・石塚等
　　　　服部環・宮本友弘・鈴木秀幸
発行人　福富　泉
発行所　株式会社 図書文化社
　　　　〒112-0012 東京都文京区大塚 1-4-15
　　　　電話 03-3943-2511　FAX 03-3943-2519
DTP・デザイン　広研印刷株式会社・CCK
印刷・製本　　　広研印刷株式会社

JCOPY ＜出版者著作権管理機構 委託出版物＞
本書の無断複製は著作権法上での例外を除き禁じられています。
複製される場合は，そのつど事前に，出版者著作権管理機構
（電話 03-5244-5088，FAX 03-5244-5089，e-mail: info@jcopy.or.jp）
の許諾を得てください。

乱丁・落丁本の場合はお取り替えいたします。
定価はカバーに表示してあります。
ISBN978-4-8100-9739-9　C3337

分野のキーパーソンが語る, 公教育の未来。

シリーズ 教育の羅針盤①

「教えて考えさせる授業」を創る
基礎基本の定着・深化・活用を促す「習得型」授業設計

市川伸一 　　　　　　　　　　四六判 200頁　定価（本体**1,400**円＋税）

多様な学力の子供がいる教室で、どの子も充実感と達成感が得られる授業とは。「教えて考える授業」のコンセプトとノウハウを提唱者自らが丁寧に解説する。

シリーズ 教育の羅針盤②

答えなき時代を生き抜く子どもの育成

奈須正裕・諸富祥彦 　　　　　　四六判 224頁　定価（本体**1,600**円＋税）

教育改革のキーパーソン二人による、これからの教育を巡る率直かつ白熱の議論。持続可能な協同社会に向かう「学力と人格」の包括的教育のすすめ。

シリーズ 教育の羅針盤④

「コンピテンシー・ベース」を超える授業づくり
人格形成を見すえた能力育成をめざして

安彦忠彦 　　　　　　　　　　四六判 208頁　定価（本体**1,500**円＋税）

持続可能な社会の形成に向けて、人間（人格）はどうあるべきで、学校教育はどうあらねばならないか。人材育成にとどまらず、主体的な人格形成をめざす授業の在り方と教師への期待。

シリーズ 教育の羅針盤⑤

新しい教育課程における
アクティブな学びと教師力・学校力

無藤　隆 　　　　　　　　　　四六判 272頁　定価（本体**1,800**円＋税）

中央教育審議会委員として教育課程改訂に関わってきた著者が、前回改訂と今回改訂のつながりや、これからの教育の有り様について解説する。

教科の本質から迫る
A5判 184頁　定価（本体**2,400**円＋税）
コンピテンシー・ベイスの授業づくり

奈須正裕・江間史明・鶴田清司・齊藤一弥・丹沢哲郎・池田　真

「資質・能力」育成を中心にすえたカリキュラムと授業づくりとは何か。「教科の本質」を巡る各教科間での率直な対話を通して見えてくる、これからの授業づくりの核心。

図書文化

注目テーマの本

●学校経営の中核を担うカリキュラム・マネジメントの具体的な提案

カリキュラム・マネジメントに挑む
教科を横断するキャリア教育，教科と往還する特別活動を柱にPDCAを！

長田 徹（国立教育政策研究所総括研究官）［監修］
A5判 200頁 ●本体**2,200**円＋税

非認知能力を含む子どもたちの資質・能力を育成するために，
カリキュラム・マネジメントを行って学級経営を改善するための手引き。
現状把握と効果測定を活用して，学校・学級と子どもたちを多面的に把握することで，確かな取組みを実現できることを具体的な実例とともに示す。
平川理恵氏が，校長時代の学級経営を語る特別寄稿も。

●東京学芸大学　次世代教育研究推進機構プロジェクト発

学校教育ではぐくむ 資質・能力を評価する
道徳・総合・特活・ICTの活用から始める評価の手引き

関口貴裕・岸　学・杉森伸吉［編著］　A5判 176頁 ●本体**2,000**円＋税

子どもたちの資質・能力の育ちを見取るために，必要な考え方，ツールの作り方，活用方法，
評価に直接利用可能な情報などを，「学びに向かう力・人間性等」の枠組みを踏まえて提供。

●いじめ問題に学校全体で取り組むために

いじめから子どもを守る学校づくり
いますぐできる教師の具体策

高橋知己・小沼豊［著］　A5判 144頁 ●本体**1,800**円＋税

「居場所づくり」「きずなづくり」，教師間の「同僚性」「協働性」「気働き」を高める具体策。
「いじめの四層構造」を提唱した森田洋司氏推薦。

好評の既刊

●教員研修のテーマとして

授業からの学校改革

市川伸一［編著］

「教えて考えさせる授業」による主体的・対話的で深い習得　A5判 184頁 ●本体**2,200**円＋税

学校ぐるみで「教えて考えさせる授業」に取り組み，学力向上を実現している小学校・中学校の実践事例集。

みんなで「深い学び」を達成する授業

安藤輝次［著］

形成的アセスメントで子どもが自ら学びを把握し改善する　A5判 216頁 ●本体**2,700**円＋税

3つのフィードバック（①出来の確認，②不出来の確認，③改善策を講じる）で，深い学びの全員達成をめざす！

参画型マネジメントで生徒指導が変わる

石黒康夫・三田地真実［著］

「スクールワイドPBS」導入ガイド 16のステップ　B5判 128頁 ●本体**2,200**円＋税

アメリカで実践・検証が重ねられている「スクールワイドPBS」の哲学を，日本の学校で現実化するためのガイド。

図書文化

図書文化社　評価の書籍

新教科道徳の評価はこれで安心！
道徳の評価
通信簿と指導要録の記入文例　小学校 中学校

石田恒好・押谷由夫・柳沼良太・長谷徹・谷合明雄 編著
A5判, 160頁, 定価（本体 2,000 円＋税）

ここがポイント
◎通信簿と指導要録両方の文例を掲載
◎道徳の視点別, 定番教材別の文例を掲載

指導要録と連動した通信簿づくりに！
資質・能力を育てる
通信簿の文例＆言葉かけ集

【小学校低〜高学年 編著者】　　【中学校 編著者】
石田恒好・山中ともえ　　石田恒好・嶋﨑政男
A5判, 192〜208頁, 定価（本体 1,800 円＋税）

ここがポイント
◎子どもの実態に応じて「よさを認め伸ばす文例」がすぐ見つかる。
◎「特別の教科 道徳」「小学校外国語」など新教科の文例も収録。

評価のキーパーソンによる, 要録解説の決定版！
新指導要録の解説と実務
小学校／中学校 2 分冊

無藤隆・石田恒好・吉冨芳正・石塚等・服部環・宮本友弘・鈴木秀幸 編著
A5判, 256〜260頁, 定価（本体 2,400 円＋税）

ここがポイント
◎平成 31 年「指導要録の改善についての通知」に対応。
◎新観点「知識・技能」「思考・判断・表現」「主体的に学習に取り組む態度」による観点別評価から評定まで徹底解説。

記入例でわかる, 新指導要録の書き方！
新指導要録の記入例と用語例
小学校／中学校 2 分冊

【小学校 編著者】
無藤隆・石田恒好・山中ともえ・吉冨芳正・石塚等・櫻井茂男・平山祐一郎
【中学校 編著者】
無藤隆・石田恒好・嶋﨑政男・吉冨芳正・石塚等・櫻井茂男・平山祐一郎
A5判, 160頁, 定価（本体 1,400 円＋税）

ここがポイント
◎あらゆる事例を想定した, 豊富な記入例と用語例。
◎「入学時」「学年末」など記入の時期ごとに記入例を探せる。

2020年2月発売